Mariella Plumeri Caterini

# Come foglie
# ai rami di quercia

## Racconti

Edito nel novembre 2014 con Create Space di Amazon

Impaginazione: Silvia Magli
silviamagli8@gmail.com

## Prefazione

Non è frutto di fantasia. Esiste. È una quercia secolare, nel verde intorno casa mia. Le sue foglie "accarezzano il tetto del fienile accanto", così la descrivo nel racconto "Sguardi". Posso ammirarla dalla mia finestra, posso scendere e toccarla. Abbracciarla è impossibile, vista la larghezza del suo tronco. Ecco, il tronco. Sembra formato da due parti, strette in un abbraccio. Forse, all'origine, erano due piante che si sono unite e legate per sempre. Simbologia di un amore di tutta la vita.

E, nella quercia, mi sono immedesimata. La quercia è come la mia vita che s'è espansa nei tanti rami di pensiero e fantasia. Le radici danno linfa vitale. Le foglie sono le idee realizzate. Nascono di un verde tenue, crescono, prendono forza e colore, si organizzano, formano storie.

Scrivo da anni, scrivo da sempre. Se credessi nella metempsicosi, potrei supporre che già, nell'esistenza precedente, fossi una scrittrice o uno scrittore. Penalizzata, ora, per qualche mia colpa del passato.

Ho centinaia di pagine ritagliate da giornali di molti anni fa e conservate in un cassetto. Ho, insieme, un pessimo ricordo della macchina per scrivere. Cancellature d'inevitabili refusi. Seguivano fogli strappati, cestinati e riscritti. Perfino insofferenza e abbandono. Che stupenda invenzione l'elettronica! Del mio amico notebook non potrei farne a meno.

Nelle pagine di questa raccolta, c'è soltanto una minima parte dei pezzi scritti diversi anni fa. Li ho ricopiati e trasferiti sul computer. Altri, più recenti, nascono in word. Sono storie che segnano un percorso. Alcuni racconti risalgono agli anni settanta o forse prima. Cito "Il bianco, e il

5

nero" uno dei primi, se non il primo. Ero giovanissima. E, insieme, "Il ladro e la vecchia signora", "Una visita medica". Incertezza nel proporli ora, come fossero obsoleti. Ma no. Rileggendoli, ritrovo la freschezza del mio tempo passato. Piccole foglie di quercia appena nate. Poi aggiungo altri, avanti negli anni, storie dell'età più matura, a segnare le tappe di una vita.

Volli cimentarmi, anni fa, anche con racconti di caccia. Mi inorgoglì vederli pubblicati, su una rivista specializzata che andava per la maggiore. Avevo sposato un cacciatore, figlio e fratello di accaniti cacciatori. Io, animalista. Non commentavo i loro vanti ed esibizioni. Osservavo, ascoltavo, assimilavo termini venatori. Di conseguenza, immaginavo storie di pura fantasia, tuttavia realistiche, intrise di quell'ironia che la mia disapprovazione richiedeva. "Causa ed effetto", "Per una beccaccia", "Un caso speciale". Diverso lo spirito e l'intenzione di "Rosso" e "Due sconosciuti". Anch'essi s'ispirano alla caccia, però niente sarcasmo, sono malinconici e sentimentali. Qualcuno li ha definiti "struggenti".

Inserisco anche pagine dedicate ad animali. Amici. Fatti reali. Storie di cani e di gatti. Fra questi "Orme". Non riesco a rileggerlo, senza che mi turbi ancora.

Alcuni altri scritti si possono considerare "racconti del mistero", così almeno furono definiti al tempo della loro stesura. "Il ragno", "Scambio d'identità", "Un cavallo nella notte", "Il pellerossa".

Più recente, e molto diverso, il racconto "Eros". Fu, a suo tempo, commentato in termini variegati. Una storia d'amore e di passione, nell'illusione di un ritorno. Qualcuno lo classificò "erotico", per l'intensità di una descrizione al suo interno. Io direi "passione e poesia", nell'incontro immaginario di due amanti. Se poi, davvero, lo si può considerare erotico, è stato il primo e l'ultimo che mi sono concessa.

I più recenti: "La Mandria va"; "Lo schiaffo"; "Volantini sulla piazza"; "Olio di macchina e acqua ragia". Fra questi, "Aereo per Delhi" ha vinto il primo premio assoluto in uno dei tanti concorsi che si propongono in Italia. Vale anche per i romanzi e altri racconti, anche una favola, molto ben qualificati in manifestazioni analoghe.

Negli anni, molte novelle, cento e più, e ben sei romanzi. Una buona critica, molti apprezzamenti ma... non basta. E poi son scelte. Famiglia, figli. Quando le figlie erano piccole scrivevo di notte. Negli anni, qualche abbandono. Poi le foglie rinascevano, rinverdivano sui rami di quercia della vita. Le foglie della mia quercia/fantasia non conoscono, per il momento, l'autunno, non ingialliscono. Una sorta d'incantesimo. O "male di scrivere". Come mi è sempre piaciuto definirlo.

In una recensione, al mio primo romanzo edito "Istantanee con bambina", la relatrice, riferendosi alla mia definizione, scrisse: "speriamo che, del suo male di scrivere, la Plumeri non guarisca mai.

Del mio male di scrivere non sono ancora guarita.

*L'autrice*

## Il ladro e la vecchia signora

L'anziana signora strappò le erbacce, ripulendo la tomba del marito. Come era sua abitudine, e spesso accade a chi vive solo, parlò fra sé, ma rivolgendosi al defunto.

"La settimana scorsa non sono venuta perché c'erano i ragazzi. Sai come sono i ragazzi... Mi ci sono voluti due giorni per rimettere a posto la casa. Non voglio dire che non mi faccia piacere avere la nostra Marilena, suo marito... Quei quattro diavoli scatenati... Sono tanto cari... Il più grande ti somiglia oh, come ti somiglia...".

Una spolveratina al ritratto del povero marito, così come avrebbe carezzato il viso di un bambino. Con tenerezza.

"Ti ho portato le ortensie, le ho raccolte in giardino, ne è tutto fiorito". "Ti piacevano tanto... Sono riuscita quest'anno a ottenere un colore così intenso, come non avrei mai sperato, da esposizione".

Prese il vaso, cioè non proprio un vaso, ma un barattolo di latta, perché i vasi che aveva portato da principio, non li aveva più ritrovati. Tolse quindi dal barattolo i fiori secchi e si avviò verso la fontana per cambiare l'acqua. Sulla tomba restarono il fascio di ortensie di un colore turchino mai visto, la borsetta, gli incredibili e antiquati guanti di pizzo. Come altre volte, il cimitero era deserto, sembrava deserto.

Quando tornò, vacillò un po' sostenendo il peso del grosso barattolo arrugginito colmo d'acqua. Fece appena in tempo a posarlo sulla tomba prima di accorgersi del furto, altrimenti, è quasi certo, si sarebbe versata l'acqua addosso. Fu come una mazzata sulla testa, restò stordita. Girò intorno alla tomba, ancora incredula. Cercò con gli occhi in lontananza perché, tanto distante in pochi minuti, quel ladro non poteva essere andato. Arrivò addirittura a prendersela col povero marito nella tomba.

"Non potevi avvertirmi in qualche modo?".

Si torse le mani disperata, ricordando che non le erano rimasti nemmeno i soldi per il biglietto dell'autobus e, dal cimitero fino a casa, c'erano almeno tre chilometri. Era così fuori di sé che sedette sulla tomba ad aspettare che le si calmasse l'affanno. Le mani le si agitavano nervosamente in grembo.

Si riprese alla meglio e dispose le ortensie nel barattolo. Il colore di quei fiori prediletti, adesso, le sembrava spento.

"Che delusione, la vita. Stai certo meglio tu, là dove sei, al di sopra di queste meschinità. Non è tanto per quei pochi soldi che avevo nel portamonete, magari giusti per arrivare in fondo al mese, quanto per i documenti, le fotografie di Marilena con i ragazzi, il portachiavi che mi regalasti tu... Le chiavi... Menomale che, dopo quella volta che rimasi chiusa fuori casa e dovetti fare scassinare la porta, tengo un'altra chiave fra le foglie dell'aspidistra sul pianerottolo...".

Sospirò e s'impose di non piangere perché, per l'appunto, senza la borsetta, non aveva nemmeno un fazzoletto.

*\*\*\**

La camminata l'aveva così stancata che dovette distendersi sul letto: diamine non era più una ragazzina e poi con quell'agitazione in corpo!

Pensò che doveva sporgere denuncia, ma l'idea di dover uscire di nuovo per raggiungere il commissariato e poi raccontare, spiegare e fare la figura della sprovveduta, la scoraggiò. Più tardi, o domani, si disse che tanto ormai, il ladro chissà dove era finito.

Lasciò la casa in disordine, non soltanto per la stanchezza, ma anche perché non riusciva a concentrarsi in niente. Sbocconcellò qualcosa e dopo tornò sul letto. Dovette rialzarsi perché squillava il telefono.

– La signora Martini? –.

Era una voce d'uomo un po' roca, come piuttosto lontana.

– Sono io, chi parla? –.

– Non so come dirlo... mi vergogno... –.

– Non capisco, chi parla? – si agitò.

– Per piacere, stia calma, non voglio spaventarla. Sono quel disgraziato che le ha rubato la borsa poche ore fa –.

Questa volta la poveretta non trovò parole, attraverso il filo del telefono le parve quasi di poter acciuffare il ladro ma, più che ascoltare, non poteva. La voce, perché altro non era che una voce probabilmente contraffatta, stava dicendo:

– Lei certo non mi crederà, ma voglio dirle tutto. È la prima volta che faccio una cosa simile. Non sono un ladro, almeno non lo ero mai stato fino a oggi. Mi ci hanno portato le circostanze. La disperazione. Sono vedovo da due anni, ho un bambino di nove anni. Ho visto che lei ha foto di bambini, sa quanto sono importanti i bambini e quanto gli si vuol bene... Io sono disoccupato e ora il bambino si è ammalato, solo una bronchite, niente di grave, ma ha la febbre alta e gli ci vogliono gli antibiotici... Stamani ero andato alla tomba di mia moglie... è stato un attimo... la sua borsa stava là... Oh... Lo so bene che non mi può credere, ma... ho usato solo i soldi per le medicine. Gli altri non li voglio, mi bruciano le mani, voglio restituirglieli subito con tutto il resto. Quelli spesi glieli farò avere appena potrò. Verrei a casa sua, ma ho paura d'essere riconosciuto... non tanto da lei quanto da altri. Certo avrà denunciato il furto... –.

– No, stavo per farlo quando lei ha chiamato –.

Finalmente aveva ritrovato la voce, incrinata dalla commozione e invece avrebbe voluto mostrarsi risoluta. Era una donna dal cuore tenero e sensibile, di quelle che piangono davanti alla Tv quando trasmettono un film vecchio di trent'anni.

– Non mi denunci, signora, per carità –.

Doveva essere davvero sconvolto per dimostrarsi così spaventato.

– Se lei mi restituisce e mi dimostra quindi d'essere sincero... –.

Ma chi poteva denunciare, se non l'aveva nemmeno visto in faccia? Una denuncia contro ignoti semmai, niente di più.

– Non posso portarle la borsa a casa, cerchi di capirmi... Gliela lascio dove l'ho trovata –.

– Al cimitero?! –.

– Sì, domattina, all'ora di stamani –.

– Va bene. Aspetti... pronto –.

Aggiunse, prima che lui riagganciasse: – I soldi già spesi li consideri un regalo per il suo bambino –.

L'uomo con voce rotta: – Lei è troppo buona. Lei è una santa –.

La signora Martini, conclusa la telefonata, pianse per la commozione e forse anche per lo sfinimento. Tuttavia si sentiva più serena, come appena uscita da una pagina del libro *Cuore*.

***

Mentre imboccava il vialetto fra le tombe, sentì passi affrettati verso l'uscita, di qualcuno che se ne era stato nascosto fino allora. Si voltò e riuscì solo a vedere un impermeabile inadatto alla stagione. Si diresse alla tomba del marito.

Prima ancora di arrivare, vide la borsa. Avvertì una vampata di emozione.

– Signore, che cose possono accadere a questo mondo! –.

Chiese mentalmente scusa all'anima del defunto, per averlo in un certo senso, ritenuto, sia pure indirettamente, responsabile dell'accaduto. Aprì la borsa, controllò. C'era il denaro residuo, il pover'uomo aveva sottratto solo quello che gli occorreva per il figlio.

Certo, anche quanto era rimasto gli avrebbe fatto comodo... Dopo quella prova, sentiva comprensione più che compassione. Si sentì rasserenata al punto che le dispiacque non aver portato fiori freschi per il defunto. Infatti, aveva notato che le ortensie del giorno prima già cominciavano ad avvizzire.

Cambiò loro l'acqua e, per quanto fosse più scomodo, tenne la borsetta al braccio nel tragitto fra la tomba e la fontana e viceversa. Una volta va bene, due son troppe!

***

Dalla denuncia contro ignoti risultò che l'appartamento della signora Martini, vedova di settant'anni, era stato visitato dai ladri mentre la donna si trovava al cimitero a pregare sulla tomba del marito. Le avevano sottratto un milione di lire, in fogli da diecimila, che lei custodiva dentro una busta nel sottofondo di un cassetto. Risparmi di due anni che non si era ancora decisa a versare sul libretto bancario, un anello, una collana, alcuni altri oggetti d'oro il cui valore complessivo raggiungeva circa due milioni, forse meno, forse più. Infine un servizio di posate in argento massiccio, caro ricordo di famiglia. Nessun riferimento all'episodio che aveva preceduto il furto, solo un accenno al fatto che la serratura non era stata scassinata. I ladri erano entrati con la chiave.

13

Quale? Quella nascosta fra le foglie dell'aspidistra o la copia dell'altra, quella rimasta nelle mani del ladro per ventiquattro ore? La signora Martini rivolse questa domanda più volte, soltanto a se stessa. Con altri non si confidò. Ne aveva sofferto troppo e poi sarebbe stato inutile parlarne. Non si sarebbe mai perdonata l'ingenuità e la credulità. Non avrebbe mai perdonato al ladro, più che il furto, d'essersi preso gioco di lei. Per quei pochi anni che ancora le restavano da vivere, per lo meno in buona lucidità mentale, avrebbe tentato di convincere se stessa che in realtà i ladri erano stati due, sconosciuti l'uno all'altro, dando credito alla sincerità del primo e alla validità dei sentimenti umani.

Riuscì a crederci a un certo punto ma, ahimè, ci riuscì quando, ottantacinquenne, sorda e quasi cieca, non fu più in grado di mantenere un segreto. E sempre più spesso le accadeva di riparlare di quel fatto ormai vecchio di anni. E non capiva, non ammetteva che i nipoti, ormai uomini, potessero ridere di lei, senza rispetto.

E ne soffriva.

## La visita medica

Il bambino dormiva nella culla di vimini, sotto il velo di tulle. Respirava faticosamente, con un leggero russare, perché era raffreddato. Nella stanza, molto ordinata e terribilmente asettica, c'era un forte odore di essenza di pino, mischiata al profumo dell'acqua di colonia. Anna, la madre, distesa sul letto matrimoniale, si era assopita, senza volerlo.

"Un attimo solo" si era detta "tengo le gambe alzate per riattivare la circolazione". Ricordava di aver avuto caviglie sottili e gambe agili, prima della gravidanza.

Il marito, rincasando in anticipo dall'ufficio, trovò moglie e figlio addormentati. La moglie, in quella curiosa posizione, con i piedi appoggiati alla parete, aveva l'aria di una marionetta. Provò una sorta di dispetto, la tentazione di scuoterla e svegliarla, per vendicarsi dei propri sonni perduti.

"Quei due" lo tenevano sveglio la notte, ma recuperavano, loro, di giorno, mentre a lui cadeva la testa sul petto, in ufficio. Doveva puntellarla con la mano, senza contare l'ironica benevolenza dei colleghi che fingevano di ignorare il suo scarso rendimento.

Nel bagno, c'erano panni a mollo nell'acqua saponosa che andava freddandosi. Altri si sciacquavano sotto il getto dell'acqua che scorreva da un rubinetto dimenticato aperto.

"Con quel che costa, tutto questo spreco" pensò. Si vergognò di averlo pensato. Capì che il sonno doveva averla colta di sorpresa, la moglie. Povera cara, così protetta fino a ieri e adesso così impreparata alle difficoltà! Si propose di finire il lavoro lasciato in sospeso, una sorta di castigo per il proprio egoismo, o compiacimento di mostrarsi generosamente partecipe. Al primo panno, si scoraggiò: "Cose da donne". Si limitò a chiudere il rubinetto.

Il piccolo si mise a piangere, roco e lamentoso. In camera, Anna stava già seduta sul letto, curva sulla culla, apprensiva.

– Michele, già a casa! –.

– Non riuscivo a tenere gli occhi aperti in ufficio. Con la nottata che abbiamo passato... –.

– Gli manca il respiro e si sveglia, povero tesoro. Non può andare avanti senza riposare. Si rovina il sistema nervoso –.

– Neanch'io posso andare avanti senza riposare –.

– Hai ragione. Ma "lui" è così piccolo. E poi non sa spiegarsi. Potesse dire le sue ragioni, sarebbe già un sollievo. Noi abbiamo questo sollievo e lui no. Prima mi sono addormentata senza accorgermene. Oh Dio... i panni!

– Ho chiuso "io" il rubinetto. Non è ancora venuto, pare, il tecnico per la lavatrice.

– No, non è venuto –.

– Dovresti sollecitare. Non puoi startene sempre con le mani a bagno. Hai certe mani ruvide... –.

– Neanche il medico per Fabrizio è venuto –.

Lo rimproverava per aver anteposto la lavatrice al piccolo. Ora il bambino si era calmato in braccio ad Anna.

– Se lo tieni un momento, finisco di lavare i panni –.

Michele lo prese in braccio, tenero e goffo. Lo palpeggiò, lo soppesò.

– Un fagottino di panni e pipì – disse. Lo baciò sulla lanuggine della testolina.

– È caldo, sei sicura che non abbia la febbre? –.

– Due ore fa, non aveva la febbre, ora non so. Ho chiamato il medico alle nove, stamattina; sono le diciassette e ancora non si è visto –.

– Ti sembra un buon medico? Lo conosciamo appena... –.

– Sabina dice che... –.

– Se lo dice Sabina che ha tre figli! Io riconosco solo che ha un'aria molto equina –.

– Equina?? –.

– Quel viso così lungo, quel naso... Non ti sembra un cavallo? Poi, così timido, o maleducato. Parla a monosillabi, una pena. Si guarda intorno con aria inquisitrice, come diffidasse –.

– L'importante è che sia un buon pediatra –.

Squillò il campanello d'ingresso. La casa era una vecchia, solida villa con un piccolo giardino intorno. Superato il cancello, c'era ancora un portone esterno. Dava in un ingresso umido, pieno di piante, comune a tre appartamenti, ciascuno dotato, naturalmente, di una sua porta. Mediante una serie di pulsanti, porte e cancello si potevano aprire. Era tuttavia prudente andare incontro ai visitatori.

– Sarà il dottore –.

– O il tecnico. Vado io – si affrettò a dire Michele, restituendole il piccolo.

Anna, nel frattempo, scorse in fretta la stanza. Fece sparire rapidamente un panno bagnato che aveva posato per terra all'atto di cambiare il bambino. Almeno quell'unica stanza doveva presentarsi in ordine quasi perfetto. Le altre stanze, malgrado le acrobazie e gli affanni, mantenevano un aspetto trasandato e desolante. I vecchi mobili, riesumati in cantina, non erano ancora così vecchi da passare per antichi. Erano opachi e tarlati.

Appena sposati si erano detti: "Staremo qualche anno senza bambini". Invece Fabrizio si era annunciato subito dopo la brevissima luna di miele. La felicità aveva sconfitto lo sgomento. Che senso possono avere certe stupide convenzioni che esprimono egoismo?

***

Michele entrò in camera da letto, seguito dal dottor Lorenzi. Anna, sul viso del marito, lesse la costernazione di chi è sul punto di dire qualcosa ma non la dice. Dietro il dottore, entrò il cane.

Era un cocker color miele, magari bello ma certo inatteso e inopportuno. Scodinzolò e andò ad accucciarsi sullo scendiletto. La sorpresa di Anna fu tale che non riuscì a sillabare un saluto. Dei medici, se ne sentono tante ma che, per le visite, si portino il cane appresso è una novità.

"Un minimo di decenza, che diamine!" pensò indignata.

Il dottor Lorenzi sembrò visibilmente a disagio, non sapeva dove posare la borsa. Gli altri due lo osservavano ammutoliti, quindi il medico, di sua iniziativa, decise per la poltrona, con forzata disinvoltura. Il cane dovette crederlo un invito. Lasciò lo scendiletto e saltò sulla poltrona. Si accovacciò sulla borsa. Forse s'era sentito in dovere di proteggerla? Il medico gli saettò un'occhiata severa. Sembrò di rimprovero, ma non era piuttosto d'intesa?

Anna e Michele s'imposero d'ignorare il cocker per qualche momento. Parlarono del bambino e delle notate insonni, dell'appetito e della crescita. Nove etti in un mese sono sufficienti?

Anna pose il bambino sul letto matrimoniale.

– Lo spogli – sollecitò il dottor Lorenzi.

Fabrizio sgambettò furiosamente per poi mettersi ad urlare al contatto della mano fredda che lo palpava. Il cane, dapprima, si contentò di osservare da lontano, poi, preoccupato, ritenne di dover controllare più dappresso. Lasciò la poltrona e andò a posare le zampe anteriori sul copriletto bianco, tenendosi ritto sulle posteriori. Annusò con molto interesse quel cucciolo urlante di uomo. Sul copriletto rimasero le impronte delle zampe.

Michele pensò: "È inaudito! Lo butto fuori, lui e il suo cane". Anna, per l'indignazione, teneva le spalle così erette e rigide che quasi le dolevano. Spinse da parte, con un piede, il cane che ora le annusava le gambe. Un senso di solidarietà verso sua madre le lievitò dentro. La mamma di Anna bambina aveva proibito alla figlia di tenere bestie in casa. E lei ne aveva sofferto.

"Gli animali sono un veicolo d'infezione. Riconosci le case che li ospitano dall'odore". Sante parole. Quella ricorrente sentenza della madre le era parsa ingiusta; spesso, per quel divieto, aveva pianto ma adesso...

Il medico, terminata la visita in un silenzio disapprovante, compilò una ricetta.

– Niente di grave, spero – si preoccupò Anna.

– Un semplice raffreddore, complicato da una laringite. Vi segno le supposte da usare una per sera, per tre sere consecutive, le gocce per il naso e le vitamine da aggiungere al latte, nel poppatoio –.

Divenne improvvisamente loquace. Fece un inopinabile discorsetto sull'igiene. Michele fu sul punto d'intervenire, ma si contenne. Il cane, intanto, esplorando e annusando si era soffermato sulla mattonella, là dove Anna, un'ora prima, aveva posato il pannolino bagnato di pipì. Ora, con sommo, inebriante piacere, vi si rotolava sopra, dimenandosi sulla schiena. Anna arrossì, colta in fallo.

– Vorrei lavarmi le mani – concluse il dottor Lorenzi, con tono molto freddo, anzi infastidito.

Anna lo accompagnò in bagno. Dalla camera da letto

venne un guaito, segno che Michele non aveva saputo più dominarsi. Il cane li raggiunse nel bagno con la coda fra le gambe. Si rizzò sul bordo della vasca, annusò i panni a mollo. Il dottor Lorenzi saettò un'occhiata disapprovante da Anna al cane.

– Vede, signora, nell'ambiente in cui vive un lattante, un cane... – esordì.

– Per l'appunto, un cane! – sbottò Anna – Proprio quello che ho pensato io, vedendola arrivare con un cane. Come mai un pediatra fa le sue visite, portando con sé il cane? È un nuovo tipo di assistenza? –.

– Il cane, come? Non è vostro, il cane?! –.

– Nostro? È entrato con lei, caro dottore. Non abbiamo cani, noi! –.

Il dottore si confuse, balbettò.

– È entrato con me, è vero, ma lo ha fatto con tanta sicurezza! Perfino sulla poltrona, quasi sul letto... E voi lo avete lasciato fare... –.

La sua espressione era talmente affranta che il viso gli si era allungato oltre misura, così che mancava solo che nitrisse.

Anna rise, un convulso che non voleva più calmarsi, neanche alla vista dell'inequivocabile mortificazione dell'altro. Il cane li osservava. Con la lingua ciondoloni e l'espressione sorridente, carpiva simpatia. Anna, per darsi un contegno, fu tentata di concedergli una grattatine alla collottola.

Si curvò in avanti, ma il gesto le rimase a mezz'aria, bloccato dall'entrata di Michele, il cui sguardo smarrito esigeva una spiegazione.

L'ilarità, a stento controllata, proruppe di nuovo irrefrenabile, impossibile tirare fuori una parola. Né il medico avrebbe lasciato il tempo di chiarire. Si accomiatò in fretta.

Se ne andò così com'era venuto: il cane appresso che scodinzolava disinvolto e magari perfino compiaciuto.

## Il bianco e il nero

Dopo tanta pioggia, sembra proprio di essersela guadagnata, quella giornata di primavera. Anche meritata. Per la pazienza enorme con cui l'aveva attesa.

Luciano sapeva che, sopra la cupola del Battistero, il cielo era terso e commovente, come sa esserlo soltanto nei primi giorni di marzo. Però, quando ci hai fatto l'abitudine, quello spettacolo non ti commuove più, anche se immutato nella sua perfezione.

In quel particolare momento, a Luciano, parve di ritrovarlo intatto dopo un lungo letargo, o di scoprirlo per la prima volta. Nello stesso tempo, seduto su uno degli scalini sporchi del Duomo (si domandava perché fossero sempre così sporchi), non riusciva a staccare gli occhi dal libro che teneva aperto e poggiato sulle ginocchia, salvo qualche minimo sguardo lanciato intorno, apparentemente distratto. Però non leggeva. E, invece, avrebbe saputo descrivere ogni particolare intorno. Lo captava attraverso l'epidermide o attraverso il respiro, anche senza guardare.

Sapeva intanto che, fra l'erba umida del prato, erano nate le margherite. E c'era un bambino, uno dei tanti, traballante nei primi passi incerti, che le strappava malamente per offrirle alla mamma. Lei rideva. Una delle tante giovani mamme che portavano i bambini a prendere il primo sole. C'erano, soprattutto, studenti sfaccendati come lui, alcuni a gruppi, altri isolati a coppie, seduti o semisdraiati sul prato. Al primo sole, il prato "dei miracoli" brulicava di studenti. Luciano, fra di loro, aveva notato molti di quelli che conosceva.

I turisti, per contrasto, sembravano pochi e spauriti. Certo si sentivano estranei, camminando lungo i vialetti. Quelli sul prato sembravano ostentare un diritto di prelazione, perfino possesso, soltanto perché residenti o soltanto domiciliati per motivi di studio.

Luciano sembrava non guardare ma "vedeva". C'era una zona del prato, verso il cimitero "monumentale", un po' isolata, anch'essa traboccante di margherite. Al centro, come in un enorme bouquet, c'era Laura. Bionda, dorata, fragile e candida. E "lui" era seduto accanto a lei e, per contrasto, sembrava una macchia su una pagina bianca di un quaderno appena aperto.

Luciano teneva gli occhi incollati alle parole del libro, senza leggerle, per non guardare verso di loro. Ma li vedeva, come li aveva visti arrivare, così inaspettati, insieme. Camminavano tenendosi per mano e guardavano avanti, incuranti della curiosità suscitata

Si era trovato incollato allo scalino sporco (ma sì, sporco: doveva pur prendersela con qualcosa!). Non riusciva a muoversi, era come mummificato. Ma aveva i sensi doloranti e tesi a percepire ogni sfumatura che gli giungesse dall'esterno. Luciano sapeva che Laura aveva inteso fare un atto di forza o una provocazione, dopo le parole che si erano scambiate la sera prima. Aveva scoperto quanto Laura sapesse essere forte, caparbia e decisa. Lo era quanto lui. Spesso si era detto che la loro somiglianza non era soltanto fisica. Ragionando per assurdo, era arrivato alla considerazione che Laura fosse la sua "parte femminile" e lui la "parte maschile" di lei. Dopotutto, erano nati insieme, partoriti dalla stessa madre. Anche Laura s'era sempre compiaciuta di quella sua condizione di "gemella", una caratteristica che la distingueva da altre ragazze.

Avevano sempre avuto gusti, idee, ideali in perfetta sintonia. Spesso pensieri simili che si manifestavano nello stesso momento, un duo di voci che li faceva sorridere. Questo fino alla sera prima.

***

Aveva aspettato che i "vecchi" fossero usciti per andare al cinema: l'unico svago che si concedevano, tre, quattro volte all'anno. Si era detto che doveva approfittare di quell'occasione per parlare con Laura. Era chiaro che, da qualche giorno, Laura cercava di evitare il fratello. Anche adesso stava chiusa nella sua camera benché non fosse ancora l'ora di andare a letto. Intanto, Luciano rimuginava fra sé le parole, con un tono falsamente amichevole, del Guerretti, suo compagno di corso all'Università.

– Bada che tua sorella, ha l'aria di fare sul serio con Ibrahim –.

– Sono amici. È anche amico mio. Mi fa piacere che Laura non abbia stupidi pregiudizi. Mia sorella è una ragazza intelligente –.

– Direi "qualcosa di più" che amici. Li ho incontrati a Tirrenia e non dirmi che, a febbraio, un ragazzo e una ragazza vanno sulla spiaggia per amicizia. Ho creduto d'informarti perché, se fosse mia sorella, mi verrebbero i pensieri –.

E dire che lo aveva perfino ringraziato, sia pure a mezza bocca. Aveva dominato l'impulso di prenderlo a pedate nel... per quella sua aria melliflua, compassionevole e insieme complice. Come se Luciano non conoscesse i suoi goffi tentativi di uscire con Laura o non capisse il suo livore nell'essere rifiutato.

Lo squillo del telefono. Ancora lo sentiva nel cervello. Era stato così irritante che la penna gli aveva fatto un geroglifico sul blocco degli appunti. Un esame il mese prossimo e lui non riusciva a concentrarsi.

I passi affrettati di Laura che usciva dalla sua stanza, altro motivo di attenzione e tensione.

Da bambini avevano avuto i letti nella stessa camera e la sera, prima di addormentarsi, si raccontavano a vicenda storie spaventose. Laura finiva sempre per arrendersi e qualche volta piangeva. Lui tendeva la mano ad incontrare la sua sul letto vicino e la sorella si rasserenava. Continuava a tenerle mano finché non ben certo che si fosse addormentata.

Adesso Laura correva per rispondere al telefono, prima degli altri di casa. La sua voce si faceva sommessa, quasi un sussurro, nella risposta. Al ritorno, le brillavano gli occhi e mentiva allegramente alle sue domande curiose. Ammucchiava parole senza senso e, poco dopo, tornava a rinchiudersi in camera sua. Quella sera, ebbe appena il tempo di cambiare abito. In dieci minuti, pronta per uscire di casa.

Per Luciano, una stretta d'ansia al cuore, la percezione di un evento difficile che veniva a turbare la serenità della famiglia. Senza tuttavia immaginare quanto fosse importante. Laura gli aveva sempre raccontato tutto di sé, perfino gli innamoramenti adolescenziali o le prime esperienze intime. Confidenza assoluta. Alla fin fine, cose di poco conto. Spesso ci avevano riso sopra, a storia finita. Questa volta non sembrava così semplice o scontato. Laura non si era confidata, anzi pareva proprio volerlo evitare. E, forse proprio questo, gli bruciava più di tutto, che fosse stato un estraneo a dargli la "mazzata".

Non era riuscito a trattenersi e l'aveva fermata prima che uscisse di casa: – Vorrei parlarti un momento... –.

– Non adesso, vado di fretta. Lo vedi che sto uscendo? Che cosa c'è? Qualche problema con Nicoletta? Lasciala un po' respirare, quella ragazza, lasciala vivere –.

Si era reso conto di aver quasi dimenticato Nicoletta, in genere sempre presente nei suoi pensieri, ne era innamorato, anzi erano innamorati.

"Devo telefonare a Nicoletta", aveva pensato.

Anche Nicoletta ultimamente lo guardava in modo strano, quasi fosse sul punto di dirgli qualcosa, per pentirsene subito, quasi non trovasse il coraggio di parlare.

– Niente Nicoletta. Non la vedo da tre giorni. Si tratta di te e Ibrahim. Vi hanno visti insieme a Tirrenia –.

– Vi hanno? Vi ha. Ci ha visto il Guerretti, tre giorni fa. Il solito pettegolezzo da "donnicciola". Del resto, il Guerretti l'aria da comare ce l'ha –.

– Non farai sul serio, per caso, con Ibrahim? –.

– E tu stai facendo sul serio con quest'aria da inquisitore? –.

– Mi hai sempre detto tutto... –.

Laura si era fatta meno aggressiva, amava suo fratello e, in un certo senso, lo capiva. – Prima era più facile raccontarti, adesso, è più difficile parlare e farmi capire –.

– Allora è vero che hai qualcosa da nascondere, o meglio, che vuoi nascondere. Vuol dire che non sei del tutto serena –.

– Quando mi hai presentato Ibrahim e mi hai vista impacciata, a disagio... ricordi che cosa mi hai detto? "Non fare la cretina". E m'hai strizzato il braccio. Ti ricordi? Mi hai precisato: è un mio amico. Segno che lo dovevo rispettare –.

– Naturale, lo guardavi come fosse una bestia allo zoo! Ne hai fatti di progressi! –.

– E più tardi, mi hai fatto tanti bei discorsi sull'uguaglianza, sulla giustizia, la solidarietà... mi hai parlato di antirazzismo, di umanità... Che c'è, ti stanno crollando gli ideali? –.

– Non dire stupidaggini, io sono quello di sempre. Ma si tratta di te che sei mia sorella e sapere che "fili" con un *negro*... –

– Con un somalo, o uomo di colore, al massimo un nero... suona molto meglio. Meno offensivo. Poi, suo padre è un italiano, lo sai anche tu –.

– Ibrahim però è tutto sua madre –.

– Non sei molto spiritoso –.

– Davvero pensi di essere innamorata di lui? –.

– Non me lo sono ancora domandato, ma se mi costringi a farlo... Con lui sto bene, mi sento completa, appagata... Tu lo conosci bene. Sai quanto è intelligente, colto, gentile. Con me, è rispettoso e tenero. Diverso dagli altri ragazzi che mi sono stati intorno. Ed è onesto. Anche tu lo riconosci. È il migliore del vostro corso, hai detto che t'ispira fiducia, che è il più serio fra i tuoi amici... –.

– Lo penso ancora, ma si tratta di te, cerca di capirmi. Se potessi impedirti di fare sciocchezze, rinuncerei anche alla sua amicizia –.

– Ti ho fatto confidenze, a volte intime e non ti sei mai scandalizzato, neanche quando avresti dovuto –.

– Perché ti conosco. So che hai buonsenso e sei pulita. Limpida. Ora, magari, meno. Altrimenti ti saresti confidata. Se non lo hai fatto vuol dire che non ti senti così tanto nel giusto. Hai pensato a come dirlo al babbo e alla mamma? Sono sempre stati perfetti e ci hanno dato un'educazione esemplare, non so se sarebbero disposti ad assecondarti. Non per Ibrahim in quanto persona. Tradizioni e costumi diversi. Religione islamica, nonostante il padre italiano. Sto pensando di informarli io, i nostri genitori... Ti farebbero ragionare –.

– Come quando andavi a raccontare alla mamma che avevo trovato dove teneva nascosta la chiave del cassetto e mangiavo di nascosto i cioccolatini... –.

– Perché la cioccolata ti faceva male –. Nessuno dei due

riuscì a ridere per quella battuta involontaria, del tutto casuale. In momenti diversi li avrebbe divertiti.

– E lui, Ibrahim, che cosa pensa? Me lo ha detto lui che suo padre non intende ritornare in Italia e che ha progetti per il figlio proprio là in Somalia. È anche convinto che il figlio non possa inserirsi al meglio, qua da noi. Nemmeno lui sarebbe contento sapendo di voi due –.

– Suo padre è malato "d'Africa". Succede a tutti. Quando Ibrahim mi parla della sua terra, io riesco a "vederla" e provo uno struggimento così grande... un forte desiderio di conoscerla... –.

– Sei impazzita? Dai tutto per scontato, tutto semplice e fattibile. Andresti perfino a vivere in Somalia! –.

Laura neanche lo aveva ascoltato.

– Ibrahim mi guarda come se io fossi una pietra preziosa e non ha il coraggio di sfiorarmi. Come se temesse di contaminarmi. Io, invece, porto la sua mano contro le labbra, per baciarla. Sono così vigliacca che non riesco a fare altro. Penso a tutti quelli che, come te, sono ottusi. Gente che si riempie la bocca di parole, ma, a fatti, zero –.

– Allora capisci che non è il caso di portare avanti questa storia –.

Diede un'occhiata all'orologio, le avevo fatto perdere l'appuntamento, o almeno sarebbe arrivata in ritardo. Magra consolazione.

– E chi lo dice che non è possibile? Basta volere. Parlarne con te mi ha aiutata molto, adesso so che cosa voglio –.

– Ne parlerò con babbo e mamma –.

– Ma sì, diglielo, fallo prima che lo faccia io stessa –.

Due nemici, ecco cos'erano diventati Luciano e la sua gemella. Sembrava perfino strano che fossero così fisicamente somiglianti. Nel colore degli occhi e dei capelli, nella linea caparbia delle labbra. Adesso non più tanto in armonia con i pensieri.

***

Una manina grassoccia si posò sul libro che Luciano teneva sulle ginocchia. Lasciò cadere un ciuffo d'erba e una margherita. Luciano fu costretto ad alzare gli occhi fino al sorriso fiducioso del bambino.

– Grazie – gli disse.

Il bambino, forse intimorito dalla sua voce roca e un po' forzata, per via del rospo che gli bloccava la gola o, semplicemente, perché i bambini sono imprevedibili e mutevoli, riprese erba e margherita e disse: –Mia!–.

Gli strappò un sorriso. Ora che aveva alzato lo sguardo, lo deviò verso destra e li rivide, seduti sul prato, vicinissimi. Lui color fuliggine e lei che, nel vestito chiaro, sembrava ancora più bianca.

Per fortuna, erano abbastanza distanti, quel tanto che bastava a non incontrare i loro sguardi. Abbassò di nuovo il suo sulle pagine del libro. Non riuscì però ad evitare di vedere e riconoscere le scarpa massicce, forse ortopediche, della signora Racheli, moglie di un generale in pensione. Abitava nella casa vicino alla loro e, a volte, si fermava a parlare con la mamma. Assurdamente si chiese se, quel passo marziale, lo avesse preso dal marito. Con la mamma parlava della propria artrosi, o del pechinese col cimurro, o dell'ultimo tappeto persiano che sua nipote le aveva portato dall'Iran. Il babbo la definiva una vecchia intrigante perché, qualche volta, l'aveva sorpresa a curiosare oltre il muro del loro giardino.

– Buongiorno Luciano. Avevamo tutti bisogno di un po' di sole, dopo tanta pioggia –.

Le rispose a monosillabi. La seguì con lo sguardo mentre si allontanava impettita, a passo lento e ondulante: una vecchia lucertola in cerca di sole. Si dirigeva proprio verso destra. Ebbe un sussulto, preoccupato se non addirittura spaventato, eppure inconsciamente attratto, quasi in attesa. La vide fermarsi all'improvviso, come aveva previsto, e guardare verso "quei due". Due macchie sul prato, una bianca e l'altra nera, i visi di Laura e Ibrahim. Erano un'attrattiva troppo forte per ricordare che non è educato fissare troppo la gente, lo sanno anche i bambini.

Improvvisamente, si rese conto che tutti gli sguardi convergevano là, non soltanto quello della Racheli. E, intorno, c'era un silenzio innaturale. Quei due erano soli, là sul prato, fra le margherite, sotto gli sguardi curiosi e disapprovanti dei presenti. Perché sì, la teoria sarà anche ricca di idee liberali e progressiste, ma la realtà si lega ancora ad antichi pregiudizi, al rifiuto del "diverso". Già definirlo diverso è discriminazione. Luciano adesso si guardava intorno e traeva deduzioni. Chiuse il libro e si alzò e si diresse verso destra. Camminò sull'erba umida, un passo dopo l'altro, nonostante le margherite. Il suo pensiero era incollato là, alle due macchie che ora si facevano più distinte. Il viso nero di Ibrahim, così nero che non gli si distingueva il contorno delle labbra e degli occhi, se non per il balenio che si spostò da Laura a Luciano. Un segnale preoccupato. Il viso di Laura era così bianco, al contrasto, tanto da sembrare malato, forse per via del sole che vi si rifletteva. O, forse, e gli sembrò enorme, perché aveva paura di lui, suo fratello.

Le labbra di sua sorella ebbero un tremito. Gli sembrò di rivederla bambina quando stava per piangere al racconto delle sue storie spaventose. Lei che voleva sfidare il mondo, sembrava ora così vulnerabile. Ad un metro da loro, Laura dovette fissarlo e aveva lo sguardo ansioso, ma non spaventato: pronta a tutto.

La voce di Luciano: – Salve. posso sedermi accanto a voi? –.

Non era soltanto la sua voce, erano cuore e cervello insieme e chissà che altro ancora a scuotergli l'anima, fino a spingerlo verso di loro.

E "quei due" non furono più soli. Erano in tre adesso fra le margherite. Sotto gli occhi di tutti.

## Le feste terribili

Quando si avvicinano le feste di fine anno, avverto la sensazione di malessere. Ricorrente ad ogni anniversario, ancora più pesante proprio perché illogica. Senza una ragione apparente, né giustificazioni. Vita serena, matrimonio consolidato nel tempo, figli ormai indipendenti, laureati, con lavoro, con una vita sentimentale stabile e serena. La tavola è già apparecchiata, il pranzo è praticamente pronto, i "ragazzi" stanno per arrivare. Continuo a chiamarli ragazzi. Il caminetto è acceso e mette allegria, la casa è accogliente, molto grande, nata per una famiglia numerosa, ma è arrivata in ritardo, con i figli già adulti. Ci viviamo in due.

Non è questa la ragione della mia tristezza. È anche vero che la solitudine a Natale, per alcuni diventa disperazione e forse anche rabbia nei confronti dei più fortunati. Per questo motivo, dedico particolare attenzione e rispetto alle tradizioni natalizie, sia pure con spirito critico nei confronti degli abusi consumistici. Si ripete la consuetudine dei pacchetti-regalo, bene incartati e legati col fiocco rosso o dorato. È Natale e il rito si rinnova, fin da quando i ragazzi erano davvero molto piccoli e si alzavano in anticipo per andare a curiosare sotto l'albero. Eppure... La malinconia ancora una volta mi sorprende a tradimento.

\*\*\*

La nonna le chiamava "feste terribili". Mi convinsi, nella mia prima infanzia, che fosse il nome normalmente attribuito al periodo che va dalla vigilia di Natale all'Epifania compresa. E doveva essere un periodo davvero terribile se mio padre, fin dai giorni precedenti, e soprattutto nel giorno di Natale, neanche salutava al risveglio. Appena preso il caffè se ne tornava a letto e si rinchiudeva in camera per tutta la giornata. La mamma e la nonna si scambiavano occhiate d'intesa, sospirando. A me dicevano: – A papà, fa male la testa –.

Quando avevo quattro anni, una bambina più grande di me, mentre giocavamo insieme nel cortile intorno casa, mi chiese candidamente: – Lo hai già fatto l'albero di Natale? –.

Scossi la testa un po' mortificata: – Qual è l'albero di Natale? –

– Non lo sai? Lo sanno tutti... È quello che ha tutte le luci e le palle colorate e Babbo Natale ci mette sotto i regali. Vieni in casa mia che te lo faccio vedere –.

La seguii, senza riuscire a capire il senso delle sue parole. Poi lo vidi, l'albero scintillante e mi sembrò qualcosa al di sopra delle mie aspettative. Scappai di corsa in casa e assalii la nonna. Volevo che mi spiegasse perché gli altri, per le feste *terribili*, facciano l'albero di Natale, abbiano i regali e noi niente.

Un altro dei sospiri della nonna, sguardo alzato al cielo a invocare un improbabile aiuto. La povera donna tentò di spiegarmi che, quando papà era bambino, aveva perso la mamma alla vigilia di Natale, una disgrazia "terribile". Riuscii a collegare i due riferimenti, non mi meravigliai più quando, in quel periodo festivo, papà si rinchiudeva in camera col mal di testa e venivo zittita. Se parlavo a voce troppo alta o mi azzardavo ad accendere la radio. Il ricordo di una madre, morta quando il suo bambino aveva solo tre anni di età, fu per me un'attenuante di tutto rispetto.

Alla scuola elementare fu diverso. Prima della vigilia era tutto un fermento. L'albero allestito nell'atrio della scuola, i disegni da applicare al vetro delle finestra perché si vedessero da fuori nella strada, la pigna da colorare in oro o in argento come regalo per i genitori. E la lettera, con i buoni propositi, da mettere sotto il piatto della mamma o del papà.

– Per fortuna che me ne sono accorta...– avrebbe detto la mamma, facendo sparire sia la lettera che la pigna dorata.

***

I ragazzi sono arrivati. Ho fatto appena in tempo a rinfrescarmi ed a cambiarmi d'abito. Lo specchio mi rimanda un'immagine gradevole e serena. Riesco anche a distogliere l'attenzione dalla sensazione di fastidio che mi si forma, proprio sotto lo sterno e mi procura un malessere sordo, indecifrabile. Deve trattarsi di eredità genetica. Per fortuna, sono sempre riuscita a nascondere, a dissimulare. E poi, con la maturità, diventa più facile neutralizzare i fantasmi. Vado incontro ai ragazzi, sorrido e, dentro, mio malgrado, sono triste.

Siamo già intorno all'albero, appena il tempo di un abbraccio veloce. Si scartano i pacchetti. Da parte nostra, per i figli, sono piccoli regali simbolici, ma insieme uniamo una busta con dentro denaro. Da spendere a seconda del gusto e delle preferenze. Quando erano bambini, mettevano da parte quel piccolo capitale, in attesa di altre ricorrenze, per realizzare desideri più consistenti.

Da parte di una figlia, c'è per noi genitori una busta da corrispondenza abbastanza consistente. È piuttosto inconsueto e anche gli altri intorno sono sorpresi e incuriositi. Non è più il tempo, tutti pensiamo, della lettera con i buoni propositi, da mettere sotto il piatto di un genitore.

Apro. Alcune frasi sopra un biglietto bianco e, insieme, quella che, a prima vista, mi sembra il negativo di una fotografia. Leggo.

*Pensi di essere libera durante il periodo tra fine giugno e i primi di luglio? È in arrivo...*

Capisco che si tratta della stampa di un'ecografia... Mi prende una commozione che forse può sembrare eccessiva. Non sono il tipo che piange facilmente, forse ho vecchie lacrime murate dentro di me.

E piangere di gioia è dolcissimo: ora è davvero festa.

## Caffè di guerra

Egli venne un pomeriggio verso le tre. Era di quelli che facevano paura, perché indossava la camicia nera e aveva il viso scuro e lo sguardo di chi ha disimparato ad amare. Faceva parte di quelle S.S. il cui semplice menzionarle, per quel suono sibilante della esse ripetuta, frustava i nervi e svegliava la paura.

Altri erano venuti, armati, qualche sera prima. Avevano perquisito la casa, spalancato le porte a calci, puntando il mitra in direzione di un ignoto nemico che pareva appunto volessero stanare. Se ne erano andati con una mortadella e un sacco di farina gialla che, comprati al mercato nero, dovevano servire per molti nostri pasti, pranzi, o cene.

Egli, invece, aveva lasciato la pistola nel fodero e teneva in mano due innocui fagottini di carta.

La nonna lo guardò attenta, come a cercare di capire che cosa da lui ci fosse da aspettarsi. Poi guardò noi bambini, forse domandandosi in che modo avrebbe potuto difenderci. Non dimostrò paura. I miei fratelli erano troppo piccoli per capire e continuarono a giocare. La nonna ed io eravamo unite nella nostra immobilità assoluta, come di animali che fiutano un pericolo.

Il tedesco disse: – Caffè, zucchero. Per me –. E porse i fagottini di carta.

La nonna capì subito, non parlò, soltanto ebbe un impercettibile sospiro di sollievo. Prese la caffettiera napoletana, inutilizzata da tempo, aprì i cartocci dello zucchero e del caffè, con la calma di chi è solito compiere un'azione abituale. Il soldato tedesco si sedette e allungò le gambe sotto il tavolo. Senza una parola, senza uno sguardo a noi bambini.

Attese, semplicemente. Fino a quando la nonna non gli versò il caffè nella tazzina.

Lo bevve a piccoli sorsi. Lo gustò socchiudendo gli occhi, come perduto in qualche ricordo suo, o fantasticheria. Alla fine, si alzò e se ne andò, così come era venuto. Senza aggiungere una sillaba alle poche parole pronunciate, entrando.

Finalmente riuscii a muovermi, ritrovai la voce.

– Perché, nonna? –.

– Non so, cara –.

– Perché non si è fermato giù, all'osteria? –.

– Perché... Forse preferisce un caffè casalingo. Dall'odore, quel suo caffè, sembrerebbe di ottima qualità –.

– Nonna, se n'è stato sempre zitto, non ha detto nemmeno grazie! –.

– Forse non conosce l'italiano. Mi è sembrato un povero diavolo –.

– È un tedesco – puntualizzai duramente. Erano bastati pochi mesi, ma gli ultimi e più disastrosi di quella guerra assurda, perché anch'io, bambina, imparassi ad odiare.

Mi guardò incerta, come se non sapesse risolversi a parlare. Si decise: – Non dire alla mamma che è venuto –.

– No, risposi, non glielo dico –.

***

Tornò ogni giorno, alla solita ora e risparmiò anche quelle poche parole della prima volta. Solo che ora si guardava intorno. Osservava la stanza povera, simile ad un accampamento di straccioni, soffermava lo sguardo su noi bambini. Studiava pensieroso la nonna che si muoveva calma, attorno al fornello a carbone, poggiato sopra una cassa di legno. Le fissava i capelli grigi, legati a crocchia dietro la nuca.

Ora i suoi occhi sembravano meno neri e meno duri.

Un pomeriggio la mamma rincasò in anticipo. Lo trovò in casa, davanti alla tazzina di caffè fumante. Mia madre tornava stanca, ogni giorno più magra, ogni giorno con gli occhi più profondi e incattiviti dagli stenti e dai patemi.

Guardò il tedesco, la nonna, noi bambini.

– Che ci fa, lui, qui – chiese alla nonna. E parlò nel dialetto della sua infanzia che usava solo nei momenti di grande confidenza, o nella collera.

– Viene soltanto a prendere il caffè. Non parla e se ne va presto. Non ha intenzioni cattive –.

La mamma, invece, ebbe un guizzo. Gli si parò dinanzi.

– Non parli? – chiese. – Però gli occhi per vedere ce li hai. La vedi la nostra miseria? La dobbiamo a voi. E tu te ne vieni qua a prendere il caffè, come se fosse casa tua. Ma quando ve ne andate, quando? Io vi vorrei vedere tutti morti! –.

Era fuori di sé. Mi spaventai. Era pallida e aveva gli occhi cattivi. Anche la nonna era pallida e tremava, aveva sul viso un'espressione di sgomento. Il tedesco si era alzato e aveva di nuovo lo sguardo di chi ha disimparato ad amare. Io ero irrigidita nell'attesa.

Automaticamente egli posò la mano sulla fondina della pistola. Per un attimo fugace, forse immaginario. Ora mi domando se avesse capito il vero senso delle parole di mia madre o avesse inteso solo la sua collera, nella voce. Girò intorno al tavolo e uscì di casa, senza voltarsi. Sul tavolo restò la tazzina di caffè che andava raffreddandosi.

La mamma, dopo, si lasciò andare su di una sedia e mormorò: – Ho perso la testa. Oggi c'è mancato poco che finissi in un rastrellamento. Gente che impiccheranno per rappresaglia. Qualcuno ha bambini come me. E in casa mia, questa specie di casa, ci trovo "quello" che beve tranquillamente il suo caffè. Ora vorrà vendicarsi, forse –.

Sospirò, così stanca e rassegnata che nessuna vendetta sarebbe riuscita a scuoterla dall'enorme stanchezza che non era solo fisica.

Invece il tedesco non tornò e non ci furono vendette.

Avrei continuato a pensare a lui per molto tempo ancora. Per molti giorni, alle tre, inconsciamente forse lo aspettai. Ne avrei parlato con la nonna, qualche rara volta. Con pudore. Ma né io né la nonna, avremmo mai saputo niente di lui, più di quel niente che sapevamo.

## Il gioco del gatto

Accadde in prima media, all'età di undici anni. Incontrò Nicoletta nel corridoio, durante la ricreazione. Non era in classe con lei, ma in quella accanto, con altri insegnanti. Marinella la osservava con una sorta di stupore estatico, non aveva mai visto colori simili. Nicoletta era biondissima e aveva gli occhi di un azzurro quasi turchino. Al confronto, si sentì troppo bruna e ricciuta, immiserita nel grembiule nero, mentre il biondo dell'altra bambina, sul nero, risaltava.

Nicoletta le si avvicinò e le chiese semplicemente: – Come ti chiami? –.

Dire che si conobbero è improprio, si dovrebbe dire che «si riconobbero».

– Dove ci siamo già viste? – chiese la bambina bionda.

– Non credo che ci siamo viste prima. Due anni fa ci siamo trasferiti a Bologna dalla Sicilia e poi adesso, da due mesi qui –.

– Sei siciliana? –.

E alla conferma, Nicoletta la sorprese: – Anch'io sono nata in Sicilia –.

– Ma tu non sembri siciliana... –.

– Mio padre è siciliano, ma mia madre è veneta. E poi, forse, discendo dai Normanni... –.

Le sembrava incredibile, una bambina così bionda... E poi, che strano, quel punto di contatto, quel riferimento... Fu l'inizio della loro amicizia. Marinella fino a quel momento aveva pensato che non sarebbe mai riuscita ad avere un'amica coetanea.

Passavano quasi tutti i pomeriggi insieme. Alcune volte era Marinella, che aveva una bicicletta e ci sapeva andare, a raggiungere l'altra fino a casa sua, a tre chilometri di distanza. Altre volte, l'amica preferiva venire lei, a piedi.

Stavano sempre fuori a chiacchierare sedute sopra una grossa pietra dietro casa di Nicoletta, o sugli scalini esterni del palazzo dove abitava Marinella.

– Non mi piace chiudermi in casa – aveva detto Nicoletta.

– Neanche a me –.

In quel modo, studiavano poco. Non soltanto perché in classi diverse. Un pomeriggio Nicoletta la sollecitò.

– Ti insegno un gioco che di solito faccio da sola. Il gioco del gatto –.

La condusse ai margini di una strada provinciale, dove c'era abbastanza traffico, soprattutto in certe ore, anche se, all'epoca, di auto ce n'erano poche.

– Come sarebbe il gioco del gatto, non l'ho mai sentito –.

– Hai mai visto i gatti come attraversano la strada? Noi siamo gatti e attraversiamo la strada –.

Si trovavano dietro una curva.

– Ma da qui non si vede se arriva una macchina...– osservò Marinella.

– È proprio questo il bello: i gatti non guardano se arriva una macchina. Attraversano e basta. Adesso, vieni! –.

E la tirò per un braccio, con tanta energia che Marinella dovette correre se non voleva restare in mezzo alla strada. L'auto in arrivo passò alle loro spalle. Nicoletta aveva aspettato di sentirne il motore dietro la curva, prima di scattare.

– È un gioco pericoloso (avrebbe voluto dire cretino), se ne vedono tanti, di gatti, spiaccicati per la strada –.

– Non tanti, solo i più lenti –.

– Beh, è un gioco che a me non piace, non voglio farlo. E noi non siamo gatti –.

Le era venuto in mente il padre del suo amico Alessandro. Anche lui non era mai stato un gatto. Eppure, attraversando la strada, era stato investito da un camion. Scacciò quel pensiero che le sembrava irriverente.

– Vuol dire che hai paura di morire – infierì Nicoletta.

– Non proprio –.

Come spiegare all'amica quante volte aveva desiderato di morire, del gioco che fin da piccolissima faceva, prima di addormentarsi, per addormentarsi. E del tentativo di pochi mesi prima, quando aveva bevuto il miscuglio di medicinali?

Invece fu facile raccontarglielo, con l'altra che l'ascoltava attenta e, con cenni della testa, approvava.

– Che cosa pensi che farai da grande? –.

– La scrittrice. Sto scrivendo un romanzo, ho scritto delle poesie e le ho anche pubblicate...–.

– Che bello... Io ho scritto soltanto un diario, però sembra un romanzo, se vuoi te lo faccio leggere. Ma... è molto segreto, devi giurarmi che non ne parlerai con nessuno –.

Le sembrò una dimostrazione di estrema fiducia, una prova di grande amicizia.

***

Lo lesse di notte. Quando gli altri di casa avevano già chiuso la porta di camera per andare a letto. Non avrebbero notato la luce accesa nella stanza accanto.

Lesse per tre ore filate. Quando ebbe finito, aveva un nodo in gola. Fino a quel momento non si era mai fermata a pensare che altri bambini, oltre lei, avessero tanta sofferenza

42

dentro il cuore. Nicoletta rammentava episodi che risalivano ai due anni. Ce n'erano alcuni angoscianti. E il diario-romanzo sembrava scritto da un'adulta. Anche la bambina Nicoletta nascondeva un'adulta nel corpo di bambina. In lei Marinella si riconosceva.

La mattina dopo, nel corridoio della scuola, durante la ricreazione, le restituì il grosso quaderno dalla copertina nera. La bambina si meravigliò che lo avesse letto così in fretta.

– L'ho letto di notte, tutto d'un fiato. Mi ha ricordato tante storie mie –.

– Per questo te l'ho fatto leggere. Anche perché, se un giorno diventerai scrittrice, tu scriva di me –.

– Perché io, puoi farlo tu: sei molto brava a scrivere –.

Sorrise sibillina: – Prima, o poi, lo brucerò questo diario, c'è mia madre che va sempre a frugare fra le mie cose, anche se di me non gliene importa niente –.

\*\*\*

Entrando a scuola, non l'aveva vista fra gli altri allievi, per le scale che portavano alle classi del primo piano. La cercò nell'intervallo delle undici.

– Non è venuta a scuola la Ramalli? –.

La ragazzina interpellata la guardò ammutolita. Fu l'insegnante, che stava sulla porta della classe per controllare, a chiamarla.

– Hai chiesto della Ramalli? La conosci? –.

– Siamo amiche –.

– Mi dispiace, devo darti un dolore. Abbiamo saputo stamattina che la Ramalli, ieri, è stata investita da una macchina, mentre attraversava la strada. Purtroppo non c'è stato niente da fare –.

Marinella la guardava senza vederla, aveva nebbia davanti agli occhi. E nella mente, assordante, l'eco della frenata tardiva di un'auto appena uscita dalla curva.

## Sotto il vestito

Sua madre era una donna giovane molto impegnata. La nonna ne era orgogliosa e a volte la lodava con le amiche. La nipote giocava da sola nella stanza accanto. Era piccola ma sapeva ascoltare.

– Ha avuto molto coraggio. Si è accorta di essere incinta quando già si erano separati e lui in America con quell'altra. Si è tenuta la bambina... che poi è un tesoro, intendiamoci. Dafne gioca per ore da sola, nemmeno la si sente, ha tre anni, ma è quasi autosufficiente, è come se capisse che la mamma è tanto impegnata...–.

Dafne ascoltava e, a modo suo, capiva. La mamma era stata coraggiosa, non le erano ben chiare le ragioni, ma recepiva che bisognava essere coraggiosi per "tenersi" un figlio. La bambina, quindi, cercava di disturbare il meno possibile. La mamma andava sempre di fretta ma la baciava, prima di uscire di casa. Un bacio che a volte toccava solo l'aria ma per la bambina una dimostrazione di attenzione, una sorta di dono prezioso. Ma le era capitato una volta di perdere il controllo, forse si era ricordata di essere una bambina? Le era venuto il desiderio prepotente di giocare con la mamma, farle vedere quanto era diventata brava ad infilare i cerchi con le bacchette. Una bizza tremenda, urla, singulti e s'era perfino rotolata per terra.

La mamma, da principio, s'era messa a ridere, ottenendo di farla urlare di più, poi s'era spazientita: – Lo sai che esco per andare al lavoro... altrimenti non avresti da mangiare né tanti bei vestitini... Sei sempre stata un amore di bambina, com'è che adesso mi diventi così capricciosa? –.

Alla fine era uscita, allontanando di forza le braccine che le si aggrappavano alle gambe. Chiamò la nonna: – Vedi se ti riesce di calmarla –.

Dafne aveva seguitato a singhiozzare, nascosta nello sgabuzzino delle scope. La nonna aveva cercato di farla uscire, poi aveva rinunciato: bizze di bambina.

Così aveva conosciuto il suo primo mal di testa. Martellate nel cervello. Aveva realizzato che piangere e urlare non conviene: ottieni niente e ti viene il mal di testa.

***

Era una torrida giornata di luglio. Sua madre era rientrata in anticipo. Aveva avuto un invito a cena e, per andare dal parrucchiere, s'era presa due ore di permesso. Dafne stava nel bagno, completamente nuda, in piedi nella vasca, si rinfrescava col getto della doccia. Aveva cinque anni, si muoveva per casa in assoluta libertà. Era una bambina giudiziosa che nessuno controllava e la nonna, in quell'ora calda, faceva di solito un "riposino".

La mamma bussò alla porta del bagno: – Che cosa ci fai chiusa lì dentro, vuoi venire fuori con me? Vado dal parrucchiere, vieni anche tu a farti bella? –.

La voce della mamma era davvero allegra, era difficile sentirla così allegra. La bambina, senza nemmeno asciugarsi, si infilò il vestito leggero di cotone. Sua madre stava dicendo: – Fai in fretta, apri, altrimenti vado sola –.

Questo proprio no. Uscì come stava, soltanto quando fu fuori si accorse che sotto il vestitino non aveva indossato le mutandine.

"Tanto chi se ne accorge" pensò "nessuno mi guarda sotto".

Però più tardi, nella saletta della parrucchiera le sembrò che tutti la osservassero, che sospettassero. Una tortura. Sentiva la gola stretta, aveva perfino voglia di vomitare.

– Perché te ne stai lì impalata, siediti – la rimproverò la mamma.

Lei si mise seduta in cima alla sedia troppo alta, con le gambette strette fra loro e le mani a reggere la gonna.

– È tua figlia? Ma che bella bambolina, vieni qua, fatti vedere...–. Era un'amica della mamma che voleva accarezzarla, palparla. Si ritrasse. La parrucchiera la chiamò per lavarle i capelli. Dafne pensò che semi sdraiata all'indietro, inevitabilmente le si sarebbe sollevata la sottana già corta.

– Non voglio lavarmi i capelli – disse – e nemmeno tagliarli, mi piacciono lunghi –.

Sospiro della mamma. – Lascia stare, se non vuole, non vuole. È più testarda di un mulo. Non vorrei m'impiantasse una bizza, ne fa di quelle, a volte...–.

Più tardi, rientrando a casa, la madre informò la nonna: – Questa bambina ha problemi, le manca il polso fermo di un padre... Pensavo le facesse piacere di uscire, una volta tanto, con me... Invece guarda come s'è comportata: ha fatto la figura della deficiente... Anzi, di un'handicappata mentale –.

\*\*\*

Ogni tanto, la notte, anche adesso che è una donna fatta, le si rinnova un incubo. Esce di casa con una gonna corta, senza biancheria intima sotto, e gira fra gli scaffali di un supermercato. Nel sogno, si sente una minorata psichica, si vergogna da matti. Ha il terrore che qualcuno possa sbirciarle sotto ed ha voglia di vomitare. Si sveglia in un bagno di sudore. Quando lo racconta al marito o alla figlia, ci ridono. Ma c'è davvero tanto da ridere?

## Laura, la mite

Era generosa e mite. Soprattutto debole. Lo era sempre stata, prima con il marito, poi con il figlio. Il povero marito, pace all'anima sua, finché aveva avuto salute, non s'era privato di amanti meno docili e umili di lei, certo più varie. Non s'era nemmeno dato troppa pena di nasconderglile. Lei aveva saputo comprendere, perdonare e, qualche volta, perfino consolarlo delle delusioni. Poi la malattia inesorabile e la pietà. Lo aveva assistito fino alla fine, con dedizione assoluta. Le ultime parole del marito erano state: – Laura mia, sei una santa... –. Aveva accettato quella morte con dignità e rassegnazione e aveva continuato a vivere con l'unico figlio, nato otto anni prima, quando già non lo aspettava più. Quarant'anni e un figlio di otto anni. Non era stato facile, da sola, educare quel figlio, farlo studiare, aiutarlo a diventare uomo. Difficile anche resistere alle lusinghe di chi la considerava ancora una donna piacente. Non aveva mai ceduto a tentazioni, nemmeno a quella di risposarsi, quando glielo avevano proposto. Le era sembrato, allora, che, risposandosi, oltre a tradire la memoria del marito, avrebbe tradito il figlio.

Adesso Luciano, suo figlio, era un uomo. Non si era laureato, come a lei sarebbe piaciuto, a costo di altri sacrifici. Dopo il diploma, aveva trovato lavoro presso una fabbrica di elettrodomestici. Laura si diceva che l'importante era saperlo contento. Però, negli ultimi tempi, Luciano sembrava agitato. A scoppi improvvisi di allegria, alternava momenti di nervosismo e mutismo. Non ci volle molto per capirne la causa: era innamorato.

Una sera glielo confessò lui stesso. Laura avvertì un accenno di gelosia, un'impressione appena, subito vinta, quindi sorrise. Disse semplicemente: – Parlami di lei –.

Le parlò di Anna a lungo, con l'entusiasmo e l'euforia di chi s'innamora per la prima volta. Si preoccupò per lui perché non voleva che potesse soffrire, quel suo eterno bambino. Lo vedeva ingenuo e indifeso, le pareva che, con le donne, non avesse dimestichezza, che, alla prima, dovesse soccombere. Anna diventò l'unico argomento di conversazione fra loro. Anzi, il più delle volte, era solo un monologo smanioso ed eccitato. Luciano, più che di essere ascoltato, chiedeva di ascoltarsi, si compiaceva di udire la propria voce pronunciare il nome di lei.

***

Anna venne un pomeriggio. Portò dei fiori, un fascio di rose che, enorme, entrando, le nascose il viso. Si può dire che la vide soltanto quando ebbe sistemato i fiori in un vaso. Attraverso i discorsi di suo figlio, l'aveva immaginata bella, le aveva voluto bene. Ora le sembrò un'estranea che bisognava imparare a conoscere.

– Luciano mi ha tanto parlato di te – le disse abbracciandola. Niente di più banale ma altro non le era venuto.

– Anche a me di lei con tanta ammirazione che quasi ne sono stata gelosa –. Banalità ricambiata?

La sua voce aveva un timbro infantile, acuto, finiva per sovrastare la voce di suo figlio. Non era bella. Era piccola, minuta e scialba, ma era disinvolta, quasi autoritaria e suo figlio la guardava estatico. Luciano era pallido ed emozionato, Anna molto tranquilla e controllata. Ciò la deluse e le sembrò motivo di apprensione. Lo dominerà, si disse.

Anna tornò altre volte. Prese dimestichezza con la casa. Rigirava le stanze, carezzava i mobili con lo sguardo: le piacevano.

– L'appartamento, completamente arredato, fu un regalo di mio padre – le spiegò Laura. – Mio padre amava le cose belle e aveva un gusto squisito –.

Avrebbe voluto aggiungere: "C'intendevamo molto, mio padre ed io, ci volevamo bene. Ogni oggetto qui dentro mi è caro perché me lo ricorda". Lo tenne per sé. Aveva sempre avuto pudore dei propri sentimenti e, nell'altra, presupponeva l'ironia.

Vennero, da Anna, i sospiri e le frasi lasciate in sospeso, come a voler lasciare a lei la facoltà di concluderle a suo piacimento.

– I fidanzamenti troppo lunghi... –.

– Vorremmo tanto sposarci, ma... –.

Capì quanto volevano farle intendere. Sotto quel "ma" c'erano soltanto ragioni economiche. Se lei avesse voluto aiutarli, avrebbero anticipato il matrimonio. Prese tempo con se stessa, non sapeva decidersi. Le sembrava troppo pesante rinunciare a quel bene prezioso che è l'intimità nella propria casa. Luciano intanto smaniava. Così, prima che fosse lui a chiedere, Laura gli propose: – Se pensate di potervi adattare... Per i primi anni... Intanto che ti fai una posizione e Anna trova un lavoro, potreste venire a vivere con me –.

Luciano non aspettava altro. – Sai, non avevo il coraggio di chiedertelo, sapendo quanto sei legata alla casa –.

– È piena dei miei ricordi. Ma ce n'è una buona parte anche dei tuoi –.

La baciò sul viso rumorosamente, da quel bambinone che era rimasto. Gli sorrise. Anna, una sera, le spense invece il sorriso sulle labbra.

– Luciano era molto preoccupato di doverla lasciare sola, per questo rimandava il matrimonio. Adesso che *abbiamo deciso* di venire ad abitare con lei, tutto s'aggiusta –.

Loro, i giovani, si sacrificavano. Se era stato Luciano a voler mettere la questione in questi termini con Anna, doveva aver avuto le sue buone ragioni. Paura che Anna rifiutasse la convivenza?

Si sposarono in un giorno di dicembre, come se non ci fosse stato il tempo di aspettare la primavera. In chiesa, Laura era infreddolita. Fra gl'invitati, colleghi di Luciano e amici di Anna, si sentiva sperduta. Era grata però a Luciano di avere seguito il suo consiglio: chiedere all'avvocato Galliani di fargli da testimone alle nozze. Galliani era stato un buon amico di suo marito, era ancora un buon amico per loro. Le dava fiducia vederlo accanto a Luciano davanti all'altare.

Il viaggio di nozze coincise con le "feste canoniche", come Laura era solita chiamarle. Fu il primo Natale che la trovò sola. Però, il venticinque mattina, le telefonarono per farle gli auguri da Cortina. E così pure il trentuno a mezzanotte. Ne fu così felice che stappò una bottiglia di spumante e se la portò sul comodino in camera sua, cioè nella stanza che era stata di Luciano. La sua l'aveva ceduta agli sposi. Oh, Dio... certo con qualche rimpianto: vi aveva vissuto ore giovani e felici. Mah, tant'è, non si può vivere di soli ricordi.

I ragazzi tornarono, abbronzati ed euforici, persi l'una nello sguardo dell'altro, dimentichi di ogni altra presenza, cioè della sua. Finse d'ignorare quelle che riteneva smancerie come, per esempio imboccarsi a vicenda, baciarsi dietro le sue spalle come ladri d'amore, ridacchiare se li sorprendeva. Usò allora lo stratagemma di tossicchiare, prima di entrare in una stanza dove li sapeva soli. Arrivò ad accusarsi di egoismo e gelosia.

Luciano ritornò al suo lavoro in fabbrica e quella vita in comune s'incamminò per la strada dell'abitudine. Non ci furono grandi cambiamenti. Laura seguitò a occuparsi della casa, della cucina, del figlio, esattamente come prima. Anna, in casa di sua madre, era abituata ad alzarsi tardi e seguitò a farlo. Poi anche Anna trovò lavoro e Laura cercò di negare a se stessa che provava sollievo a starsene in cucina, senza la nuora che le girava intorno in vestaglia.

\*\*\*

Un piccolo bambino, figlio di Luciano. Ecco, la ricompensò di tutto. Anche se era faticoso correre dietro ai suoi primi incerti passi, le dava una gioia struggente sentirlo sillabare "nonna". Avevano discusso sulla possibilità di prendere una domestica. Magari a ore. Mettendo una quota ciascuno. Bontà loro.

– Sono ancora abbastanza forte per fare da sola. Un'estranea per casa mi darebbe fastidio –.

Così per tre anni. Poi di nuovo i sospiri, le frasi mozze, le allusioni.

– Il bambino cresce. È un bambino sensibile. Dio mio, ha un sonno così leggero... –.

Comprarono quella "comodissima poltrona letto".

–Volete mettere il bambino in salotto? –.

– Mah... forse... potrebbe essere un'idea. L'abbiamo comprata perché era una buona occasione. Ha una bella linea, in salotto non ci starebbe male. Potrebbe anche servire per un ospite improvviso –.

Nemmeno un mese dopo, Laura aveva ceduto la propria stanza al bambino. Aveva bisogno di un suo spazio, il bambino. Un ambiente che fosse proprio suo, dove giocare e sentirsi indipendente. Valorizzato, responsabilizzato. Anna trovava una soluzione a tutto, forte di un'infarinatura di psicologia, acquisita leggendo articoli su settimanali femminili. Il bambino fu contento e questo compensò Laura. Soltanto divenne silenziosa, si estraniò. Raramente interveniva nelle loro conversazioni. I ragazzi (così ancora continuava a chiamarli dentro di sé), del resto, non parevano rendersene conto, occupati com'erano a programmare, analizzare, risolvere. Dio, l'abilità di Anna, nel trovare risposte logiche ai problemi semplici o complessi!

La sera, Laura aspettava che fossero andati a dormire per prepararsi la poltrona letto in salotto, le sarebbe sembrato altrimenti di spogliarsi in pubblico. C'erano però le sere in cui "i ragazzi" avevano ospiti. Ad Anna piaceva ricevere gli amici, dopo cena. Anche a Luciano. Dopo il matrimonio, era cambiato. A volte, facevano tardi. Laura sferruzzava in cucina. Pensava. Dialogava in silenzio con se stessa. Una sera, era passata la mezzanotte, le accadde di addormentarsi con la testa appoggiata sul tavolo di cucina.

***

La domenica delle Palme, alla Messa in parrocchia, vide l'avvocato Galliani. Era così strano trovarlo in quel luogo che ne sorrise. Ci sono persone che si ricordano di Dio solo in prossimità della Pasqua. Come per assicurarsi una scappatoia, al momento della resa dei conti. All'uscita si salutarono. Laura lasciò un'offerta per due rametti di ulivo argentati. Ne offrì uno all'avvocato. S'incamminarono insieme, ora che avevano i capelli bianchi, potevano permetterselo. Vent'anni prima, invece, le era sembrata una mostruosità provare emozione nell'incontrarlo per strada.

– Come sta? La trovo dimagrita, forse affaticata –.

– L'insonnia, caro avvocato –.

– Credevo che l'insonnia fosse un male della solitudine. Io, per esempio leggo fino a notte inoltrata, prima di trovare sonno. Sono diventato un uomo di cultura a furia di leggere. Ma sono soprattutto un uomo solo. Lei invece... i figli, il nipotino. Cresce, eh... il piccolo?–.

Laura si trovò a parlare di sé, senza rendersene conto. Era come riscoprire la gioia della parola. L'avvocato l'ascoltava. Era così grande il piacere di parlare con lui che accettò un caffè nel bar più vicino. Al tavolino, una luce di rimpianto nell'incontro di sguardi per ciò che sarebbe potuto essere e non era stato?

– Che peccato – commentò infine il Galliani – che io non abbia saputo insistere vent'anni fa –.

– Non era destino, avvocato, che noi dovessimo sposarci –.

***

Anna aveva messo a soqquadro lo stanzino che fungeva da ripostiglio. S'era bardata per le grandi pulizie. Fazzoletto in testa e grembiule alla vita, come se non avesse fatto altro in vita sua.

– Una stanza sprecata – disse a Laura. – La scarpiera, per esempio, potrebbe stare nell'anticamera della nostra camera da letto. Per le bottiglie, un bel mobile a muro in cucina, nella parte vuota non starebbe male. Anzi. È vero che non ci sono finestre ma, lasciando la porta aperta, l'aria circola lo stesso. Con un arredamento moderno, ben studiato... Vedi, il fatto è che, a dormire in salotto, ti vedo troppo sacrificata. Anche stasera, per esempio, abbiamo invitato degli amici... –.

Laura non aprì bocca. La nuora aveva il potere di congelarle le parole. Le labbra le si contrassero appena, le diedero un'espressione dura che non le era abituale. Poi, divenne semplicemente indifferente.

Un mese dopo, si trasferì nel nuovo domicilio, tutto scaffali. Da uno, usciva il letto, la sera. Bisognava entrarci carponi, salendo dalla parte inferiore. Dai lati non si poteva, c'era il rischio di picchiare la testa contro qualche spigolo. Un esercizio fisico inadatto a quell'età. La casa era trascurata, se ne rendeva conto, ma era come se avesse perso per lei ogni interesse. Preferiva uscire più spesso. I giardini pubblici non erano lontani. Andava a sedersi su una panchina al sole e guardava i bambini giocare. Le erano sempre piaciuti, i bambini. Il nipotino, invece, lo vedeva poco. La mattina a scuola, il pomeriggio a casa dei nonni materni che andavano a prenderlo all'uscita da scuola. La casa, troppo spesso vuota, le era diventata sempre più estranea.

Vicino ai giardini, abitava l'avvocato Galliani. Le era venuta, qualche volta, la tentazione di andare a trovarlo per scambiare una parola. Era un uomo così arguto e saggio! Sapeva che era stato ammalato e piuttosto gravemente. Chissà, poveretto... così solo, senza un familiare accanto... Però, quel testone, s'era tenuto quell'appartamento al quinto piano, senza ascensore. Laura aveva adesso il cuore malandato e le gambe arrugginite dall'artrosi, non se la sentiva di affrontare quell'impresa. Tutte quelle scale! Si contentava di pensare: "Farei volentieri quattro chiacchiere con lui".

Questo pensiero la rasserenava, l'idea di una possibilità era già molto. Se ne restava invece ferma, seduta al sole, fino a quando la panchina non entrava in ombra. Allora si alzava e tornava a casa. Era diventata una vecchia lucertola che neanche il sole riesce a riscaldare.

*** 

Anna preparava i panini imbottiti per il "picnic". Da un po' di tempo, tutte le domeniche, partivano all'alba per una scampagnata. Laura aspettava che fossero usciti, poi andava nella loro camera e spalancava la finestra esposta a mezzogiorno. Purificava l'aria, così era solita pensare. Più tardi, si sdraiava su quel letto non più suo e passava ore a fissare il lampadario di cristallo, scelto da suo padre, cent'anni prima. Si dimenticava perfino di mangiare. Una domenica, invece, invitarono anche lei. Insistettero molto, così si lasciò convincere. Erano diretti in collina. Anna voleva andare a salutare la mamma di una sua amica, ospite, pare, di una certa pensione Sorriso.

Era una bella giornata, odorava di primavera. Laura sedeva nel posto accanto al figlio. Anna aveva insistito per cederglielo. Si sentiva leggera, libera finalmente dal rancore e dai sospetti. Forse aveva sbagliato tutto. S'era troppo rinchiusa in se stessa. Aveva tolto a quei ragazzi ogni possibilità di comunicare. Forse sarebbe bastato un minimo di buona volontà. È importante il dialogo. Dicono. Chiarire fin dall'inizio i malintesi. Lei aveva lasciato che le parole le si prosciugassero in gola.

Il bambino, dietro, chiacchierava allegrissimo. Nonna... nonna... Era contento che ci fosse anche lei, era, comunque, una novità. Il paesetto, in collina, fra il verde, dava allegria a guardarlo. Fecero colazione presso un boschetto di abeti. Anna era gentile e premurosa. La osservò con attenzione e le sembrò perfino imbellita. Aveva begli occhi e qualche chilo in più le aveva addolcito la figura. L'aveva mai veramente guardata? Le faceva bene sentirsi colpevole nei riguardi della nuora, una sensazione che la predisponeva a una maggior comprensione verso i difetti dell'altra. Dopo colazione, ecco la pensione Sorriso. Era come una grossa villa rustica, circondata da un giardino. Anna usciva in esclamazioni compiaciute. La mamma dell'amica aveva ottant'anni, era arteriosclerotica.

– Bel bambino... quanti anni hai? – chiese almeno dieci volte.

Anna però ammirò l'ordine di quella stanza, la vista dalla finestra sul parco, il salottino attiguo. Una comodità. Volle poi visitare la cucina, il giardino. Si trascinò dietro la suocera che non capiva tutta la bramosia di vedere quella che, alla fine, era risultata una casa di riposo, per persone anziane benestanti... Poi capì.

Si accusò mentalmente. "Sei diventata una vecchia pazza e cattiva. E maligna. Ingiusta. Non è possibile che Luciano... Magari Anna è di una diplomazia perversa. Ma Luciano no!".

In auto, durante il viaggio di ritorno, Anna, fra una divagazione e l'altra, trovò la sfrontatezza di commentare: – Quando saremo vecchi, Luciano mio, ci ritroveremo nella pensione Sorriso, o un posto simile. Un incanto. Serviti e riveriti. Curati. Ospiti di riguardo. A respirare aria pura ci si allunga la vita. Che ne pensi, mamma? –.

– Che ne penso di che cosa? Ero distratta... –.

– Dicevo della pensione Sorriso. Dicevo che, a settant'anni, mi troverò una sistemazione simile –.

Laura che i settanta li aveva superati da poco, non rispose.

– Lo so che pensi. Ai figli. I *miei* figli, se sono bravi figli, col tempo buono, possono venirmi a trovare la domenica –.

***

La valigia era già pronta. Pochi effetti personali, alcuni libri che le erano particolarmente cari e si era proposta di rileggerli, il ritratto del povero marito, di Luciano bambino, di Giorgio in braccio al papà.

– Non capisco perché non hai voluto che ti accompagnassimo – accennò Luciano.

– Preferisco il taxi –. Categorica.

– Tua madre ha ragione. Tanto andremo su, domenica prossima, a vedere come si è sistemata –.

– Però, ricordati – si preoccupò Luciano – che, se non ti dovessi trovar bene, così come sei andata puoi tornare. Prendi un taxi, o mi telefoni e vengo a prenderti subito –.

– Certo. Che sono, infatti, sessanta chilometri e altrettanti al ritorno? –.

Un mollusco, ecco cos'era diventato, povero figlio, nelle mani della moglie.

Arrivò il taxi. Uscirono in strada per accompagnarla e portarle la valigia. Si lasciò baciare, rigida. Legnosa. Salì sul taxi e, soltanto quando stava partendo, si decise: – Fermi un attimo, per piacere, ho dimenticato di dire una cosa importante a mio figlio –.

Aprì il finestrino e si sporse. Suo figlio e sua nuora accorsero.

– Devo dirvi una cosa importante: ho venduto la casa. Il nuovo proprietario entrerà fra un mese e deve trovarla libera. Sì, magari avrei dovuto informarvi prima, ma la casa è mia, dopotutto, me ne ero quasi dimenticata. Era di mio padre. Ora che non ci abito più, mi fa più comodo il denaro, voi mi capite. Anche il personale della pensione Sorriso ha un debole per le mance generose. Suppongo. Ha pensato a tutto l'avvocato Galliani, anzi è proprio lui che mi ha consigliato, che brava persona. Lo sapevate che, più di vent'anni fa, mi aveva chiesto di sposarlo? Vent'anni fa o trenta? Ho perso il conto degli anni –.

Rise. Anna aveva una faccia di gesso, una maschera.

– Vada pure – disse Laura al tassista. E, a loro, gridò dal finestrino: – Rivolgetevi all'avvocato, vi spiegherà tutto –.

Agitò la mano per salutarli. Luciano rispose al saluto. Soltanto Luciano. Era suo figlio, dopotutto. Avrebbe capito. Forse.

## Un cavallo nella notte

Fui svegliata dagli zoccoli di un cavallo che battevano sul selciato intorno casa. Era arrivato galoppando ma poi s'era messo al trotto. Una breve sosta quasi sotto le nostre finestre e poi, di nuovo, via al galoppo. L'episodio si ripeté più volte nelle notti seguenti.

M'informai in paese e seppi che, a un chilometro da casa nostra, c'era un'azienda agrituristica. C'era anche un maneggio e quindi dei cavalli. Forse qualche ospite insonne amava cavalcare di notte? E il rispetto per il sonno degli altri? E poi perché girare intorno casa nostra e soffermarsi sotto le nostre finestre?

Decisi, un pomeriggio, di recarmi a conoscere i proprietari e fare presente il nostro disagio. Robert con me. All'apparenza, risultò piuttosto una visita di cortesia. Sennonché, appena arrivati, Robert si precipitò al recinto dei cavalli. Nel frattempo, una donna, moglie del proprietario, si era diretta verso di me.

Mi presentai: – Sono Jennifer Francis, abito a un chilometro da qui...–.

Intanto, seguivo con lo sguardo i movimenti di Robert:
– Mio figlio – spiegai.

– Piacere di conoscerla, io sono Lisa Martori. Lei abita la villa dei Lorenz, li conoscevo bene. Anzi... li conosco bene, anche se da anni li sento soltanto per telefono. Da quando hanno lasciato l'Italia, cioè –.

Le raccontai di noi. Di mio marito che lavorava all'Ambasciata Britannica a Roma. Un incarico dapprima temporaneo poi diventato a tempo indeterminato. Per la salute del bambino, avevamo deciso di stabilirci in campagna. Era stato davvero un colpo di fortuna trovare in affitto quella villa nel verde, spaziosa, luminosa e ammobiliata con buongusto. Robert, le spiegai, frequentava la prima elementare presso una scuola italiana in paese. Non le raccontai di alcuni nostri conoscenti inglesi che avevano trovato quella scelta piuttosto stravagante. Tanto più che a Roma c'è un'ottima scuola di lingua inglese.

Un nitrito vicino. Un cavallo, che non stava nel recinto con gli altri, trotterellò verso Robert, direi con disinvolta confidenza. Grande entusiasmo di mio figlio. Io invece lo raggiunsi, preoccupata.

– Non abbia timore. Jewel è un cavallo speciale, più domestico di un cane domestico. Ha il suo box, ma praticamente gira nella fattoria e dintorni, quasi indisturbato, in totale libertà. Come lo aveva abituato la sua padrona. Mrs Lorenz manda regolarmente un assegno per il suo mantenimento, anche generoso, purché sia trattato quasi fosse una *persona* di famiglia. Questo cavallo adora i bambini, ma non accetta di farsi cavalcare. E, infatti, non è a disposizione dei nostri ospiti. Potrei dire che è un cavallo particolare, con un'intelligenza quasi umana –.

– È possibile che faccia i suoi... giri, di notte fino all'alba? Da diverse notti, vengo svegliata da un cavallo al galoppo...–.

– Non credo che di notte...–.

– Se non è questo cavallo... è qualche altro –.

– In effetti, gli lasciamo il box aperto perché, può sembrare ridicolo, soffre di claustrofobia. Non vuole essere rinchiuso e, quando all'inizio ci abbiamo provato, si è scagliato contro la porta, a rischio di ferirsi e quindi...–.

Intanto, il cavallo, con il muso, dava colpi leggeri a Robert. Lui rideva compiaciuto, mentre io, invece, ero preoccupata per quelle effusioni troppo ravvicinate.

– Sembra quasi che ti stia invitando a montarlo... Molto strano... – commentò la Martori.

– Voglio provare – s'intestardì il bambino, nonostante io tentassi di dissuaderlo.

Un uomo, che poi seppi essere il cognato della Martori, con un'espressione abbastanza dubbiosa, si accinse a sellare Jewel. Il cavallo si prestò, assecondandolo. Con apprensione, lasciai che Robert fosse aiutato a salire in sella. Notai che il cavallo sembrava favorire al massimo quell'operazione.

– Devi essergli molto simpatico. Non si è mai comportato in modo tanto condiscendente e confidenziale. Per essere più precisi, Jewel è una cavalla e anche piuttosto matura, infatti ha otto anni...–.

Mio figlio, in groppa a Jewel, sembrò subito a suo agio, mentre la donna teneva al passo l'animale, reggendo le redini.

Il bambino esordì: – Dammi, voglio provare da solo –.

La Martori fece un cenno d'intesa al cognato, come per dirgli di stare molto attento. Quello montò un secondo cavallo e si affiancò a Jewel. Pronto, se il caso, a intervenire.

Reggendo le redini, il mio bambino guidò la cavalla al trotto, costeggiando la parte esterna del recinto. Sembrava, a vederlo tanto sicuro, che non fosse la prima volta.

– Allora hai già cavalcato! – esclamò infatti la donna. Si meravigliò quando negai.

– Forse ha imparato guardando qualche film western – scherzai. Per la verità, nel vedere mio figlio, ancora così piccolo, in cima a quell'animale imponente, quasi gigantesco, mi pentii di avergli permesso di montarlo.

*\*\*\**

C'eravamo quasi abituati al galoppo notturno di Jewel.

Avevo raccontato ad Hanter, mio marito, dell'incontro alla fattoria. Per la verità, non aveva apprezzato l'esperienza di Robert con Jewel. Un suo amico d'infanzia era morto per una caduta da cavallo e lui provava una certa avversione, o timore, per i cavalli. In parte, mi aveva influenzato.

Alle otto del mattino, Hunter partiva in auto per Roma e io, invece, uscivo con la mia utilitaria per accompagnare Robert a scuola. Una mattina, la custode mi informò che la maestra di Robert voleva parlarmi. Appena i bambini furono entrati tutti in classe, l'insegnante li affidò alla custode e mi raggiunse nell'atrio.

L'ascoltai allibita.

– Il bambino, da diversi giorni, cade letteralmente dal sonno. Alcune volte si è addormentato sul banco... ma anche quando è sveglio è completamente assente... Forse ha qualche problema di salute? Fino ad una settimana fa era brillante e vivace... ho creduto che fosse mio dovere...–.

La ringraziai e certo notò la mia sorpresa, oltre che preoccupazione. Commentai di non aver notato nel pomeriggio, quella sonnolenza.

– Lo credo. Dorme tutta la mattina in classe! Devo anche rimproverare i compagni: lo prendono in giro, e peggiorano la situazione. Non credo che il bambino ci guadagni in autostima –.

La salutai, abbastanza turbata. Da casa, telefonai a mio marito. Gli raccontai.

– Deve essere quel cavallo che gira intorno, di notte, a tenerlo sveglio. Bisognerà trovare una soluzione –.

– Robert mi ha chiesto diverse volte di tornare alla fattoria per imparare a cavalcare. Ha... simpatizzato con «quella» cavalla, la stessa che lasciano libera di andare e venire in totale libertà –.

– Non si discute, cercherò di fargli capire. Gli racconterò del mio amico. E bisognerà anche parlare di nuovo con quella Martori –.

Nel pomeriggio, osservai mio figlio e forse sì, lo vidi un po' pallido, ma mi sembrò di buon umore, come al solito.

– Hai sonno? – gli chiesi.

– Un pochino, ma poi mi passa –.

– Hai dormito bene, stanotte? –.

Mi guardò, diffidente. E mi sembrò strano, per un bambino piccolo, quell'atteggiamento di difesa. Alla risposta affermativa, insistetti: – Hai fatto un bel sogno? –.

Sembrò gli avessi dato una ciambella di salvataggio: – Ho sognato Jewel – disse.

Ecco, pensai, sveglio per colpa del cavallo! Bisogna davvero protestare con la nostra vicina dell'agriturismo. Non si può lasciare libero il cavallo, di notte! Nello stesso tempo, mi domandavo se fosse davvero il caso di raccontare a nostro figlio di sei anni, la storia drammatica dell'amico di Hanter. Non mi sembrava il caso di turbarlo. E invece...

Hanter raccontò e Robert lo ascoltò impassibile. Davvero in lui era notevole il «self control» del quale ironizzano gli italiani, quando parlano di noi inglesi,

– Il tuo amico è stato sfortunato, daddy. Ha trovato un cavallo che lo ha disarcionato. Se tu vedessi come è bella Jewel, non avresti più paura dei cavalli –. Voce ferma e linguaggio adulto.

Durante la notte, mi rigirai nel letto, senza riuscire a prendere sonno. Prima dell'alba, udii distintamente il galoppo arrivare e ripartire. Mi alzai, innervosita.

Andai in cucina e bevvi un bicchiere di latte, poi, ripassando davanti alla camera di Robert, entrai a controllare se anche lui si fosse svegliato.

Il letto era disfatto. Robert non c'era e la finestra era aperta. Mancavano anche la sua giacca a vento e gli scarponcelli. Mi sentii mancare. Urlai, chiamando mio marito. Contemporaneamente, mi precipitai alla finestra. Fuori era ancora buio. Per la prima volta, constatai quanto quel davanzale fosse vicino a terra, più o meno due metri, non di più.

Dopo, fu come un sogno o un incubo. Mio marito uscì fuori all'aperto. Io rimasi semi paralizzata dalla paura, in camera del mio bambino. Avevo un sospetto che mi sembrava inverosimile, eppure speravo fosse giusto. Per non pensare al peggio.

A un certo punto, quando già mi accingevo a telefonare alla polizia, sentii avvicinarsi il galoppo di Jewel. Anche Hunter, che intorno casa, chiamava nostro figlio a gran voce nel buio, lo sentì.

Il cavallo si fermò a pochi metri di distanza. Sulla groppa aveva il nostro bambino. Lo cavalcava senza sella. Mio marito fuori e io vicino alla finestra restammo immobili, impietriti. Il cavallo si affiancò al davanzale e il bambino ci salì sopra con la disinvoltura di chi lo ha fatto più volte. Rientrò nella sua camera. Aveva gli occhi aperti, ma mi fissò senza vedermi, come in una crisi di sonnambulismo. Immaginavo che potesse essere pericoloso svegliarlo e non parlai. Anche mio marito ebbe la stessa cautela. Il bambino si tolse la giacca a vento e le scarpe e rientrò nel letto.

Avrei dovuto svegliarlo un'ora dopo, per andare a scuola, ma non lo svegliai.

Verso le undici, Hunter lo portò con sé a Roma. Sarebbe passato da un agenzia immobiliare, per cercare una nuova sistemazione in città. Essere stranieri, non residenti, poteva anche favorirci.

Avevamo tuttavia considerato, mentre Robert dormiva, l'eventualità di restare, di permettere a nostro figlio di cavalcare Jewel, di giorno e con la sella. Ipotesi scartata. D'accordo con Hunter, mentre Robert era a Roma con lui, sarei tornata dalla Martori. Per la verità, vagamente, ancora accarezzavo l'idea che, se fra bambino e cavallo si era creato un tale feeling, forse avremmo potuto chiedere alla proprietaria, ora in America, di affidarlo a noi. Tanto più che c'era una stalla dietro casa. La stalla che era stata di Jewel nel passato.

***

La Martori mi stava parlando: – La Lorenz è molto gelosa del cavallo. Anche se lo ha lasciato in Italia, sia per ragioni pratiche che sentimentali, non credo che voglia cederlo... Era il cavallo di suo figlio. Glielo aveva regalato, verso i quattro anni del bambino. Praticamente erano cresciuti insieme. Certo, però, il rapporto di Robert con Jewel, signora Francis, è scioccante. Potrei telefonare alla Lorenz e spiegarle...–.

Ringraziai. Poi, riferendomi alla sue ultime parole: – Mi ha detto che la signora Lorenz ha un figlio? Noi abbiamo trattato soltanto con l'agenzia e non l'abbiamo mai incontrata –.

– «Aveva» un figlio, è morto a sei anni di età, di leucemia fulminante, in tre soli mesi. Per questo, se ne sono andati e hanno lasciato casa e cavallo, più o meno sei anni fa. Non gli reggeva il cuore a restare qui. Il bambino, anche se così piccolo, prima di ammalarsi, cavalcava in modo stupendo, anche senza sella. Erano tutt'uno, lui e Jewel. Sembra ridicolo dirlo, ma l'animale è andato in depressione dopo la morte del bambino. E torna a girare intorno alla vecchia stalla e alla casa. Prima era libero di tornare quando voleva, ma... ora che ci siete voi... –.

Notai, ma non lo rimarcai, che la prima volta aveva finto di meravigliarsi, quando le avevo fatto presente il disturbo della cavalcata notturna. Per la verità, di tutto il suo discorso, mi aveva sconvolto la prima parte: l'età di quel bambino, la sua morte, il suo rapporto così stretto con la cavalla Jewel.

***

Avevo tenuto Robert a dormire nel mio letto. Mio marito, invece, si era trasferito in camera del bambino.

Alle domande del piccolo, avevo spiegato: – La notte scorsa, ho fatto un brutto sogno. Ho sognato che qualcuno voleva rubarti. Lo so che la mamma è sciocca ad avere paura dei sogni... Però mi fa piacere tenerti nel letto con me, stretto stretto...–.

Robert era sembrato molto compiaciuto di poter proteggere la mamma, paurosa dei sogni.

Con mio marito, avevamo deciso di trasferirci al più presto nella *ghest house* a disposizione dei funzionari dell'ambasciata, in attesa di una nuova sistemazione. Ci sembrava, al momento, la soluzione migliore. Soprattutto m'ero lasciata suggestionare un po' troppo da certe letture degli ultimi tempi, o strane teorie contrarie ad una mia visione realistica della vita.

In piena notte, squillò il telefono. Hunter non si era svegliato, anzi lo sentivo russare nella stanza vicina. Il telefono si trovava nell'ingresso. Mi alzai.

Mi sorprese la voce della Lorenz dall'America. Era stata informata dei fatti, dalla Martori. Ma certo, per chiamare, non aveva tenuto conto del fuso orario.

Fui fredda. La sentivo molto eccitata. Intendeva venire in Italia con il primo volo per conoscere Robert. Il tono della sua voce, oltre che l'insistenza, mi disturbò. Presi le distanze.

– Non credo sia il caso. Tanto più che ci trasferiremo a Roma al più presto. Per mio marito, è troppo disagevole fare il pendolare –.

– Oh, che peccato... Mi sarebbe piaciuto regalare Jewel al bambino... Si è creato un rapporto talmente eccezionale fra la cavalla e il piccolo... Mi ha commosso, ecco... –.

Tagliai corto, mentendo. – Non possiamo accettare un regalo così impegnativo, siamo in Italia soltanto per un breve periodo –. Stavo sulla difensiva. Mi turbava l'emozione intensa che avvertivo nella sua voce. Ma che cosa si era messa in testa?

Tornai in camera e... Robert non stava più nel mio letto, la finestra era spalancata.

Dopo, fu un vero incubo. La galoppata nella notte non si risolse nell'arco di qualche ora, come di solito. Cavalla e bambino non rientravano. Telefonammo ai Martori che ci raggiunsero con il loro fuoristrada. Intanto, avevamo telefonato ai carabinieri della zona. Avevo il cuore stretto in una morsa. Sentivo freddo e tremavo, nel corpo e nel cuore.

Trovammo il mio bambino a due chilometri di distanza. In uno spiazzo, nel bosco. Era a terra, privo di sensi. Jewel gli stava accanto col muso proteso verso di lui.

\*\*\*

I medici dell'ospedale ci avevano relativamente tranquillizzati. Vero che c'era una modesta commozione cerebrale, causata dal trauma cranico, ma lo stato leggero di coma, ci spiegarono, era da considerarsi una forma di difesa dell'organismo. Accade, in certi casi, come una sorta di protezione naturale, per evitare uno stress emotivo troppo forte. Io avevo il terrore che fossero soltanto vuote parole di circostanza. Con Hunter, ci alternavamo al capezzale del nostro bambino, giorno e notte. Mai mi sarei aspettata l'apparizione della Lorenz una mattina. Informata dai Martori, era arrivata a Roma con l'aereo da Chicago. Dall'aeroporto, si era diretta, senza aspettare oltre, in taxi, all'ospedale.

Avrei forse dovuto essere più decisa, ma avevo molte notti insonni, ansia e disperazione sulle spalle. La lasciai entrare nella stanza di Robert. Avrei saputo, dopo, che aveva mentito al personale, per non venire fermata. Aveva dichiarato di essere mia sorella. In effetti, era bionda come me e potevamo anche somigliarci.

Si avvicinò al letto e, con gli occhi lucidi, mormorò: – Oh, darling, my little Charlie (o caro, mio piccolo Charlie)... You must live, baby... (Tu devi vivere, piccino) –.

La sorpresa mi paralizzò. Supposi che Charlie fosse il nome del suo bambino morto di leucemia e che lei non fosse tanto a posto di cervello. Robert, improvvisamente, aprì gli occhi, la fissò e sorrise. Disse: – Bye, mamy –. E richiuse gli occhi, ripiombando nel suo sonno profondo.

*\*\*\**

Il *mio* bambino uscì dal coma definitivamente tre giorni dopo. Nessun ricordo dell'accaduto. Rivedendo la Lorenz, la considerò un'estranea, perfino disturbato da certe sue attenzioni. Lei ripartì, appena fu certa della guarigione. Nel salutarla, provai un senso di liberazione, ma anche compassione per lei.

Non avrei saputo più nulla dei Lorenz, né ci avrebbero più cercato in seguito. Non raccontai a Hunter l'episodio dell'ospedale, lo tenni per me. A ricordarlo, mi procurava un forte malessere, insieme a commozione. Adesso mi dico che forse Robert, in quell'anticipo di risveglio dal coma, si era rivolto a me e non a lei.

Nel frattempo, Hunter, durante la degenza ospedaliera del bambino, aveva affittato un appartamento a Roma. Nella villa dei Lorenz, ancora a nostra disposizione per un paio di mesi, non avevamo intenzione di tornare.

Mi sorprese, l'indifferenza di Robert. Non mi chiese di tornare nella casa in campagna, che pure era sembrata piacergli tanto. Non mi chiese di Jewel. Era perfettamente in salute, ma conservava un'amnesia per tutto il periodo che andava da prima della visita alla fattoria dei Martori fino al giorno dell'incidente.

Il medico ci suggerì di tornare in quei luoghi. Magari soltanto per una passeggiata e studiare la reazione di Robert. L'occasione venne per un invito a pranzo dei Martori, grati perché non li avevamo ritenuti responsabili di quanto era accaduto.

– Jewel resterà chiusa nel box – volle tranquillizzarci la donna – e poi, dopo quella notte, sembra essersi calmata. Non ha più gli scatti di una volta –.

Io tremavo all'idea dell'incontro tra il mio piccolo e la cavalla.

Invece, tutto si svolse nel modo più banale. Soltanto nell'andarcene, la Martori non resistette alla tentazione di chiedere a Robert: – Vuoi salutare Jewel? –.

Robert la guardò sorpreso: – Chi è Jewel? –.

Alla risposta, volle vedere il cavallo. Andammo davanti al box. Jewel aveva la testa rivolta verso la mangiatoia, si girò appena, sentendoci arrivare. Né mio figlio, né il cavallo mostrarono emozione, solo indifferenza, come se si vedessero per la prima volta.

Mi sembrò di essermi svegliata da un sogno senza senso.

## Scambio d'identità

Grande chiarore, pareti bianche, una porta bianca, lenzuola bianche. Chino su di me il viso di una donna di mezza età, segnato dalla stanchezza e dall'apprensione.

– Grazie al cielo – sussurrò – e poi, a gran voce – Infermiera... dottore... –. Viso arrossato e lacrime.

Spiacevole sensazione, anzi stonata, come di fastidio. Suono concitato di un campanello. Pochi attimi ancora e un'infermiera si chinò su di me.

Bisbigliai: – Dove mi trovo? –.

– In ospedale. Hai dormito un po' di tempo, ma, ora, per fortuna, ti sei svegliata –.

Minimizzava per non impressionarmi, questo lo potevo capire. Il mio polso fra le sue dita a contare le pulsazioni. Aveva mani un po' ruvide.

– Come ti chiami? –. Un tono leggero, come in un primo incontro fra compagne di scuola.

– Sara – risposi.

Ci fu un'esclamazione strozzata della donna in disparte.

– Bene, Sara, io mi chiamo Sandra – si presentò l'infermiera. Ebbe un esitazione e poi: – Vado a chiamare il dottor Mardelli –.

E rivolta all'altra: – Mi raccomando, niente parole fuori posto alla paziente. Anzi, proprio non parli, potrebbe provocarle emozioni negative –.

Mi domandai quali emozioni, un'estranea, avrebbe potuto procurarmi. La donna sconosciuta mi fissava in trepidazione. A che titolo? Se non mi fosse stata del tutto estranea, avrei potuto tentare delle domande. Se, come supponevo, ero uscita da un coma, che tipo d'incidente lo aveva provocato? Un vuoto di memoria. Un acquitrino, dentro il quale galleggiava, riflesso, il mio viso. Entrò il medico. Nuovo controllo delle pulsazioni, della pressione sanguigna, un lucetta rivolta alle mie pupille e, dopo, il suo sguardo alle varie apparecchiature alle quali ero collegata.

– Che cosa mi è successo? – mormorai, sperando una risposta meno reticente.

– Un trauma cranico con commozione cerebrale. Per fortuna hai la testa dura, ti sei fatta un sonno profondo e ora sei sveglia –.

Mi disturbò che mi desse del tu, anche lui, dopo l'infermiera.

– Un incidente d'auto? E i bambini? – mi agitai – come stanno i miei bambini? –.

Mi guardò strano. Insistetti: – Voglio vedere i miei bambini e anche Alberto, mio marito..."Hai" detto che sono stata in coma... E i bambini? –. Anch'io avevo usato il pronome confidenziale.

– Sì, una settimana di coma. È uscita viva dal deragliamento di un treno proveniente dalla Sicilia: *lei* era su quel treno –.

– Non ricordo di essermi trovata in treno... Nemmeno ricordo di essere stata in Sicilia. Forse... Là ci sono i miei genitori ... Mia madre non sta tanto bene...–. Smozzicavo parole.

– Il fatto è... che al risveglio dal coma, la memoria è... imprecisa. C'è proprio un'amnesia, perfino una perdita d'identità. Dovrà avere un po' di pazienza e stare sotto osservazione qualche giorno, prima di poter vedere i suoi familiari. La cosa più importante, adesso, è che sia uscita dal coma –.

Quel "lei" sul quale calcava la voce era una magra soddisfazione nel guazzabuglio di pensieri che avevo in testa.

Oltre che molto confusa, ero anche sfinita. Come se avessi parlato per ore senza nessun ascolto soddisfacente. La spiegazione del medico non mi convinceva. Aveva parlato di amnesia e certo non riuscivo a risalire al momento dell'incidente. Nella testa avevo un ronzio continuo, un vero alveare. Ma ricordavo perfettamente l'esistenza dei miei figli, di mio marito, la mia vita di madre e di moglie. Cercai di precisargli il mio nome completo. Mi uscì soltanto "Sara". La mia voce percepibile a fatica e le parole pesanti come una pietre. Chiusi gli occhi e rimandai ogni chiarimento.

***

Mi fu detto di annotare, su di un quaderno che mi avevano fornito, ogni flash di ricordi. Ne fui molto irritata perché ritenevo di essere ormai lucida e cosciente. Mi tornarono in mente anche il cognome e l'indirizzo di casa. Sotto quegli sguardi così strani e inquisitori, preferii tenerlo per me. Non mi fidavo. Non accettavo che mi negassero d'incontrare i miei familiari. Dubbi e sospetti atroci. Io uscita illesa ma... i miei figli e mio marito... Ero terrorizzata all'ipotesi di una rivelazione tragica. Era quella la ragione dell'atteggiamento guardingo nei miei confronti? Ebbi una crisi di disperazione, ottenni soltanto dei sedativi.

Vennero altri medici, capii che uno era psichiatra. Mi fece un sacco di domande che liquidai con tanti "Non ricordo". Avevo capito che l'identità dichiarata non era quella che si sarebbero aspettata. Allora studiai uno stratagemma. Chiesi della signora che mi era stata accanto al risveglio. Mentii. Spiegai che la sua fisionomia mi era tornata familiare. Mi resi subito conto di avere imboccato la strada giusta. Mi permisero di ricevere quella visita e io mi imposi di assecondarli il più possibile. La donna entrò, mi fissò con preoccupazione mista a speranza. Ritenni che, se l'avevo trovata accanto al mio risveglio, poteva essere una parente, o un'amica intima, dimenticata per via del trauma. Giocai d'azzardo.

– Mi ricordo di te – le dissi – nel senso che so di averti già vista e provo dell'affetto, sicuramente c'è familiarità...–. Andavo a caso. Sul suo viso, commozione e sollievo.

– Mi hanno detto di aspettare a parlarti della relazione fra noi...–.

– I medici ne dicono tante... Lascia perdere, io ho bisogno di essere aiutata a ricordare. Figurati che mi hanno negato perfino uno specchio. Forse ho il viso sfigurato? –. La convinsi.

Nello specchio del suo portacipria, vidi un viso giovane intorno ai vent'anni, una ragazzina bionda, con grandi occhi azzurri, molto... somigliante alla persona che mi stava accanto. Quel viso, nello specchio, mi era estraneo. Non era quello di Sara Tornani, la donna che ritenevo di essere, quarantenne, madre di una bambina di nove anni e un bimbo di sei. La donna che ero stata. Che cosa era accaduto di lei? Si può impazzire per molto meno.

*** 

Avevo chiamato "mamma" quella donna sconosciuta, avevo mentito, ingannato la sua buona fede. Le avevo carpito tutte le informazioni necessarie a convincere i medici che mi stava tornando la memoria. E adesso mi trovavo in una casa sconosciuta. In una buffa stanza quasi adolescenziale, con poster di attori alle pareti, lo stereo e dischi rock di complessi musicali, quelli che mia figlia di nove anni ammirava. La figlia di Sara Tornani. Giulia Manoli, invece, ventenne, iscritta al primo anno di lettere e filosofia, di sicuro non poteva avere una figlia di quell'età.

Mi vennero in mente certe storie lette, di persone che, dopo un violento trauma, si mettono a parlare in lingua diversa, a volte antica. Alcuni ne deducono che sia una prova di vite precedenti, io ero sempre stata molto scettica al riguardo. Ma vivere l'esperienza che stavo vivendo era di certo sconvolgente. Dopo un primo momento, superato il rischio di pazzia, conquistai, in qualche modo, un comportamento razionale. Ma i pazzi, in genere, *credono* di ragionare. Avevo annotato, in un secondo quaderno, che però tenevo nascosto, tutto quanto conoscevo di Sara, cioè di me stessa, perfino gli episodi più banali che ritenevo di aver vissuto. Cessati quei fastidiosi capogiri che mi rendevano insicura nei movimenti, decisi di fare ricerche.

La "madre di Giulia", quindi dovrei dire "mia madre", mi seguiva sempre come un'ombra e mi suggeriva sia l'identità delle persone che mi si rivolgevano, sia le relazioni di qualunque genere. Mi assecondava in ogni richiesta. Mi accompagnava allo studio dello psicanalista, mi aspettava nella sala d'aspetto. Diverso rapporto con l'uomo che diceva di essere mio padre, molto distaccato, come diffidente. Lui percepiva che ero "diversa"?

***

Con lo psicologo, una recita continua. Da brava e coscienziosa allieva, avevo imparato ad essere Giulia, anche se avevo i ricordi di Sara.

Alla fine, mi sentii fisicamente a posto e "tornai" perfino all'università. Dentro di me, ridevo amaro. Sara (dovrei dire "io") era laureata in lettere e filosofia e insegnava al liceo classico. Un tragico imbroglio e c'era poco da ridere.

Libera di uscire di casa per conto mio, con i "miei genitori" ormai tranquilli, come prima tappa d'indagine, scelsi

75

di raggiungere in treno la città di Sara. Il luogo che ritenevo essere la mia vera città, a cento chilometri di distanza. Avrei fatto *shopping* e guardato le vetrine, lontana dal giro delle mie conoscenze. La... *madre di Giulia* non fece obbiezioni. Per lei, improvvisai una parte di verità. Spiegai che avevo bisogno di viaggiare in treno, da sola, sia pure per un viaggio breve. Per neutralizzare la paura che, altrimenti, mi sarebbe rimasta dei treni e dei viaggi. Me lo... aveva suggerito lo psicologo, e qui mentii. Fui talmente convincente, che lessi sollievo negli occhi di "mia madre".

Nessuna emozione sul treno, nessun ricordo del deragliamento, soltanto una grande ansia di andare a ritrovare i miei cari. Li avrei guardati senza avvicinarmi, cercando di capire quale "virus" malefico fosse penetrato negli ingranaggi del mio cervello, scollegandolo dal corpo.

Scesa dal treno, mi mossi in tutta sicurezza. Le strade mi erano familiari, ricordavo perfettamente anche l'indirizzo del liceo dove insegnavo. Mi diressi alla scuola elementare dei miei figli. Era quasi l'ora di uscita. Mi sarei fermata in attesa al cancello. Il mio aspetto fisico era talmente diverso... impossibile riconoscermi. Vidi i miei bambini sani e salvi, belli come li ricordavo. Fu straziante non poterli abbracciare. Andarono incontro ad una donna di mezza età che non ricordavo. Mi feci coraggio, mi avvicinai.

– Sono Giulia... un'amica della professoressa Tornani... Vorrei notizie...–.

Mi terrorizzava l'idea che mi rispondesse "è morta" o qualcosa di simile.

Fu gentile e non ebbe sospetti, rispose: – È ancora in ospedale, sono due mesi che è in coma e non si risveglia. Sono tutti disperati, il marito non si dà pace e passa ore là, in ospedale –.

– E come sta il dottor Tornani? –.

– Non è più lui, sembra malato –.

– Lei è una parente? –.

– Sono stata assunta per prendere e portare i bambini a scuola –.

I bambini mi guardavano diffidenti. Mi prese un nodo alla gola per la commozione e salutai in fretta. Appena una carezza furtiva ai piccoli che si ritrassero. Pochi attimi dopo, mi decisi. Dal cellulare, composi un numero noto, quello dello studio di mio marito. La sua voce mi fece tremare, ero sempre stata innamorata di lui fin dai tempi dell'università. Ero ancora innamorata di lui.

– Sono un'amica di sua moglie, dovrei parlarle, è molto importante... Ero anch'io su quel treno, nello stesso scompartimento... Ho viaggiato e parlato con sua moglie per ore, la conosco quasi meglio di me stessa e...–. Farfugliavo e ricostruivo a caso.

– Sono venuta apposta per incontrarla. Vorrei soltanto parlarle e, dopo, chiederle di accompagnarmi da sua moglie, all'ospedale. Forse, se parlo con la signora, riconoscerà la mia voce. Ci siamo fatte tante e tali confidenze... Forse potrei aiutarla a tornare in sé... Sono... Giulia Manoli –. La voce mi usciva a fatica, quando pronunciavo quel nome che non era il mio.

Anche se dubbioso, accettò di incontrarmi e subito. Appuntamento di fronte a un bar. Gli andai incontro io e mi fu difficile nascondere l'emozione. Io, quell'uomo, lo amavo.

– Come ha fatto a riconoscermi? – si meravigliò.

– Sua moglie l'ha talmente descritta... –.

– Non immaginavo che mia moglie raccontasse ad un'estranea particolari confidenziali –.

– Sa com'è, un viaggio lungo in treno, a volte, lega più di

anni di amicizia. Poi... dopo quanto c'è accaduto... Alla frenata, prima del ribaltamento, ci siamo abbracciate e strette talmente forte...–. Improvvisamente, ricordai. Uno squarcio di luce. Quell'unico urlo di tutti i passeggeri, lo stridio inutile dei freni, io stretta a Giulia come a volerla proteggere, o per cercare aiuto –. Barcollai e Alberto mi sostenne.

– Anch'io sono stata in coma. Ne sono uscita, ma ancora ho vuoti di memoria e, soltanto a tratti, mi tornano ricordi. Ora, per esempio, all'improvviso, ho ricordato il momento dell'incidente –.

Mi invitò a entrare nel bar. Conoscevo quel bar situato accanto al Liceo dove avevo insegnato. Lui ordinò per sé un caffè e per me il cappuccino che gli avevo chiesto.

– Anche mia moglie preferisce il cappuccino piuttosto che il caffè – commentò.

Non sapevo come cominciare un qualsiasi discorso. Fu lui ad incitarmi: – Che cosa le ha raccontato mia moglie di me? –.

– So che è daltonico, per esempio. E, infatti, ho notato subito che ha sbagliato il colore dei calzini, uno è blu e l'altro verde. È sua moglie di solito che glieli prepara la mattina –.

Mi guardò stupefatto.

Seguitai: – So che ha una cicatrice all'inguine. Se l'è procurata scavalcando un recinto quando era bambino –.

Andai avanti imperterrita:– Di sua moglie so che ha avuto un unico uomo, lei. Che eravate molto inesperti entrambi, che la prima volta, ridevate e piangevate insieme, che lei si è laureato prima del matrimonio e sua moglie, invece, dopo la nascita del primo figlio –.

– Credo che lei sappia davvero molte cose –.

Io gli guardavo le labbra e sentivo le mie tremare, avrei voluto baciarlo e dirgli "sono qui".

Riuscii a convincerlo a condurmi in ospedale, mentre era ancora strabiliato per le mie inspiegabili rivelazioni.

***

Il corpo della donna nel letto d'ospedale era il mio, così come lo ricordavo. Non era giovanissimo, ma io lo preferivo. Presi quella mano abbandonata sul lenzuolo e parlai sommessamente: – Sono qui. Se mi senti, certo mi riconosci. C'è stato qualcosa di strano fra di noi, forse è possibile rimediare –. Strinsi forte quella mano, la sentii vibrare nella mia. Mi prese un tremito irrefrenabile. Persi conoscenza.

Quando aprii gli occhi, ero di nuovo in un letto d'ospedale. Alberto stava chino su di me, piangeva.

– Amore mio, ti sei svegliata finalmente –.

Non capivo bene, ma la mia prima domanda fu: – Che cosa ne è stato di Giulia? –.

– La ragazza... è lei che ti ha svegliata, non so come ci sia riuscita –.

– Ma dov'è ora, Giulia? –.

– Ha avuto un malore. L'hanno soccorsa. Ci sono un medico e un'infermiera con lei –.

– I bambini... – mormorai – ho tanta voglia di abbracciarli –.

Mi vergognavo che il mio primo pensiero non fosse stato per loro. In me predominava il progetto, appena mi fossi sentita meglio, di cercare Giulia e ringraziarla. Era riuscita a stabilire un contatto fra noi. O, forse ero stata io a cercare un contatto con lei?

***

Appena ristabilita, telefonai a casa di Giulia. Mi rispose

sua madre raggiante. M'informò che la figlia era tornata in sé perfettamente. Unica stranezza, non ricordava di quel giorno all'ospedale al mio capezzale. Anzi, sembrava convinta di essersi svegliata dal coma per la prima volta e, definitivamente, subito dopo lo svenimento. Non altro. Capii la sua reticenza imbarazzata e rinunciai a incontrare la figlia. Al suo posto, avrei agito come lei, protetto mia figlia.

Ricordavo l'incontro su quel dannato treno. Troppo le avevo raccontato di me. Le avevo perfino mostrato sul *tablet* tutte le foto recenti della mia famiglia. Forse questa è la chiave del mistero. Giulia aveva vissuto un'allucinazione, una sorta di transfert. Spiegazione razionale. Restava il fatto che, durante il mio coma, in una sorta di nebbia soporosa, avevo visto davanti a me il viso supplichevole di Giulia che si alternava al mio. Muoveva le labbra senza alcun suono, in una richiesta di aiuto. Non ci siamo più incontrate. Indirettamente ho saputo che Giulia si è sposata, ha avuto figli, ha una vita tranquilla. E questo mi basta.

# Il pellerossa

Lessi il nome sull'agenda degli appuntamenti. Non era fra i miei pazienti abituali.

Chiesi alla segretaria: – Che voce ha? –. Per me è importante il timbro della voce, il tono, il ritmo. Gloria lo sa bene. Lavora con me da alcuni anni e quindi mi asseconda. Presta molta attenzione alle voci al telefono.

– Voce giovane, ansiosa, timorosa, un po' infantile. Ho segnato il suo numero di telefono, come al solito –.

Prassi normale anche quella, chiedere il recapito telefonico a chi fissa un appuntamento. Intanto la nuova paziente stava aspettando nella saletta d'attesa.

– Falla passare – sollecitai.

La ragazza entrò. Era bionda, chiarissima, lunare, oserei dire. La invitai a sedere. Sedette sul bordo della poltrona, le mani intrecciate in grembo, in segno di chiusura. Atteggiamento comune a molti, la prima volta, davanti a uno psicologo.

Cominciò a parlare, precisando di non avere grandi problemi. Si riteneva equilibrata. Precisò: "sana di mente". Qualcuno l'aveva informata che conoscevo la tecnica ipnotica, ecco perché era venuta da me.

– Applico l'ipnosi soltanto in rari casi, quando si rende necessaria e con il consenso del paziente –.

– Io sono qui *soltanto* perché desidero fare una regressione –.

Trattenni un sorriso. La ragazza anticipava i tempi senza tenere conto delle mie riserve.

– Mi capitano episodi strani, sensazioni, ricordi di emozioni... Io penso che risalgano a una vita precedente –.

– Mi dispiace, non credo alla metempsicosi e, anche se ci credessi, non farei pratiche del genere. Le ritengo "non professionali". Forse ha sbagliato, rivolgendosi a me –.

Si mise a piangere, del tutto inaspettatamente. In contrasto con le affermazioni di salute precedenti.

– Ho bisogno di capire – spiegò, seguitando a piangere – la mia incapacità ad adattarmi al mondo di oggi. Mi basta di sapere se c'è una ragione. C'è un sogno che faccio molto spesso. Sogno di essere un' aquila e volare molto in alto e nel sogno sono molto felice. Per contrasto, al risveglio, provo un grande dolore, per essere quella che sono ora, a combattere con le banalità quotidiane –.

– Da quanto tempo le ricorre quel sogno? –.

– La prima volta che sognai l'aquila, ero una bambina molto piccola, forse tre anni, forse meno. Ricordo che allora, quando mia nonna mi portava nel parco, allargavo le braccia e correvo. Cercavo di rivivere le sensazioni del sogno. Ora continuo a sognare quel volo d'aquila, anche se meno di frequente. Quando mi sveglio cerco di essere razionale ma non ci riesco. Provo dolore. Anche adesso che racconto... –.

– E pensa che il sogno abbia a che fare con una vita precedente. Pensa di essere stata un'aquila? –.

Il mio tono era professionale ma, fra me, ironizzavo. Già consideravo di congedarla senza farle pagare la parcella. Era un pomeriggio con pochi appuntamenti, potevo anche prendermi uno spazio disinteressato.

– Io sono qui proprio per essere aiutata a capire. Ho sempre dentro di me il volo di quell'aquila e ci sto male –.

– Il sogno potrebbe indicare un desiderio di spazio, di libertà, di affermazione del sé, un certa insoddisfazione della sua condizione attuale –.

Per Freud, il volo, si collega alla sessualità. Lo tenni per me.

Mi guardò smarrita: – Certo è possibile. La mia vita si svolge dentro quattro mura, piatta e banale. Genitori anziani, un fidanzamento andato male, studi interrotti, lavoro di impiegata, sempre la stessa routine...–.

Spesso, perché un paziente si apra, occorrono diverse sedute. Sara, contrariamente al primo approccio di chiusura e diffidenza, adesso parlava senza imbarazzo. E non teneva più le mai intrecciate, ma abbandonate sui braccioli della poltrona.

– C'è stato un episodio di alcuni anni fa... Non so darmi una spiegazione logica. Mi trovavo in vacanza con i miei genitori. In Corsica. Eravamo alloggiati in una pensione a Porto. Facemmo una gita, diciamo, turistica. Andammo a vedere i famosi Calanchi di Piana. Quei dirupi di granito rosso, scolpiti dall'erosione atmosferica. Hanno forme incredibili: uccelli, animali, mostri mitici. Un'atmosfera irreale, colori magici... Cominciai a tremare di emozione, il rumore del mare contro la scogliera mi sembrò lo scorrere dell'acqua di un fiume fra i sassi. Provai la tentazione di aprire le braccia e volare sopra il dirupo... Svenni. Mi ripresi, dopo un quarto d'ora. Con grande spavento, i miei genitori mi spiegarono che era sembrato volessi gettarmi nel vuoto. Mi avevano trattenuta a stento. Mi sentivo molto debole. Io ricordavo soltanto che, durante lo svenimento, avevo di nuovo sognato le mie ali spiegate nel volo, sotto di me le montagne rocciose.

Sara aveva una voce dolce e suggestiva, in qualche modo ne fui preso. Sbagliatissimo nella mia professione. Ancora non capivo se, pur negandolo, desiderasse sottoporsi ad analisi piuttosto che ad una regressione ipnotica. Forse l'avrebbe aiutata meglio uno psichiatra piuttosto che uno psicologo o, forse, semplicemente, era perfettamente sana, ma infelice e cercava, nella fantasia, una compensazione. Il volo dell'aquila rappresentava per lei tutto questo. Cercai di spiegarle il mio punto di vista, evitando di urtare la sua suscettibilità. Invece s'impermalì.

– Posso pagarla – disse. – E, comunque, potrei anche rivolgermi a qualcun altro. Se lei ritiene di... non essere all'altezza –. Aveva frainteso, m'ero mosso maldestramente, e lei reagiva aggredendomi e provocandomi.

– No – dissi – Sono disposto ad aiutarla, se non altro perché si levi dalla mente l'idea di una vita precedente. Troveremo insieme la spiegazione del suo sogno –.

– Mi sottoporrà ad ipnosi?–.

– Sì, se prima accetterà alcune sedute di analisi preliminari. Così si farà conoscere e imparerà ad avere fiducia in me –.

Pensavo che, alla fine, aiutandola a capire le ragioni nascoste nel suo inconscio, avrebbe lei stessa sorriso di quella fantasia e rinunciato all'idea dell'ipnosi.

Fu la prima volta che incontrai Sara. Ci sarebbero stati altri incontri. Era tale il piacere di averla davanti a me che facevo sempre in modo di raddoppiare il tempo delle sue sedute. Gloria, la mia segretaria, mi lanciava strane occhiate quando accompagnavo la ragazza all'uscita dello studio. Io non osavo dire, nemmeno a me stesso, che mi ero innamorato di Sara a prima vista.

Adesso, di lei, sapevo quasi tutto. Figlia unica di genitori anziani, aveva rinunciato all'Università sia per accudirli che per motivi economici. Dopo il Liceo aveva trovato subito un lavoro che le permetteva di incrementare la pensione insufficiente del padre. Le avevo spiegato, mentendo, che un'eventuale ipnosi regressiva, mi interessava dal punto di vista della sperimentazione. Traendone un vantaggio di studio, la esoneravo dal pagare il mio onorario. Giustificavo il prolungarsi dei nostri incontri, spiegandole di voler essere sicuro che lei non avrebbe subito traumi, nel caso avessimo tentato l'esperimento.

*** 

Mi sentii in obbligo di telefonare ad una mia insegnante e amica, Clara Landi. La sapevo molto ligia nell'osservare le regole, oltre che molto capace nella professione. Le chiesi consiglio sulla mia crisi deontologica. Mi ero innamorato di una paziente, che fare?

– Glielo dici e la affidi ad un collega. Se poi vorrai seguitare a frequentarla, potrai farlo al di fuori del tuo studio e al di fuori della competenza professionale. Però stai attento, il tuo è un caso di transfert, in situazione inversa a quella che avviene di solito. E, d'altra parte, sarebbe scorretto, approfittare della tua influenza, dalla quale, purtroppo, a sua volta, la ragazza potrebbe essere stata condizionata.

– Mi stai dicendo che devo rinunciare a lei, per la probabilità di un doppio transfert? Io non mi sento di affidarla ad un collega, a meno che non sia tu stessa... Però, vorrei prima accontentare Sara per quella sua fantasia sulla reincarnazione. Sono convinto che, dopo, potrebbe lei stessa desistere e interrompere le sedute –.

– Rischi di metterti nei guai –.

– Posso chiederti almeno di assistere? –.

Riuscii a convincerla.

***

Sara si era abbandonata alla trans ipnotica molto facilmente, partendo da una suggestione rasserenante e rilassante. Aveva anche accettato la presenza della dottoressa Landi, senza difficoltà. La considerò, anzi, un mio eccesso di protezione e scrupolo nei suoi confronti. In effetti, vederla così abbandonata, con un accenno di sorriso sulle labbra e gli occhi chiusi, mi inondava di tenerezza e desiderio insieme. Era stato un bene aver chiesto la presenza della Landi.

– Se guardi davanti a te, Sara, puoi vedere che hai di fronte una specie di grande pallone, o navicella spaziale...– suggerii.

– È una navicella spaziale – mi confermò sicura.

– Bene. Ora tu entrerai nella navicella –.

Le suggerii che, premendo alcuni pulsanti, avrebbe potuto viaggiare a ritroso, a sua scelta, nel tempo. Soltanto se lo avesse ritenuto necessario. Volutamente intervenivo il meno possibile per non influenzarla. Sara parlava e descriveva tutte le sue operazione e le sue scelte, senza alcuna esitazione.

– Quando ti sembrerà di essere arrivata, potrai planare a terra –.

Ad un tratto precisò: – Sono già uscita dalla navicella. Io sono un'aquila, sto volando. Non ho bisogno di farmi portare, so volare –.

Mi feci attento ad ogni minimo segnale di difficoltà. Il suo viso era estatico. Allargò le braccia e le mosse in un leggero movimento di volo.

– L'aquila sa dove fermarsi e sostare – le suggerii.

Scosse la testa. – Non voglio fermarmi, non so fermarmi...–.

Dopo poco, la sua espressione cambiò, si fece spaventata.

– Voglio scendere – disse – Aiutami a scendere –.

– Vuoi svegliarti? –. Ero già pronto a ricondurla allo stato di veglia.

– No, non svegliarmi. Voglio scendere a terra –.

Allora intervenni con le parole e, con il tono di voce suadente, la placai. E l'aquila toccò terra. Le suggerii che adesso era di nuovo un essere umano.

– Sì, lo so – ammise. Già aveva modificato la sua identità, precedendomi.

Poi esclamò: – Ma come diavolo cammino! –

Spiegò, sorpresa e divertita, che camminava muovendo le gambe e i piedi in modo insolito. Anche l'uomo che le camminava davanti aveva lo stesso passo. Le chiesi di descrivermi quell'uomo, mi spiegò che lo vedeva solo di spalle. Aveva i capelli neri e lucidi, lunghi, legati dietro la nuca.

– È... un pellerossa – precisò. E, subito dopo, diede segnali di grande emozione. Il respiro le si era fatto affannoso. Allora, con uno scambio di sguardi con la mia collega, le suggerii ancora una volta il risveglio. Accettò.

La ricondussi alla realtà con precauzione, dolcemente, di nuovo rasserenandola e inducendola a sensazioni di benessere. Le suggerii, di ricordare al risveglio l'esperienza vissuta, in modo da poterla analizzare. In alcuni casi, infatti, uscendo da una trans ipnotica, specialmente se molto profonda, il soggetto può aver dimenticato ciò che ha visualizzato nel suo stato di "coscienza alterata".

Al risveglio, sul viso di Sara, c'era smarrimento. Avrebbe voluto, spiegò, restare più a lungo, verificare. Ma l'emozione l'aveva sconvolta. Soprattutto quell'incedere, che pure aveva sentito familiare. Mettere i piedi dritti davanti a sé, dopo una sorta di semicerchio, come se fosse stata un'aquila con sembianze umane, che camminava a terra come avrebbe potuto un'aquila.

Più tardi mi sbalordì il commento della mia collega: – Quel passo, sai, mi colpisce molto. C'era una tribù pellerossa che era solita camminare in quella maniera, la ragazza non poteva conoscere quel particolare. Non ricordo quale tribù, e comunque non ha importanza il nome, l'ho letto su un libro di storia dei nativi d'America, diversi anni fa. E poi, l'aquila, lo sai, rappresentava la loro divinità –.

– Che cosa stai cercando di dirmi, che siamo davanti ad un caso di memoria prenatale? –.

– Niente sto cercando di dirti. Solo che quel passo, quel modo di muovere i piedi, ha un riferimento preciso, legato alle consuetudini dei nativi d'America. Può darsi che la ragazza abbia visto qualche documentario, o qualche film molto preciso nei dettagli –.

Quella notte dormii male, sognai anch'io l'aquila e i pellerossa. Al risveglio risi di me stesso. Stavo davvero facendomi suggestionare: Sara era più forte di me?

*\*\**

Nuova seduta, dopo una settimana. La dottoressa Landi aveva chiesto lei stessa di essere presente, non so se per proteggere me da possibili critiche o difficoltà future o per suo proprio interesse. Del resto, io avevo l'abitudine di registrare tutte le sedute dei pazienti. Anche se, per nessuna ragione al mondo, avrei voluto o potuto violare il segreto professionale. Rappresentava pur sempre una precauzione, o protezione, se non altro, verso la mia stessa coscienza. E, spesso, il riascoltare, mi aiutava a capire meglio motivazioni e problematiche dei pazienti.

Accesi il registratore. La mia collega si mise in disparte, a fianco della ragazza, ma a portata di sguardo del suo viso e del mio. Io sedetti al lato opposto, sempre di fianco. Sara si girò verso di me, incrociando il suo sguardo col mio. Cominciai a parlare, con un tono di voce, sia tecnico che partecipe. Sara, molto decisamente, anche se in modo sommesso, mi incitò: – Dammi la tua mano, per piacere –.

Nella prima seduta, anche per conciliare meglio l'induzione ipnotica, ci eravamo dati del tu.

Scambiai uno sguardo rapido con la Landi. Mi fece un cenno di assenso. Diedi la mia mano a Sara. Lei intrecciò le dita con le mie e questo mi sembrò insolito per la circostanza. Ripresi a parlare e la ragazza seguitò a sorridermi. La sua mano, dapprima fredda, si fece calda. O era stata la mia a darle calore? Non mi resi conto di cadere in una sorta di stupore estatico, assecondato dalla voce di lei e dal suo sguardo che non si era più staccato dal mio.

*** 

Il ragazzo stava sulla riva del fiume, davanti c'erano le montagne rocciose, scavate dalle intemperie in strane forme scultoree. Sul viso di Sara, nel mio studio, cominciarono a scorrere lacrime, capii che erano di commozione.

– Ecco – disse sommessa – qui volevo tornare, sulla riva del fiume, davanti alle mie montagne –.

La mia voce chiese: – Mi puoi dire chi sei?–.

– Penna d'aquila – rispose.

– Puoi descriverti? –.

– Non so – rispose.

Io "lo" vedevo perfettamente, ma volevo che fosse "lui" a vedersi.

– Guardati nell'acqua del fiume – suggerii.

L'acqua era limpidissima. Lo notai. perché la mia mente era là, con il ragazzo pellerossa, sulla riva del fiume. Ero insieme a Sara.

Si specchiò e sembrò molto meravigliata: non si aspettava di vedersi di sesso maschile. Infine, mi spiegò che il suo nome derivava dal fatto che, alla sua nascita, l'aquila era volata bassa, sopra la tenda, là, dove sua madre *lo* stava partorendo. Aveva lasciato cadere una penna, come per dare un segno. Fu impossibile avere altri elementi o precisazioni. Allora "gli" suggerii (suggerii al ragazzo), di muoversi in quel tempo, di arrivare ai suo venticinque, trent'anni. E, intanto, nel mio studio, continuavo a tenere la mano di Sara nella mia, anzi, la mia nella sua. Mi sentivo sdoppiato, ero con lei nello studio e, nello stesso tempo, ero dentro la sua visione ipnotica.

– Ho un piccolo bambino – disse – Un giorno sarà un grande guerriero: è figlio di un capo, scelto dall'aquila –.

– E ... la madre del piccolo? –.

– Profumo del mattino, la mia squaw –.

– È la donna che ami? –.

– È la mia compagna e la madre di mio figlio –.

Non feci commenti. Supposi che il pellerossa dall'aspetto di capo, nemmeno capisse il senso dell'amore di un uomo per una donna, così come potevo intenderlo io, nel mio modo tradizionale. Feci fatica a staccare lo sguardo dal volto largo e come scolpito di Penna d'Aquila e ritrovarlo sul viso di Sara, nello studio. Era come trasformata. Il viso le si era allargato e gli zigomi apparivano pronunciati. Era strano vederle i capelli biondi con quel viso squadrato.

Nella suggestione dell'ipnosi, ci furono tre tappe nella vita del pellerossa Penna d'aquila. L'ultima, nella sua vecchiaia. Stava seduto con le gambe incrociate, davanti alla sua tenda.

– Voglio morire qui fuori, all'aperto – disse – davanti alle mie montagne. Poi si guardò le mani: – Non ricordavo di avere mani così grandi, dammi la tua mano, ragazzo. Non permettere che mi portino dentro la tenda, quando sarà arrivato il mio momento di partire –.

No, non lo avrei permesso. Nella mia suggestione, guardavo le mani di Penna d'aquila. Mi sembravano enormi e nodose, la mia si perdeva nella sua grande mano. Era stato un grande capo, era ancora un grande capo.

– Sai, ragazzo mio, non m'importa di morire, il tempo adesso è giusto, ma provo un grande dolore al pensiero che non rivedrò più questi luoghi. I miei monti, il mio fiume... Mi mancheranno –.

Sentivo la sua sofferenza, avrei dato la mia vita per lenirla.

– Promettimi che mi aiuterai a tornare... un giorno, quando il richiamo e il ricordo renderanno la mia sofferenza insopportabile –.

Promisi, ero molto turbato.

La dottoressa Landi, mi toccò la fronte e poi mi diede dei colpetti alle tempie, così come avevamo pattuito prima della seduta.

– Per emergenza – mi aveva spiegato – è un comando, nel caso venissi coinvolto anche tu. Per venirti in... soccorso io, se ce ne fosse bisogno–. Aveva capito quanto Sara potesse essere forte e trascinarmi con sé.

Sara adesso si era addormentata, la testa appoggiata allo schienale della poltrona. Aveva il viso sereno, estatico, appagato. Stringeva ancora la mia mano nella sua. Fino a poco prima di addormentarsi, aveva tenuto lo sguardo fisso nei miei occhi, tanto che le sue immagini, ad un tratto, mi erano parse mie. Così tanto ero stato coinvolto nella sua suggestione, o avevo immaginato di esserlo? La svegliai dolcemente, non le chiesi di ricordare. Fu una dimenticanza o fu voluto? Io, invece, ricordavo perfettamente.

Si sgranchì, stendendo le braccia. Si stropicciò gli occhi.
– Che cosa è successo? – chiese – Mi sono addormentata? Non ricordo niente –.

Non risposi, aspettando che traesse da sola delle conclusioni. Se avesse insistito, avrei potuto farle ascoltare la registrazione della seduta.

– Forse non c'è niente da ricordare. Sa, dottore, mi sento meglio, come improvvisamente liberata da un'ossessione –. Parlava con tono sicuro e tranquillo, adesso.

Aveva dimenticato perfino il tu ed era come se anch'io non ricordassi di essermi innamorato di lei. Sapevo che, se avessi seguitato ad incontrarla, avrei per sempre rivisto, al posto del suo viso diafano, quello rugoso e cotto dal sole di un vecchio pellerossa con grandi mani, dure come il cuoio, nodose e forti. E ricordato che, dentro la sua mano, la mia ci spariva.

## Eros

Capitano quei giorni di malinconia senza ragione, non sai capirne l'origine, ti sembra di essere solo fra la gente. Ero uscito di casa, dicendo semplicemente. "Vado a fare jogging".

Mia moglie aveva alzato gli occhi dal libro che stava leggendo: – Che gusto ci provi a correre e sudare con questo caldo afoso, non riesco a capirlo –.

– C'è chi spende soldi per fare la sauna... E poi dopo, spero, non mi dirai che manca l'acqua per farmi una doccia – ironizzai.

Marisa non capiva che, stando seduto tutto il giorno in ufficio davanti ad un computer, avevo bisogno di sgranchirmi le gambe e scaricare energia repressa. Infatti abbastanza spesso, la sera dopo cena, andavo a correre. Ma i motivi dei nostri battibecchi erano fasulli. La verità è che non avevamo il coraggio di ammettere quanto il nostro matrimonio fosse diventato piatto ed avvilente senza alcun argomento di conversazione.

Uscendo dall'appartamento, mi investì l'aria calda delle scale. Preferii evitare di scendere in ascensore. Per strada, invece, mi sorprese un venticello abbastanza fresco e per lo meno naturale rispetto al raffreddamento del condizionatore in casa.

Il viale era alberato e c'erano panchine, era lungo un paio di chilometri, mi avviai con passo di corsa moderato, con l'intenzione di arrivare in fondo, aumentando man mano il ritmo. Incrociai qualche passante, per lo più coppie di anziani, la nostra cittadina è ancora a misura d'uomo, si può circolare la sera senza troppa apprensione. Marisa era solita dire che neanche morta sarebbe andata a correre da sola, nel viale, dopo cena: lei vedeva pericoli ed agguati dappertutto. Eravamo sposati da dieci anni, niente figli perché si era rifiutata di averne, già stanchi l'uno dell'altra, ma troppo vigliacchi per prendere una decisione definitiva

Le panchine erano quasi tutte occupate da coppie di ragazzi giovani. Io avevo affrettato la corsa, ma il ritmo cardiaco si era un po' troppo accelerato, ebbi un accenno di capogiro e un senso di nausea. Vidi una panchina libera e mi fermai a sedere. Appena il tempo di riprendere fiato e fui colpito da qualcosa di chiaro che mi stava accanto. Era una cartella di cartone, di quelle che si usano come raccoglitore di fogli, senza pretese.

Sull'etichetta c'era scritto "BOZZE". Nessuno intorno, aprii. Per curiosità, ma anche per verificare se il contenuto fosse stato qualcosa di personale.

Dentro c'era una busta con un indirizzo, con una lettera di contenuto banale. Poche parole per confermare il ricevimento di un articolo. A parte, separati dalla busta, dei fogli scritti al computer e poi stampati.

Mi misi a leggere, pensando che, se si fosse trattato di contenuto importante, avrei cercato di rintracciare la persona dell'indirizzo sulla busta, altrimenti l'avrei lasciato la cartella, là dove stava, o strappato il tutto e buttato nel cassonetto delle immondizie. Di sicuro, l'interessata, probabilmente una scrittrice, aveva tutte le copie che voleva nel suo computer..

Leggendo, andai in subbuglio su alcune pagine centrali.

***

[.................]

"Ci guardiamo, ci studiamo, c'è imbarazzo, gli sguardi un po' si sfuggono, un po' si cercano. Ci sono parole: "finalmente, come stai, hai fatto un buon viaggio...". Le parole sono banali, non le sentiamo, ci basta riconoscere il suono della nostra voce, così familiare, così riascoltato nella memoria più volte. Vibrazioni fra noi. Partono dai polpastrelli. Quasi dolorosamente, desiderio di contatto.

I pensieri sono più sinceri della parole: "Posso toccarti? Lasciati toccare, amore mio...".

Prima il contorno del viso, le labbra, mentre le dita si intrecciano. Estremo tentativo di fermarsi.

– Quanti bottoni ha la tua camicia...–.

Poi c'è lo scudo del reggiseno. Non mi ero mai accorta che stringesse tanto, il seno si è inturgidito, già è teso alla ricerca di carezze.

– Posso sbottonarti la camicia? – L'ho pensato o l'ho detto? – Slacciami il reggiseno, amore mio –.

Ogni particella, ogni piccolo poro, ogni cellula si protende a cercare quanto le corrisponde. Le mani sono impazienti, non si può aspettare di più. Quante dita ha una mano? Sono cento, sono mille, impazzite, curiose, esigenti. Sfiorano corde di uno strumento, esce musica proibita.

Via la camicia, via il reggiseno, le mani sono coppe. La tua pelle, il tuo odore... Finalmente, finalmente... Brividi caldi. Le mani hanno pensieri? Certo sono curiose, esplorano, cercano, si soffermano, accarezzano, stuzzicano, scoprono: scolpisco la superficie del tuo corpo.

Come bruci, amor mio... E come sto tremando.

Mi hai tolto il vestito indiano... Le tue mani s'inceppano nell'elastico dello slip, cercano, sanno dove andare, come muoversi, fermati un attimo...

Adesso anche i pensieri sono impazziti, senza senso. Ora so che le mani hanno pensieri. Via la cintura, togli i pantaloni... Mi fermo, ma che cosa sto per fare? La mente ha un estremo tentativo di pensiero.

Non bastano più le mani, voglio le tue labbra, la tua bocca è un'unica cosa con la mia, stiamo assaporandoci, ci stacchiamo a fatica. Ora le labbra seguono il percorso tracciato dalle mani. Le labbra, la bocca. Fuoco sulla mia pelle, fiamme che lambiscono e guizzano. Anch'io, anch'io, voglio gustare il sapore della tua pelle.

La tua bocca sul mio seno, capezzoli protesi, duri come olive: tu sai come estrarre l'olio del mio piacere.

Stai scendendo... l'addome, l'inguine.. Ah! La tua bocca sa dove andare, dove soffermarsi...

Sì, sì, siìì... ancora ancora... Sono un fiume che scorre e tu mi bevi.

Adesso sono folle. Ti cerco anch'io. Il desiderio ti ha moltiplicato... Ti lambisce la fiamma che esce dalle mie labbra, dapprima lenta e voluttuosa, poi rapida e saettante, e la mia bocca non riesce a contenerti. Ti abbandoni all'indietro. Stai gemendo e mi vuoi, mi afferri per i fianchi, cerchi di sollevarmi, di farmi combaciare, di girarmi sul dorso. Non ancora. Preferisco cavalcarti. Ti aderisco, mi appiattisco, striscio come un serpente, ti percorro, segno il tuo corpo, bagnandoti d'ambrosia. Risalgo. La tua bocca è di fuoco.

La fiamma sa dove bruciare, mi soffermo lascio che m'incendi. Il tuo viso è bagnato di me, amore mio. Ho brividi lungo la schiena e contrazioni. Il mio percorso è più rapido in discesa. Mi stai aspettando. Sto sulle ginocchia, che ansia nella nostre mani che suggeriscono l'entrata e l'accoglienza.

Mi dilato per favorirti, sono una guaina cosparsa di miele d'acacia. Ora ci sei. Mi muovo lentamente: la mia è una danza, musica orientale. Il battito cardiaco segna il tempo, strumenti a percussione accelerano il ritmo, accompagnano lo scorrere del mio fiume che diventa il tuo. Ecco che il salto si fa cascata. Mi inonda un'esplosione di fuochi di artificio che si intrecciano, accolto dal nostro grido di esultanza. È pura energia, siamo pura energia, amore mio."

[....................]

*** 

Ero in un bagno di sudore ma avevo freddo. La corsa, il caldo, il malessere... O che altro? Alla lettura di quelle due pagine, mi si era prosciugata la gola. Avevo sete, di acqua o dell'autrice dello scritto? C'era un indirizzo, pensai. Domani avrei cercato anche un eventuale numero di telefono, avrei telefonato, ascoltato la sua voce. Le avrei detto del ritrovamento, offrendomi di restituirle il tutto a casa.

Questo pensavo e mi prese il tremito, di nuovo quel malessere così fastidioso. Feci qualche respiro profondo per ossigenarmi e mi incamminai lentamente verso casa. Avevo lasciato sulla panchina la cartella vuota e messo in tasca il contenuto, piegando i due fogli in quattro. Avevo il fuoco dentro e non ero solo per il caldo dell'estate. Poi tutto sarebbe stato molto nebuloso nella mia memoria, fino al giorno dopo, in ufficio, al momento della telefonata. Chiesi della signora dal cognome scritto sulla busta.

La sua voce rispose: – Sono io –.

Dall'emozione al semplice "pronto", io già sapevo che era lei, come se ne avessi riconosciuto il timbro della voce. Era una voce calda e, nello stesso tempo intensa, forse sul momento un po' assonnata. O forse l'avevo sorpresa intenta a scrivere, dopo ore di silenzio e concentrazione sulla tastiera del computer. Leggermente roca. Infatti si schiarì la gola e il tono si fece più limpido nelle parole successive.

– Sono Leonardo Grimaldi, lei non mi conosce. Mi sono permesso di telefonarle, perché ieri sera, casualmente, ho ritrovato qualcosa che le appartiene. Sono un po' sorpreso perché io abito a Lucca e lei invece è di Firenze...–.

Ero impacciato. Non sapevo spiegarmi. Dimostravo sorpresa. Come mai una persona della provincia di Firenze aveva lasciato, su di una panchina, a Lucca, uno scritto così personale?

– Credevo di averlo dimenticato in treno...– precisò – O forse qualcuno l'ha trovato, portato con sé e poi abbandonato su di una panchina a Lucca –.

– Vorrei venire da lei per restituirle...–.

Mi interruppe. Non importava che mi disturbassi ad andare, bastava spedire, o meglio ancora strappare il tutto, lei tanto ne aveva l'originale sul computer e poi una copia in un floppy disk. Anzi.. aveva inserito il pezzo in un racconto già spedito alle redazione di un periodico. Pareva ci tenesse ad informarmi che nessuno avrebbe potuto utilizzare per scopi reconditi quel suo scritto. Nessun impaccio, tuttavia, nella voce che non tradiva emozione. Non immaginava quanta ne avesse provocata in me.

Mi trovai a balbettare: – Mi sarebbe piaciuto conoscere una scrittrice, quelle due pagine sono stupende, lei è molto brava...–.

Capii che stava sorridendo: – Niente di trascendentale – disse – ho solo fermato un ricordo lontano –.

Fui costretto a salutarla. Mi sentivo come se mi fosse mancato l'essenziale. Però avevo il suo indirizzo e non mi sarei arreso. Sarei andato da lei. Alla fine non poteva mettermi alla porta. Io volevo incontrarla, leggerle l'anima attraverso gli occhi e forse incendiarmi al fuoco che aveva dentro di sé.

Presi un giorno di ferie e andai. In autostrada, uscii prima di Firenze. Mi diressi verso un paese sulle colline del Chianti. Non fu difficile. La casa era alla periferia, una bella villa circondata da un grande giardino recintato. C'era un cancello nero in ferro battuto, sulla targa dorata il suo nome "Dafne Rovelli". Mi tremava la mano mentre suonavo il campanello. Mi aprì una donna semplice che capii essere una domestica.

Chiesi della signora e feci il mio nome.

– Ha un appuntamento? – mi chiese.

Mentii: – Sì, mi aspetta –.

Allora mi fece entrare in casa, avvertendomi che la signora era in giardino.

– Non sta molto bene, sarà meglio che la raggiunga direttamente là –.

Nel frattempo, attraversammo una sala molto spaziosa, con mobili ottocenteschi. C'era un quadro sopra il camino, rappresentava una donna molto bella. Provai una grande emozione. Era di sicuro la protagonista del brano che avevo letto. Lo sentivo, lo sapevo... Così l'avevo immaginata.

La donna alle mie spalle, spiegò: –È la signora da giovane, molto bella, vero? –.

Improvvisamente riconobbi la malinconia che mi prendeva a volte all'improvviso. Era la stessa che provavo in quel momento.

Sulla porta a vetri, che si apriva dal retro della casa sul giardino, la donna mi indicò una figura, sopra una sedia sdraio.

– Se è aspettato, può andare da solo – mi disse.

Camminai, nascondendomi alla vista della figura femminile sulla sdraio, in modo che il sole non le proiettasse la mia ombra addosso.

Teneva gli occhi chiusi, forse era addormentata. Provavo una grande inspiegabile commozione. Indossava una abito color oro dalla foggia indiana.

I lineamenti erano quelli della donna dipinta nel quadro, con qualche ruga in più intorno agli occhi, sulla fronte e agli angoli della bocca. Più pallida, più stanca. Un'età che non corrispondeva alle parole che mi avevano infuocato. Una scrittrice mette se stessa nei suoi personaggi immaginari? Domanda stupida, per difendermi dall'emozione. Ecco, non era delusione, ma commozione, trovarmi davanti alla maturità di Dafne. Le sue parole le avevo riconosciute scritte dentro di me. Le avevo sentite mie, come per un'esperienza già vissuta. E sentivo la donna che mi stava davanti come compagna della mia esperienza.

Pensieri folli. Di nuovo ebbi quella sensazione di svenimento. Mi accovacciai davanti a lei. Poi, letteralmente, mi inginocchiai e poggiai, forse per sostenermi, la fronte alle sue ginocchia. Realizzai realisticamente: "Ora mi prenderà a calci: è il minimo".

Respirai il suo profumo. Sapeva di muschio e di resina, o forse erano le piante intorno. Posò la sua mano sopra la mia testa, quasi una carezza. Mi venne da piangere. Non parlava, ma io sentivo i suoi pensieri. I suoi con i miei.

"Eccoti, ragazzo mio, ti stavo aspettando".

"Fammi capire, fammi capire...".

Allora cominciò a parlare. Mi sembrò di avere sempre avuto quella voce nel mio cuore.

– Ti racconterò una leggenda – disse.

"Un tempo, un uomo e una donna erano amanti. Erano talmente presi l'uno dall'altra che esclusero tutti gli altri dalla loro vita. Si rinchiusero nel loro egoismo. Visnù volle punirli. Nella vita successiva, li fece tornare in tempi diversi. Prima lei, vent'anni dopo, lui. Si sarebbero rivisti molto tardi, solo per un breve saluto. Ma poi Parvati, moglie di Virnù, si sarebbe impietosita, riconoscendo l'amore ancora vivo di quei due e la loro malinconia nel breve incontro finale. E, per ricompensarli della loro sofferenza nel distacco, promise che, ad un ritorno successivo, dopo molti ritorni, sarebbero di nuovo stati insieme. Nello stesso tempo, sempre amanti appassionati e, imparata la lezione, senza egoismo".

Mentre lei raccontava, io capivo che, appena ritrovata, stavo perdendola. E non volevo, non volevo...

\*\*\*

Che cosa ci facevo in quel letto di ospedale? Vidi Marisa china su di me. Io non l'amavo, il mio cuore era pieno di amore per un'altra, non c'era posto per lei. Questo pensai, svegliandomi dallo stato di incoscienza. Rimasi in ospedale ancora per un'altra settimana, dopo quella già trascorsa in uno stato semi comatoso. Mi avevano trovato privo di conoscenza su di una panchina del viale dove era andato a fare jogging. Nei giorni seguenti, avevo avuto febbre alta e delirato con discorsi senza senso e nomi sconosciuti.

Capii che, per uscirne, dovevo mostrami il più "normale" possibile. Ma dentro avevo l'inferno. Rientrai al lavoro, dopo le dimissioni dall'ospedale. Una delle prime cose che feci fu quella di comporre quel numero telefonico che avevo impresso nella memoria. Nessuna risposta. Il giorno dopo, inventai una scusa e presi alcune ore di permesso. Tornai a quell'indirizzo che non avevo dimenticato e mi pareva impossibile averlo sognato. Trovai la villa, così come l'avevo vista nel mio delirio. Non riuscivo a capire. Suonai il campanello, nessuno rispondeva e poi vidi che tutte le finestre erano sprangate. Seguitai a suonare e scossi il cancello con un'ansia inspiegabile. Si affacciò qualcuno nella villa accanto.

– Guardi che non c'è nessuno! Se le interessa la casa, posso darle il numero di telefono degli eredi... –.

Gli eredi, ma quali eredi...

– La signora Dafne... – accennai

– Ah, non lo sa... Poveretta, è morta, circa venti giorni fa... soffriva di cuore da qualche tempo –.

Ringraziai come un automa e dissi che non mi interessava il numero degli eredi. Salii in auto e tornai a Lucca.

*** 

Sono passati vent'anni da allora. Marisa è sempre mia moglie. Abbiamo un figlio di diciotto anni, alla fine avevamo capito che, per salvare il nostro matrimonio, un figlio sarebbe stato giusto. In fondo le ho voluto bene, ci siamo voluti bene e siamo ancora una famiglia unita e serena.

Non so darmi spiegazione del mio sogno di allora, della mia malinconia, della passione e della sofferenza. Sono stato in analisi per anni. Il mio analista disse che, allora, probabilmente io ero entrato in quella casa da bambino e avevo conosciuto Dafne, amica dei miei genitori. Lei era stata una donna bellissima, tale da incantare anche un piccolo bambino. Avevo conservato la sua immagine dentro di me, idealizzandola, fino a considerarla l'unica donna degna di essere amata. Tutto il resto era stata conseguenza. E la morte di lei proprio il giorno successivo al mio malore sulla panchina? Come se avesse voluto darmi il suo estremo saluto o dirmi "arrivederci"? Coincidenza, solo coincidenza?

Andai a cercare fra i libri dei miei genitori. Ne trovai uno di Dafne Rovelli, con dedica sulla prima pagina. E mia madre mi aveva detto che sì, una volta eravamo stati a casa sua. È quindi possibile una spiegazione logica, ma lasciatemi sognare. Forse in un futuro ritorno, i nostri tempi, il mio e quello di Dafne, combaceranno e saremo di nuovo insieme. È un sogno che mi aiuta a vivere sereno. Non toglietemelo.

## Le cèe

Non so se il nome *cèe* in vernacolo pisano corrisponda a "cieche". So che si riferisce alle "neonate" delle anguille. Sciamano insieme, quasi che fare gruppo possa essere una protezione reciproca. Sono talmente piccole che, ciascuna, da sola, passerebbe del tutto inosservata. Sottili, bianche, quasi trasparenti, due punti neri, gli occhi. Sono, ciascuna per l'altra, un riferimento.

La pesca delle "neonate" è proibita perché impedisce loro di diventare adulte, e quindi rischio di estinzione. Le anguille sono–erano un piatto prelibato sulle nostre tavole, specialmente in certe ricorrenze. Chissà cosa preferirebbero le piccole cèe, se potessero scegliere il momento di morire. Non si possono pescare... ma, come sempre accade, c'è il contrabbando del pescatore di frodo.

Le avevo conosciute, appunto, a tavola, invitata a pranzo da alcuni parenti pisani. Ottime cotte alla salvia, come preferiscono i buongustai da queste parti, o anche raggruppate in frittelle. Gustosissime. Solo che, a vederle vive, prima della cottura, così guizzanti e sfuggenti, fanno una certa impressione. Del resto, anche le aragoste o i gamberi o le canocchie... Ma non vorrei dare l'impressione di essere vegetariana, poiché non lo sono.

Ci fu un giorno di ottobre che, alla tavola dei suoceri, io al settimo mese della prima gravidanza, il discorso cadde proprio sulle cèe e mi uscì la frase: – Che buone! Le rimangerei davvero volentieri, a sentirvi mi avete fatto venire voglia... –.

Qualche minuto di silenzio imbarazzato, fino alla precisazione: – Non si trovano più sul mercato, è proibito pescarle –.

E mia suocera: – Però di contrabbando... –. Sguardo apprensivo rivolto a Giacomo, mio marito.

Davvero non avevo pensato di provocare quell'assurdo pregiudizio, o superstizione, che si lega alle "voglie" di una donna incinta. Scoppiai a ridere: – Tranquilli, non credo a queste stupidaggini – e, divertita per la reazione dei commensali, scherzai: – Ve lo immaginate un figlio, o figlia, con la voglia di cèa su una parte del corpo? Nemmeno si vedrebbe così piccola e trasparente! –.

Io ridevo, Giacomo, invece, serio. Venne perfino fuori quel collegamento macabro fra le cèe e i cadaveri degli annegati, così da allontanare ogni velleità.

*** 

La mia prima bambina aveva circa otto mesi, io, già da due mesi, in attesa del secondo figlio. Alloggiavamo in un mini appartamento, il più economico trovato, piano terra. Sopra, la terrazza dei padroni di casa, faceva da tetto. Stanze infuocate d'estate e gelide in inverno. Da qui si deduce la modestia delle nostre entrate.

In luglio e agosto e parte di settembre, caldo insopportabile. Giacomo aveva trovato un lavoro part time e le ore che restavano le trascorreva studiando a casa di un compagno d'Università. Con noi, il pianto della piccola lo avrebbe deconcentrato. E la notte... quella era servita per mettere in cantiere, senza averla programmata, la seconda gravidanza.

*** 

Soprattutto, dopo pranzo, quando i raggi del sole sono più perpendicolari e la bimba avrebbe avuto bisogno di dormire, l'afa, in quell'alloggio approssimato, era davvero soffocante. Così, per dare e avere un minimo di sollievo, caricavo la piccola sul passeggino, vestita di quel minimo che basta in estate. Camminavo, seguendo l'ombra scarna delle case, sulla sinistra della strada. Raggiungevo la riva dell'Arno, là dove, allora, c'erano fronde ombrose e una certa frescura. O così mi sembrava, nel paragone con le pareti di casa.

La prima volta che lo vidi, diffidai di lui. Aveva un viso adulto dalla barba mal rasata, gambe pelose che uscivano dai pantaloncini rossi corti, una canottiera bianca dal colore dubbio su un torace gracile e villoso. Gli avrei dato una trentina d'anni e sospettai fosse tossicodipendente.

– Ciao, signora, non ti avevo mai vista qua –.

– Non abito tanto vicina. In casa mia, fa molto caldo. Per questo, ho portato la bambina a cercare un po' di fresco –.

Uno sguardo alle poche persone accaldate, poco distanti, anch'esse in cerca di sollievo alla calura. C'era fra loro un pescatore, lenza in Arno, in attesa di un improbabile pesce d'acqua dolce. Tutti meno fortunati di altri che, in estate, erano in vacanza al mare, o in montagna. Qualcuno s'era girato verso di noi, un'espressione incuriosita e divertita, io, più tranquilla, per aver costatato di non essere del tutto sola.

– Hai fatto bene, qui si sta bene. Io abito vicino, proprio sopra la strada, e ci vengo tutti i giorni –.

E, cambiando improvvisamente argomento, mi chiese se ero mai andata in motocicletta. Gli risposi che sì, una volta c'ero salita ma dietro al conducente.

– Mi piacciono molto le motociclette. Conosco tutte le marche e poi ho tanti giornali che parlano di moto. Seguo anche le corse. Mi piace la Kavasaki. Anche le corse in auto, sul circuito, mi piacciono. Io tifo Ferrari e tu? –.

Era un uomo, lo testimoniavano il torace villoso e la barba scura, mal rasata sul viso emaciato, ma lo sguardo e il sorriso e i suoi discorsi erano infantili, da ragazzino appena adolescente. Cominciavo a spiegarmi le occhiate divertite dei pochi presenti sull'argine. Capii che era del tutto innocuo. Bastava lasciarlo parlare e, di tanto in tanto, un cenno di assenso per farlo contento. Finalmente qualcuno gli prestava attenzione.

– Mi chiamo Giorgio. E tu come ti chiami? E la tua bambina? –.

Parlava in fretta, spesso si ripeteva e gesticolava. Non ebbi reticenze a dirgli i nostri nomi.

Lo ritrovai ogni volta che tornai sull'argine. Sempre più confidente e fiducioso. Mi mostrava ritagli di giornale che parlavano di gare su pista, di campioni di moto e di auto. A volte, si curvava nella posizione di chi guida una moto e, con la voce, imitava il rombo del motore, correndo lungo l'argine, gambe piegate e braccia in avanti, le mani strette alle manopole inesistenti del manubrio. Mi resi conto che ogni pomeriggio mi aspettava. Lo immaginai deluso se non mi presentavo. Ero forse l'unica persona a dargli ascolto e prestargli attenzione senza mostrare fastidio.

Chiesi di lui al fruttivendolo presso il quale mi rifornivo. Ne sapeva qualcosa?

Sì. Mi raccontò una storia drammatica. Aveva tredici anni, quando, non si conoscevano le cause ma si potevano ipotizzare, la sua abitazione aveva preso fuoco. Morti bruciati il padre e la madre. Il ragazzino, unico superstite, salvato dai pompieri. Più miracolo che eroismo. Dopo la disgrazia, lo avevano preso in casa i nonni, con i quali, adesso, ancora viveva. La sua mente s'era fermata là fra le fiamme, era rimasta quella di allora, appunto di un tredicenne. Di notte aveva incubi che lo terrorizzavano. Ancora quelle fiamme che stavano per raggiungerlo, ancora nelle orecchie le urla dei genitori. Si svegliava di soprassalto e cercava di scappare fuori di casa, lontano dalle fiamme. I nonni, troppo anziani per rincorrerlo, lo avevano messo a dormire fra di loro, così era più facile svegliarsi alle sue grida, trattenerlo e impedirgli di lasciare il letto.

*** 

L'ultima volta che andai sull'argine dell'Arno, era verso la fine di settembre. Il "ragazzo" sempre là. Sulla canottiera, ora indossava una maglietta grigia; sotto, i soliti pantaloncini corti. Un'espressione triste perché capiva che non sarei più tornata. Chissà, forse la prossima estate, lo rassicurai.

Mi confidò: – Questo è l'unico posto dove mi sento bene, non mi piace stare in casa. Invece i nonni, d'inverno, mi ci tengono rinchiuso. E poi accendono il camino. Non mi piace il fuoco nel camino –.

– Quando fa freddo... bisogna pur riscaldarsi... –.

Mi pentii di averlo detto. Era stato davvero un errore, ricordargli il freddo e la necessità di riscaldarsi. Forse a causa di una stufetta elettrica, dicevano, era partita la scintilla assassina. Per fortuna, sembrò non aver collegato.

– Vorrei avere una motocicletta –.

– Se tu avessi una motocicletta cosa faresti? –.

– La metterei in moto e... vvia. Sempre più avanti, finché c'è benzina –.

– Per tornare a casa dovresti rimettere benzina –.

– Se avessi una moto, io non vorrei tornare a casa... –.

– Adesso non pensarci. La moto non ce l'hai. Quando sarai più uomo forse... –.

– Quando sarò più uomo i nonni saranno ancora più vecchi ed egoisti. Mi chiuderanno in casa per non farmi andare in moto –.

Questi i nostri ultimi discorsi, quell'ultimo giorno di settembre.

\*\*\*

Dicembre. Avevamo parlato, ancora una volta, con Giacomo, delle cée e di certe macabre loro consuetudini, le stesse dei gamberi del resto. Penso che lui, più di me, ne rimpiangesse il gusto e cercasse di contrastarne il desiderio.

Una mattina, come altre volte, andai a fare la spesa alimentare. Spingevo il passeggino con sopra la bambina. La seconda gravidanza non era ancora evidente. Nella bottega del fruttivendolo, c'erano altre clienti. Facce di circostanza e silenzio. Fu il fruttivendolo a informarmi: – L'ha saputo? Di quel poveruomo. Giorgio. Con lei ci parlava volentieri... –.

– Che cosa gli è successo? –

– L'altra notte... i suoi soliti incubi. Voleva scappare dal fuoco come sempre. I nonni non lo hanno sentito. S'è alzato ed è uscito da casa così come stava, in pigiama, con il freddo che fa. Bastasse quello. S'è buttato in Arno, o forse c'è caduto. Insomma lo hanno trovato stamattina, verso la foce. Morto annegato –.

Mi si strinse lo stomaco, quasi voglia di vomitare, gelo per tutto il corpo. E una pena infinita. Giorgio era scappato là, nel luogo dove era stato bene, dove altre volte s'era sentito sicuro, dove l'acqua lo avrebbe salvato dal fuoco. Forse s'era buttato di proposito nelle acque gelide del fiume in inverno. Forse. Con lui era morto il sogno di guidare una moto e fuggire lontano dalle proprie paure.

Rincasai e non mi sentivo bene. Giacomo trafficava in cucina. Aveva trovato le cèe, pescate in Arno nella notte, da un pescatore di frodo. Erano costate carissime. Non riuscii a spiegare che quelle cèe mi davano la nausea e non le avrei mangiate. Nemmeno riuscii a fargli capire che le avrei sempre abbinate al ricordo di quel poveretto annegato in Arno. Per tale ragione, mai le avrei cucinate, né per noi né per altri. Giacomo, quel giorno, fu costretto, del resto di buon grado, a *gustarsele* tutte.

La seconda bimba nacque cinque mesi dopo. Come la sorellina, nessuna "voglia" sul corpo.

# Vasuki, il paria

All'aeroporto di Lucknow trovammo ad aspettarci un autista della ditta indiana, presso la quale Mauro avrebbe lavorato nei pochi mesi di permanenza in India. L'auto era un'Ambassador, un vecchio modello ma di nuova fabbricazione. Le vecchie produzioni vengono spesso riciclate nei paesi del terzo mondo. L'uomo al volante aveva un viso pacifico e indifferente. Masticava di continuo quella che poteva sembrare una chewing gum. Durante il viaggio, più volte, rallentando la già lenta corsa, avrebbe aperto lo sportello e sputato fuori fiotti abbondanti di saliva rossa. Mauro mi spiegò che l'autista masticava foglie di bethel. Nella foglia viene arrotolato un impasto a base di noce d'areka e altre droghe. Molti indiani dicono di usare quella mistura come digestivo, ma, in realtà, a stomaco vuoto, serve a togliere i morsi della fame. Dà anche dipendenza. Infatti, lungo quell'interminabile percorso, un centinaio di chilometri, ma che durò più di tre ore, l'autista si fermò a rifornirsene. La "droga" viene venduta in una specie di chioschetto, una sorta di cabina sollevata da terra su paletti, come una palafitta. All'interno, entra a malapena un uomo accovacciato: il venditore di bethel.

Cercai di rivolgere, la mia attenzione all'esterno. Dal finestrino aperto, entrava l'aria densa di fuliggine e di rifiuti tossici vari delle numerose fabbriche inquinanti che l'occidente ha trasferito in India. Là dove il lavoro costa niente e anche la vita umana costa ben poco e la morte passa inosservata in mezzo ai novecento milioni di abitanti. Mauro mi aveva prevenuta, raccontandomi quanto quel percorso da Lucknow a Kanpur fosse terribile. Io, invece, con sua sorpresa, sia in quell'occasione che in successivi viaggi, avrei scelto il viaggio in auto. Solo la strada ti permette di attraversare l'ambiente, di osservare la gente mentre cammina e vive.

Dal finestrino, seguivo con lo sguardo il traffico disordinato e senza regole che, in minor misura, avevo già sperimentato a Delhi. Le condizioni disastrose della strada accentuavano le difficoltà, la facilità di incidenti e la quasi impossibilità di soccorso. Erano pochissime le auto che transitavano rispetto ai numerosi autocarri e altri pittoreschi mezzi. C'erano carri trainati da vecchi bufali castrati e buoi macilenti, biciclette, pedoni, cani sciolti, mucche sacre che per lo più stavano accasciate per terra. Le auto che procedevano in senso opposto, spesso ci fronteggiavano al limite dello scontro, era impressionante quando sopraggiungeva un camion.

Ma ciò che predomina sono i colori, moltissimi. Dalla carrozzeria fatiscente, ma reinventata nei variopinti disegni fantasiosi dei vari mezzi di trasporto, ai *sari* delle donne. Le donne indiane, tutte, anche le più umili, hanno un incedere regale. Lo avevo constatato nel grande hotel di New Delhi, lo constatai nella strada assolata, osservando quelle che avanzavano a piedi.

– Se investi una mucca, rischi il linciaggio – mi stava dicendo Mauro. – Più che se investissi un pedone –.

Avevo la gola secca, perché non avevamo portato acqua con noi. Inammissibile per noi l'eventualità di fermarci ad una baracca di ristoro. Lo fece, invece, l'autista per due volte, bevendo, nel bicchiere comune, acqua presa da un recipiente, sul quale volteggiavano nuvole di mosche. Noi abbiamo sicuramente molti più privilegi di loro, ma, di certo, meno anticorpi.

Scansammo camion ribaltati e merce sparsa intorno. Alcuni autocarri, invece, ai margini della strada ci sembrarono in avaria. L'autista stava seduto su di un mattone, o pietra, in malinconica e rassegnata attesa di un soccorso chissà come e quando richiesto. Vidi famiglie numerose, o supposte tali, su carri trainati da animali esalanti l'ultimo respiro. Molti avvoltoi aspettavano, appollaiati su alberi radi, che i cani finissero di cibarsi di una carogna di animale ormai non identificabile. E questo è frequente in India. Poi vidi un ciclista che pedalava, faticando a stare in equilibrio, per via di un carico che lo sbilanciava. Non so se pesante, ma sporgente ai due lati del portapacchi sul quale stava legato. Era avvolto in un telo bianco e fermato con più giri di spago. Mentre lo indicavo a Mauro, ebbi un sospetto.

– È un cadavere – confermò Mauro – Come succede spesso, i familiari non hanno soldi per trasportarlo con altro mezzo al fiume. E nemmeno per comprare legna, o carbone, per bruciarlo. L'uomo abbandonerà il suo cadavere nel fiume che, per la sua religione, comunque è sacro. Se osservi il percorso dei fiumi in India, il Gange o i suoi affluenti, puoi notare alcune masse galleggianti sulle quali pascolano avvoltoi. Per i corpi spinti a riva, predominano i cani –.

– È atroce – mormorai, con lo stomaco contratto. Era riuscito a turbarmi. Pensai che in quelle stesse acque, i credenti si bagnano per purificarsi e spesso, per fede, bevono l'acqua del Gange. Cominciavo a inoltrarmi nella "vera" India.

*\*\**

Era una costruzione bianca che poteva essere considerata villa, la "guest house", a trenta chilometri da Kanpur. Là venivano ospitati i collaboratori europei. Intorno, c'era un giardino smilzo, curato da un paio di giardinieri. Chissà, forse col tempo, sarebbero riusciti a farne un vero giardino. Il tutto stava dentro un muro di recinzione, alto circa due metri. Vicino al cancello, c'era una garitta di tipo militare con un sentinella; di notte, le sentinelle erano tre, due facevano la ronda intorno alla casa. Spesso si fermavano a chiacchierare nello loro lingua incomprensibile, sotto la nostra finestra. Di certo, nessuno sarebbe entrato, di notte, da quella finestra.

Ciò che m'impressionò maggiormente, nella guest house, fu la presenza di tutta quella servitù: cuoco, aiuto cuoco, maggiordomo, cameriere, due giardinieri, vari autisti a seconda del numero degli ospiti. Li trovammo tutti schierati ad accoglierci, al momento del nostro arrivo. Come in un vecchio film. Seppi che il cuoco, il più anziano, di classe sociale più elevata rispetto agli altri, era considerato il capo, anche per rispetto dell'età. Era musulmano e aveva una famiglia molto numerosa, con varie mogli. Era sempre senza soldi e chiedeva prestiti a tutti. Inoltre, era esonerato dal toccare tutti quegli alimenti di sospetta origine suina, provenienti dall'occidente e graditi agli ospiti stranieri. Per la sua religione erano impuri e proibiti. E poiché era molto sospettoso, quasi sempre reclamava l'intervento dell'aiuto cuoco che era invece induista. Poi c'era Ganga Ram, il cameriere nepalese, giovane ed efficiente. Gli ospiti gli si rivolgevano prevalentemente, per questo ricordo bene il suo nome. Il maggiordomo invece abitava in una casetta accanto e la sua maggior preoccupazione era quella di tenere nascosta la moglie alla vista degli altri uomini. Aveva il compito di mettersi alle spalle dei commensali, durante la colazione del mattino e attendere le disposizioni per il pranzo. Poi sarebbe andato a fare la spesa. E la moglie nel frattempo?

Gli autisti arrivavano verso le nove del mattino, uno per ciascun ospite. In quel periodo, con Mauro, i consulenti della ditta erano tre. Da quel momento, per otto ore, restavo sola: per modo di dire... Mi alzavo molto presto, prima di Mauro, mi imbarazzava restare a letto con tutta quella servitù che girava per la casa. Il tempo in attesa del ritorno di Mauro lo trascorrevo leggendo, o scrivendo. Le prime ore del mattino le passavo sotto il porticato che si apriva sul prato davanti casa. Scartai presto l'idea di prendere il sole sotto lo sguardo della sentinella nella garitta. Inoltre, l'unica volta che ci avevo provato, avevo visto volteggiare gli avvoltoi sopra la mia testa. Inevitabile il sospetto che, forse, bianca com'ero, ero stata scambiata per un potenziale cadavere.

*** 

Rientrando in camera, vidi, per la prima volta Vasuki. Accovacciato per terra, stava lavando il pavimento. Colto di sorpresa alzò gli occhi a guardarmi e subito li abbassò. Era un ragazzo molto giovane.

– Ho dimenticato la penna – gli spiegai, dopo averlo salutato, ma fu evidente che non capiva l'inglese. In ogni caso non rispose al saluto. Non lo avevo mai visto in casa, nei giorni precedenti. Era una figura molto caratteristica in India. Aveva quella specie di panno avvolto attorno ai fianchi, una specie di braca, e il dorso nudo. Gli altri domestici, invece, indossavano una divisa, all'europea. Aveva capelli lunghi, lucidi e neri, gli occhi immensi, scuro di pelle. Sembrava uscito dalle pagine di Salgari.

La sera chiesi di lui a Mauro. Mi spiegò: – È Vasuki "l'intoccabile" o, se preferisci, il "paria"–. Precisò, poiché non capivo, che i paria appartengono alla classe sociale più infima dell'India. A loro spettano i lavori più umili e degradanti: lavare i pavimenti, i bagni, raccogliere la spazzatura che gli altri gettano per terra senza alcun rispetto, come, per esempio, erano soliti fare i cuochi della guesthouse, in cucina. Scoprii che gli altri domestici non gli permettevano di mangiare con loro. Aspettava fuori della porta che gli mettessero a terra la ciotola con il cibo. Andava a mangiarsela o fuori casa, o nel sottoscala. Come un animale. Ne fui sconvolta, per me era un comportamento inaccettabile. Per strada, le loro donne, raccolgono lo sterco delle vacche per farne, mischiandolo alla paglia, piastrelle che, seccate al sole, verranno poi usate come combustibile per la cucina o per bruciare i loro morti. Ma non è tanto quel che fanno, ogni lavoro onesto merita rispetto, quanto il concetto che solo loro debbano farlo. Forse, da quella prima volta, favorii, o favorì lui, inconsciamente, i nostri incontri, perché furono più frequenti. Ogni volta, lo salutai sorridente esattamente come mio solito con gli altri domestici. Mi guardava muto, un sorriso appena accennato nello sguardo, ma le sue labbra restavano chiuse.

Una domenica mattina, programmammo di andare a Bithur, città sacra e antica residenza dei maharajah. Essi, nel passato, sentendo approssimarsi la morte, andavano a finire i loro giorni nella reggia sulla riva del Gange. Mauro propose di portare con noi Ganga Ram il solerte cameriere che accettò molto entusiasta. Perché non chiederlo anche a Vasuki, proposi. Il cameriere nepalese precisò che in tal caso, non sarebbe venuto lui. Mauro mi rimproverò per averlo offeso. Ma, d'altra parte, ero stata volutamente provocatoria. Ganga Ram, per la verità molto simpatico, intelligente e abbastanza istruito, era quello che apparecchiava la tavola, rifaceva i letti, rispondeva al telefono. Altra classe sociale rispetto a Vasuki.

Per uscire fuori nel porticato, dovevo attraversare il salotto. Una mattina, trovai Vasuki, ginocchioni, che stava finendo di lavare il pavimento. Mi fermai sulla porta. Più a me stessa che a lui, dissi: – Aspetto che si asciughi e poi passo –. Parlai in italiano, lingua che ignorava tanto quanto, del resto, l'inglese.

Il ragazzo, che di solito restava immobile nell'atteggiamento in cui veniva trovato, si alzò. Col movimento delle mani e delle braccia, e con la mimica del viso, mi invitò a passare. Alla fine, poiché insisteva, mi mossi, mentre lui mi precedeva, accompagnandomi con i gesti. Mi aprì la porta finestra, un gesto che sarebbe stato competenza soltanto di Ganga Ram. Uscì sotto il porticato, mi spostò la poltrona di vimini, nel posto ombroso dove stavo di solito. Mi spiumacciò il cuscino che vi stava sopra e, straordinariamente sorridente, mi invitò a sedere, là dove le sue mani di intoccabile si erano posate. Qualcuno potrebbe sospettare che, giocando sulla mia possibile ignoranza, visto il mio anomalo atteggiamento verso di lui, avesse voluto offendermi. Io penso invece che, per la prima volta, fosse felice di essere considerato come persona, alla quale sono permesse delle iniziative. In ogni caso, io lo ringraziai, rispondendo al suo sorriso. Ero contenta di aver acceso in lui una minima scintilla di ribellione a quelle regole che lo confinavano, insieme ai familiari e futuri discendenti, nella categoria infima dei paria. Per pochi momenti, s'era sentito diverso, s'era sentito un uomo. Da quel giorno, incontrandomi senza testimoni, avrebbe risposto al mio saluto con un cenno della testa e una luce serena d'intesa nei grandi occhi neri. Avrei voluto scambiare qualche parola con lui, se solo ne avessi conosciuta qualcuna nella sua lingua. Comunicavamo soltanto con lo sguardo. Nel suo percepivo la vera essenza dell'India.

***

Chiusi la valigia, dopo avervi riposto le ultime buste di fotografie. Erano soprattutto foto di ambienti e di bambini di Kanpur, i più poveri dell'India. Si schermiscono se spontaneamente ti avvicini. Volgono lo sguardo ad un adulto per chiedere un consenso. Uscii dalla stanza, chiudendo la porta dietro di me. Quando più tardi vi tornai, vidi, sopra la valigia chiusa, un piccolo sacchetto di panno rosso. Forse mi era caduto per terra e Vasuki lo aveva ritrovato. Non vedevo il ragazzo da alcuni giorni. Aprii il sacchetto che mi sembrava semivuoto e vi trovai una modesta pietra di quarzo. Capii che era un regalo di Vasuki, un gesto assolutamente eccezionale, la sua gente lo avrebbe ritenuto oltraggioso e lui avrebbe rischiato molto. Io, col quarzo nel palmo della mano, percepii vibrazioni fino al cuore.

Fuori tutta la servitù era schierata nel saluto, naturalmente senza Vasuki. Alle spalle dei domestici presenti, vidi un'ombra scivolare dietro l'angolo della casa. Il ragazzo stava schiacciato contro il muro, vi aderiva. Però riuscii a incontrare il suo sguardo, vi lessi il saluto dolente dell'India e un guizzo di accennata ribellione. E finalmente percepii molto di più di quanto ci fossimo detti durante i nostri silenzi. Sorrisi e alzai la mano in segno di commiato, non m' importò di scandalizzare i presenti, alzai la voce: – Arrivederci Vasuki –.

Sapevo che non ci saremmo più rivisti, ma non riuscivo a considerarlo un addio.

# Immagini

Io la vedevo. Seduta davanti a me, con le mai un po' contratte sopra i braccioli della poltrona a tradire l'ansia e la diffidenza. Portava occhiali scuri, come inutile difesa. Le chiesi il nome. Esitò come se le pesasse rispondere, deglutì poi mormorò: – Lorenza –.

– Hai un nome importante –. Perché in certi casi escono solo banalità?

– Soltanto il nome –. Sembrava avere sabbia sulle corde vocali a raschiarle la voce.

– Esistere è già motivo di importanza –.

– Non sono sicura di esistere. La mia analista dice che non comunico con gli altri perché non permetto agli altri di comunicare con me –.

Era un avvertimento o una sfida?

– Mi chiamo Lucia e sto cercando di comunicare con te, dal momento che stiamo parlando –.

Mi interruppe il suo sorriso di commiserazione. Chi le aveva insegnato a sorridere? Io vedevo il suo sorriso. D'istinto posai la mia mano sulla sua. Dapprima si irrigidì poi, inaspettatamente, si abbandonò. Avevo percepito, dietro la rabbia e l'ansia, tutta la sua fragilità.

– Hai una mano molto calda – commentò.

– È prana –. Sorrisi della mia presunzione, lei non vedeva il mio sorriso.

– Che cosa vuol dire "prana"? –.

– Energia vitale. Il calore potrebbe avere questa spiegazione –.

– Le mie mani sono sempre fredde – commentò.

119

Le presi anche l'altra mano. Le tenni entrambe fra le mie, come a volerle riscaldare. Mi lasciò fare. Ci furono fra noi vibrazioni di tenerezza e dolore.

– Posso toccarti il viso? – mi chiese. Accettai.

Mentre sfiorava i contorni del mio viso, pensai che io la vedevo, lei no... Chiusi gli occhi, tentando di vivere per un attimo il suo buio, mi scoppiò dentro la sua infelicità priva di immagini e colori.

Quando l'Istituto me l'aveva proposta in affidamento, avevo chiesto di incontrarla almeno una volta da sola, prima di parlarne con mio marito e prendere insieme una decisione.

– È giusto – aveva acconsentito la direttrice – è una scelta molto difficile –.

Lorenza seguitava a sfiorare il mio viso.

– Pensavo che tu avessi delle rughe, invece hai un viso molto liscio, come fossi più giovane – mi disse.

– Sono giovane: ho quarant'anni – scherzai. Sorrisi sotto il tocco delle sue dita. Sorrise anche lei. Io vedevo il suo sorriso, lei toccava il mio.

Mi sorprese: – Hai un bel sorriso. Ti si forma una fossetta sulla gota –.

A volte le immagini non servono, pensai. Presi la mano che mi stava sfiorando le labbra e me la portai sul cuore. Ve la tenni qualche secondo e poi la portai sul suo. Attraverso la sua mano gracile ne percepii i battiti.

Immaginavo il suo cuore che stava pulsando, anzi lo visualizzavo, sapendo come è fatto un cuore, conoscevo il suo colore, il colore del sangue. Lorenza no. Capivo la sua incomunicabilità e rancore, mi ero immedesimata e "vedevo" il suo buio. Non so quale istinto mi avesse suggerito quel gesto. Mi consentì misteriosamente di comunicare con lei, creando un contatto attraverso le nostre mani e i nostri cuori.

Mi avevano detto che una volta aveva tentato il suicidio, Lorenza bambina di dodici anni che non aveva mai visto sorrisi o lacrime, ma sapeva riconoscerli col tocco delle mani. Lei aveva vissuto molte più lacrime che sorrisi. Mi sconvolse il suo profondo e disperato bisogno di amore, un abisso incolmabile; tremai per la mia incapacità e impotenza. Mi vergognai del mio sentirmi inadeguata e spaventata, pronta alla fuga. Attraverso le mani il mio cuore le trasmise incontrollabili vibrazioni di paura.

– So che non vorrai prendermi con te, neanche io lo vorrei se fossi al tuo posto. Però ho capito che sei buona e ti dispiacerà – mi aiutò. Lorenza, ancora bambina e così adulta. Avrei voluto dirle che si sbagliava, ma non ebbi quel coraggio.

Più tardi, in auto, rientrando a casa, piansi sulla mia vigliaccheria.

## Una storia senza storia... nel ricordo di Audrey

Due fotografie scattate e stampate trent'anni fa. Che siano apparse entrambe, può non essere determinante. Può risultare fondamentale, invece, ai fini della vicenda, che si siano trovate, nello stesso momento, in due luoghi diversi e distanti. In una, l'immagine di una giovane donna, nell'altra quella di un ragazzo più o meno coetaneo. Due copie identiche delle due medesime foto, su due diverse scrivanie. Le immagini sono disposte in aderenza, in parte sovrapposte, così da poter dare l'illusione, a chi, a distanza di molti chilometri, le sta osservando, che i due giovani ritratti si trovino in un'unica foto.

*\*\*\**

La ragazza anni sessanta indossa un abito dal bustino aderente, con gonna un po' scampanata forse sostenuta da una leggera sottogonna. L'orlo sfiora le ginocchia, le gambe sono snelle, le caviglie sottili, come del resto tutta la figura. Colpisce soprattutto la circonferenza della vita, incredibilmente esile. I capelli sono bruni e sembrano corti, ma probabilmente – dalla foto non si può capire – sono legati dietro la nuca. In quegli anni, usava pettinarsi alla Grace Kelly che raccoglieva i capelli in un raffinato e semplice chignon. Ma se vogliamo fare un paragone, va detto che la ragazza, invece, somiglia molto alla Audrey Hepburn di *Vacanze romane*.

Glielo dicono spesso. Lei invece non si piace, o afferma di non piacersi, proprio per la figura esile e longilinea. Non lo prende, quindi, come un apprezzamento. Quando, tuttavia, le capita di osservarsi, camminando per strada, nella vetrina di un qualche negozio, è solita consolarsi, con un certo infantile compiacimento. Considera che no, perdinci, Audrey è quasi piatta, appena un accenno di seno. A lei invece le forme femminili non mancano ed è questo il vantaggio rispetto alla Hepburn. Se c'è somiglianza, è soprattutto nell'incedere elegante, un passo leggero quasi di danza. Qualcuno glielo ha fatto notare e questo, invece, potrebbe lusingarla.

Il ragazzo dell'immagine accanto è della stessa epoca. È bruno anche lui, almeno nella foto così pare. Indossa un completo grigio, camicia e cravatta, avrà più o meno vent'anni, come la ragazza che gli sta vicina. Slanciato pure lui, l'espressione seriosa, già l'aria un po' compresa del proprio futuro manageriale, vestito come oggi i ventenni non più, nemmeno per presentarsi a una tesi di laurea. Ecco, sembra proprio che sia appena uscito dall'aula dove ha sostenuto un esame importante. Uno studente giudicato col massimo dei voti, consapevole del proprio valore ma senza ostentazione o superbia.

Nell'illusione che siano affiancati, sembrerebbe esserci fra i due giovani una certa intesa, o complicità, o il progetto di un futuro comune. La ragazza ha il viso ingenuo e nello stesso tempo malizioso, un sorriso appena accennato, piuttosto dolce, eppure interrogativo o invitante. Sembra rivolgerlo al compagno altrettanto sorridente. Stessa ingenuità maliziosa nel sorriso di lui, oppure una maggior aspettativa di incontri futuri.

*** 

A chilometri di distanza, una donna e un uomo molto più maturi, con tenerezza malinconica nello sguardo, stanno contemporaneamente osservando le foto che si sono scambiati per via elettronica soltanto per curiosità, o per altre ragioni nascoste e non ammesse, con l'alibi di una conferma della passata somiglianza di lei con Audrey.

L'uomo pensa: "Accidenti è vero, la somiglianza con la Hepburn è stupefacente".

Riesce a immaginarla, seduta all'amazzone, sul seggiolino posteriore della vespa, come la principessa con il giornalista, per le strade di Roma, nel film di successo di quegli anni lontani.

***

Il ragazzo davvero possiede una vespa, per spostarsi con essa in città (ma anche fuori, perché no) e ci porta le ragazze dietro. Non quella, così lontana allora, tanto quanto lo è adesso che ragazza non è più. Gli piace molto la Hepburn, così estranea alla moda delle maggiorate, tipo la Loren o la Lollo. È così elegante, quasi eterea, deliziosamente attraente, come appare nei suoi molti film, alcuni dei quali, rivedrà più volte in futuro, sullo schermo TV. Li ha registrati in videocassette nella propria collezione di appassionato di cinema.

***

"Nemmeno io ero male, anche se non somigliavo a Gregory Peck" si compiace l'uomo. Adesso, osservando l'immagine stampata, considera che il tempo può essere impietoso. Con lui, invece, è stato benevolo. Ma è pure vero che, chi giovane non è più, spesso si consola con tale presunzione. Trova anche che il ragazzo della foto non abbia l'aria "passata di moda", come a volte accade a distanza di decenni, sfogliando un vecchio album di fotografie. Magari, sì, ha l'aspetto del giovanotto di belle speranze, molto distinto e ben educato, di ottima famiglia, quello che le mamme carezzavano con lo sguardo, immaginandolo insieme alla figlia, come marito. E infatti così gli accadeva, di sentirsi un po' troppo considerato nei progetti di certe ragazze di famiglia borghese. Particolare che poteva anche infastidirlo, o spaventarlo e indurlo alla fuga diplomatica.

"Devo laurearmi. Prima la laurea e poi ci penso".

Se avesse incontrato la ragazza della foto al tempo giusto? Se ne sarebbe invaghito? Probabilmente sì, visto che gli piaceva tanto l'Audrey e ancora oggi in fondo i suoi gusti non sono cambiati. Ma la ragazza di allora non sarà più, oggi, la sosia di Audrey. Gli anni saranno stati generosi con lei? Sarebbe rischioso voler verificare di persona. Soltanto, se avranno modo di confrontarsi ancora, con quel mezzo elettronico che lui trova stupendo, gli piacerebbe chiamarla Audrey, piuttosto che con il suo vero nome. Dopotutto si tratterebbe solo di un gioco innocente.

\*\*\*

Di certo lei, non è più, dopo trent'anni, così somigliante ad Audrey. Ma, alla fine, è questione di secondaria importanza. Di straordinario c'è che, adesso anche lei, ignorando quanto accade contemporaneamente a distanza, stia osservando le stesse due fotografie. Così ravvicinate da creare l'illusione dei due soggetti insieme al momento dello scatto. Il suo sguardo è appena malinconico ma, nello stesso tempo, sorridente. Appena un po' turbata, è presa, lei, donna matura, dal gioco magico dell'illusione.

Si impone tuttavia un certo, sia pure forzato, scetticismo: "Se allora lo avessi incontrato, il giovanotto di belle speranze, in abito grigio e cravatta, avrebbe colpito la mia attenzione?".

Quel senso di commozione che non è scoramento, nemmeno rimpianto, la fa riflettere dubbiosa. Forse si sarebbero sfiorati camminando per strada, senza alcun cenno di attenzione, né vago desiderio di poter mai conoscersi. Anni settanta, o sessanta? Tempo di contestazione. C'erano in giro, per una pseudo ribellione alle mode, o per anticonformismo, ma moda anch'essa, maglioni sbrindellati, abiti usati comprati al mercato. Ugualmente una sorta di distinzione e di adesione. Certamente, i giovanotti come quello della foto, così rispettosi e formali nell'abbigliamento, sarebbero stati allora scrutati dai loro coetanei con disapprovazione e forse con sospetto.

Era il periodo di un certo fermento. In Toscana, e certo anche altrove, si occupavano le Università e, sul lungarno, a Pisa, si concludeva il tempo breve e tragico del giovane anarchico Serantini.

***

La ragazza della foto è in procinto di sposarsi. Si è fidanzata subito dopo aver finito il liceo. Appena il fidanzato si sarà laureato, a breve, si sposeranno. E alcuni innamorati rifiutati, vorrebbero trovarsi al posto suo. Qualcuno ha anche sofferto, per essere stato respinto, dopo infiniti tentativi. Audrey ovvero Beatrice, questo il vero nome, ha quell'incredulità che la porta a domandarsi cosa mai gli uomini trovino di interessante in lei. Una ragazza così timida, perfino modesta, così spesso silenziosa, forse perfino inconsapevolmente crudele, non immagina che la vita le insegnerà

126

la disinvoltura delle parole, a capire che possono essere importanti, spesso fondamentali, o fortemente persuasive, o decisive e perfino potenti e inesorabili.

Fra molti anni, saprà parlare e agire e imporsi con la forza del proprio pensiero. La fantasia la porterà a credere che quei due delle foto, volentieri vorrebbero adesso prendere forma e vita, uscire dal cartoncino e vivere l'opportunità che fu loro negata. Conoscersi e innamorarsi e magari soffrire per essersi lasciati. Per ricordare poi, nell'età matura, osservando due fotografie ingiallite, i baci, le carezze e il turbamento delle prime passioni, nella freschezza dei vent'anni.

Razionalmente, tutto questo ora farebbe pensare ad una sorta di romantica follia, o esasperata fantasia. Pennellate surreali, fermo immagine di pochi attimi, insufficienti a delineare il percorso di quella che vorrebbe essere definita storia, ma che è invece "una storia senza storia".

Quei due ventenni della foto anni sessanta, tuttavia, complice lo sguardo maturo e sognante degli altri due, vivono l'ipotesi di una loro, sia pure molto vaga, storia. Due immagini in bianco e nero. Suggestione nel ricordo di Audrey, pensieri surreali, trasformati in ipotesi, di quanto sarebbe potuto essere e non è stato. Tentativo di autoconvincersi che i due giovani della foto, se solo fosse stata data loro la possibilità di scegliere, paradossalmente, tornando indietro nel tempo, avrebbero scelto di incontrarsi. E, quasi sicuramente, si sarebbero amati.

# Il nastro

Sabina non amava guidare per lunghi percorsi. Cento chilometri sono un lungo percorso? Forse sì, per lei che era solita servirsi dell'auto solo in città. L'autostrada le si snodava davanti come un nastro grigio. Il sottofondo monotono del motore accompagnava il filo confuso dei pensieri.

Anche la vita è un nastro. Ce lo consegnano alla nascita arrotolato e rigido come una rondella. Liberato il capo iniziale, inizia a srotolarsi. Per alcuni semplice e scorrevole, per altri subito si ingarbuglia e si formato nodi.

Ha un colore? L'idea la fece sorridere e allentò un po' la tensione che le irrigidiva le mani sul volante. Se il nastro della vita ha un colore il suo poteva essere stato... turchino? No, fucsia: le piaceva di più. Un nastro setoso che era scorso finora, scivolandole morbido fra le dita. Fino a quel momento, su quel nastro grigio di autostrada che la conduceva ad un appuntamento.

Perché diavolo aveva accettato?

Aveva accompagnata la bambina a scuola, accordandosi con la sorella perché l'andasse a prendere e la conducesse a casa con sé.

Le aveva detto che sarebbe andata a Firenze, quindi la verità, per informarsi di un certo corso di Yoga, del quale le avevano parlato in palestra in termini entusiastici.

Interessi che Fausto, suo marito, considerava scempiaggini e perdite di tempo. Quindi niente di strano che Sabina ne facesse mistero e cercasse la complicità della sorella. Quella mai avrebbe immaginato che Sabina andava ad incontrare Samuele.

Già quel nome biblico, così inconsueto, era stato motivo

di frecciate al tempo del liceo quando stavano insieme. Lei però lo chiamava Sam. Storia adolescenziale, dai quattordici ai ventidue anni. Il suo primo uomo, per lui la prima donna. Di nuovo un sorriso, al ricordo della loro inesperienza e dell'impaccio. Lui le aveva confessato in seguito di essersi documentato su certi libri, ma che aveva dimenticato tutto al semplice contatto della sua pelle vellutata di bambina.

Erano cresciuti insieme. Alla fine, era come fossero stati un'unica persona, tanto (così gli aveva detto quando lo aveva lasciato) da sentirsi sola quando stavano insieme. Una cattiveria.

In realtà, Sabina, nel frattempo, aveva conosciuto Fausto, dieci anni più di lei, medico. Lavorava in ospedale con suo padre. Altro tipo di amore. Quando aveva cercato di... confessargli quella sua prima storia, s'era messo a ridere.

– Tutti abbiamo avuto una storia di liceo e una prima esperienza sessuale. Mi sarei meravigliato del contrario...–. Un sollievo.

Un'auto la sorpassò, s'era messo a piovere. Gli schizzi sul vetro le tolsero per un attimo la visibilità.

Da quanto non lo vedeva? Dieci anni? S'era laureato in ingegneria e subito aveva trovato lavoro a Milano. Qualcuno le aveva detto che anche lui si era sposato. E adesso quella telefonata... Un tuffo al cuore che l'aveva disorientata. Perché quell'emozione, che senso aveva? Quel suo nastro setoso di vita color fucsia improvvisamente si ingarbugliava.

– Mi trasferisco in America, chissà se tornerò mai in Italia – le aveva detto.

– Vai con la famiglia? –.

– No, vado solo. Mi sono separato un anno fa –.

– Niente figli? –.

– Niente figli –.

Poi la richiesta di poterla salutare. Era un pensiero che lo martellava, come una radice da estirpare, l'unica che lo tenesse legato all'Italia.

Aveva accettato perché lo aveva capito. No, non soltanto per quello. Anche per l'improvvisa forte emozione nel riconoscere la sua voce al telefono. Il suo dolce Sam, il suo alter ego.

Le mani sul volante ebbero un tremito, ma ormai era come se l'auto andasse da sola. Sam l'avrebbe attesa al casello di uscita, probabilmente lei avrebbe parcheggiato la propria auto e sarebbe salita su quella di lui. Come una coppia di amanti clandestini. Ma siamo pazzi? L'auto ebbe uno scarto sull'asfalto reso viscido dalla pioggia.

"Alla prima uscita, esco e riprendo la via del ritorno. Lo chiamo al cellulare e gli dico che non me la sono sentita. In fondo non ha logica: la mia vita scorre liscia e setosa e color fucsia, non posso fare un nodo sul nastro proprio adesso".

Già teneva d'occhio i segnali per girare a destra.

Colpa della pioggia, della scarsa visibilità, il destino? Fu come un taglio netto di forbice al nastro color fucsia, dopo la piega del nodo che stava formandosi.

## La mandria va

Giorno dopo giorno, stesso rituale. Sveglia alle 6,30 per me, per Marco, mio marito, mezz'ora dopo. Questa mattina sono in ritardo, quindi tutto si fa più nervoso. Alle sette sveglio i bambini, ogni volta cerco di avere la massima delicatezza, ma si rinnova il mio senso di colpa. Troppo piccoli, penso. Eppure, negli occhi appena stropicciati dalle piccole mani, riconosco quello sguardo adulto e consapevole che impedisce loro di infastidirsi e protestare. Ciò accade per Martina, cinque anni, per Brunello, tre, quindi sempre, dopo i mesi di congedo per maternità.

Marco, che ha il percorso in auto più facile o disinvolto, li porta con sé e li lascia da sua madre, mia suocera. Sarà lei ad accompagnarli alla scuola materna e a riprenderli all'uscita. Li rivedrò alle diciotto, a volte più tardi. E sarò troppo stanca per divertirmi davvero, mentre gioco con loro che cercheranno quasi di compiacermi. In effetti, all'asilo, hanno giocato con i compagni e le maestre e non capiscono perché ora anche con me. Però mi assecondano, forse pensano che io abbia bisogno di farlo. E così, per via del lavoro, non mi godo i figli, se non nel fine settimana sempre troppo rapido e pieno di impegni trascurati.

Lo stesso vale per Marco. Torna all'ora di cena, molto stanco. Più tardi, dopo che ho messo a letto i bambini, lo trovo addormentato davanti alla TV. Rifletto che abbiamo anche perso l'abitudine di salutarci con un bacio, la mattina prima di uscire di casa e la sera al ritorno. Eppure ci amiamo, su questo non ho dubbi, anche se facciamo all'amore solo il sabato sera e a volte nemmeno.

Questi i miei pensieri, mentre in auto imbocco la tangenziale che mi porta al posto di lavoro. Per carità, mansioni di responsabilità e di tutto rispetto e molta considerazione da parte dei superiori, ma chissà se può bastare.

*** 

Roberto entra in cucina già pronto per uscire, vestito di grigio, giacca e cravatta. L'aroma del caffè appena preparato da Cecilia, sua moglie, gli stuzzica l'olfatto. Tante volte ha detto a Cecilia "non alzarti, resta a letto, ci penso da solo", ma lei mai ha interrotto quel rito del caffè insieme la mattina. Non nega che gli faccia piacere. Specialmente ora che i figli sono sposati e abitano in altra città, s'è creata fra loro una sorta di ritrovata complicità. Sessant'anni lui, cinquantotto lei.

Lo sguardo va al viso sfiorito della moglie, ai capelli arruffati del primo mattino e la mente ogni volta ripropone il ricordo della passata bellezza di lei e di quanto l'abbia amata. Ora non più? Che c'entra, ora la ama in modo diverso. A volte gli prendono i rimorsi, per qualche distrazione di percorso negli anni, che lei aveva finto di ignorare, sempre puntuale e attenta a non contrariarlo, sempre dolcissima. Sì, l'ama anche adesso, di un amore più pacato ma insieme più profondo, con tenerezza e gratitudine. Promette a se stesso che, appena andato in pensione, realizzerà il sogno di lei, alcune volte espresso, di un viaggio in Islanda, dove Cecilia ha amici, una ex compagna di scuola che ha sposato un ingegnere islandese.

Succede in un attimo, senza il tempo di prevederlo. La tazzina di caffè si rovescia sul tavolo, qualche schizzo sulla giacca di lui, Cecilia accasciata sulla sedia, il viso sulle braccia conserte.

– Cecilia.. –. Voce strozzata dallo spavento.

Lei respira debolmente, lui cerca di aiutarla, sostenendola, le asciuga la fronte sudata.

– Cosa ti senti, che cos'hai, t'era mai capitato... –. Sì, le era capitato.

– Ma poi passa, non preoccuparti... –.

– Chiamo un medico... No, anzi, ti porto direttamente al Pronto Soccorso, mi viene di strada, perdiamo meno tempo... Telefono in ufficio e chiedo un giorno di permesso... io proprio non ti lascio in questo stato –.

*** 

Il traffico stamani è più caotico del solito, lentissimo e in più ci sono i miei dieci minuti di ritardo sulla tabella di marcia. Di solito mi occorrono quaranta minuti per raggiungere il posto di lavoro, oggi non basteranno. Chiamo l'ufficio dal cellulare, menomale che la tecnologia mi aiuta.

– Sì, siamo informati. Anche altri sono bloccati per strada –.

Secondo me il caos nelle strade, l'aria irrespirabile che ne deriva, il danno alla salute, e lo stress correlato, sono lo specchio del nostro sistema malato: disordine e mancanza di organizzazione. Anche la nostra stessa vita personale è alterata: la fretta, l'automatismo, la trascuratezza, la mancanza di rispetto degli altri... Perfino l'ossigeno per la nostra anima.

Così seguo il filo delle mie considerazioni, pensieri che lasciano il tempo che trovano. Accendo la radio, quasi subito la spengo. È un rumore, nel rumore insopportabile, per via dei motori accesi delle molte auto, una specie di mandria meccanica che si avvia al pascolo.

Adesso stiamo esagerando, ma da quanto siamo fermi? Qualcuno fa il furbo e cerca di farsi strada, viaggiamo ignobilmente su tre corsie di una via a senso unico. È un'indecenza. Poi ho il dubbio di un qualche grave incidente che abbia bloccato il flusso delle auto, per fortuna Marco e i bambini hanno fatto un altro percorso. Magari è solo un semaforo guasto e c'è un vigile che organizza il traffico. Ci manca solo quello, sanno creare più casino che altro.

Ora siamo proprio fermi. Qualcuno insiste a suonare il clacson: niente di più stupido e incivile. Alla fine mi rassegno, arriverò in ritardo, che posso farci. Penso soltanto che, ad averlo previsto, sarei uscita di casa meno in fretta: ho dimenticato di salutare i bambini.

Riaccendo la radio, una stazione locale. Il notiziario. Informa di una dimostrazione di protesta già prevista da ieri. Forse, il giornale di ieri ne dava notizia, ma chi ha avuto il tempo di leggere il giornale! Ad averlo saputo, o sarei partita un'ora prima o avrei preso l'autobus. Già, che scema, anche l'autobus sarà fermo. Infatti. Guardo dal lunotto posteriore e ne riconosco la sagoma gialla, duecento metri dietro di me.

Ma che fa quello? L'uomo al volante si agita, suona il clacson, si sbraccia dal finestrino, cerca di insinuarsi fra un'auto e l'altra. Mi ha affiancata sulla destra, mi viene voglia di dirgliene quattro. Ne vale la pena?

\*\*\*

Sono scesi con l'ascensore, Cecilia appoggiata al suo braccio, ancora a minimizzare. Roberto pensa che forse ha sbagliato, troppo sforzo per lei. Sul sedile al suo fianco, Cecilia letteralmente si accascia. E, quindi, la corsa a clacson spiegato ma, entrato nella via principale, si accorge troppo tardi dell'ingorgo. Altri dietro di lui, appena sopravvenuti, gli impediscono di tornare indietro. E allora avanti, a passo d'uo mo, con la sua utilitaria, pigiando sul clacson, insinuandosi fra un'auto e l'altra. Ogni tanto, dal finestrino abbassato, a spiegare: – Vado al pronto soccorso, mia moglie sta male –.

Spiegazione che affoga nell'indifferente incredulità di sguardi estranei.

Anche la giovane donna, nell'auto affiancata alla sua, gli lancia uno sguardo di fastidio e, nel movimento senza suono delle labbra di lei, legge l'insulto. Gli viene in mente di chiamare il 113, chiedere se è possibile mandargli qualcuno incontro. Cecilia sempre più pallida, grigiastra, la testa reclinata su una spalla. Automaticamente la mano fruga nella tasca per prendere il cellulare.

"Nell'agitazione l'ho lasciato a casa, accidenti a me".

***

L'uomo nell'auto accanto si sbraccia, mi fa segnali, abbassa il vetro del finestrino, ma che vuole? A mia volta, premo il tasto di discesa del vetro, pronta a cantargliene quattro.

– Mia moglie sta male, forse un infarto. Ascolti, io ora scendo e la porto a braccia... Ma ho lasciato il cellulare a casa... Per piacere mi chiami lei il 113 e chieda se possono venirmi incontro, magari con una barella. A piedi, lungo il marciapiedi, saranno 200 metri, non so se ce la faccio... –.

Con lo sguardo penetro dentro l'abitacolo della sua auto e vedo quel corpo di donna accartocciato, sembra un fantoccio. Penso che potrebbe essere stata una buona strategia per fare aprire un varco nel traffico. Ma l'uomo, a smentirmi, è già sceso e apre lo sportello opposto al suo, prende fra le braccia quella specie di fagotto che è una donna e si porta sull'estrema destra della strada, fino al marciapiedi.

"Ha lasciato lo sportello dell'auto aperto" penso. "E la macchina ferma in mezzo alla strada intralcia più che mai".

Tutti gli sguardi sul momento sono intenti a seguirli, lui un po' barcollante sotto il peso di quel corpo abbandonato. È un uomo anziano, non ce la farà. Arriverà stremato o stramazzerà a terra insieme a lei".

Prendo il cellulare e chiamo il 113. Cerco di spiegare, la mia voce è confusa fra i mille rumori della mandria meccanica che arranca.

"Spero che gli vadano incontro, spero che lo aiutino, spero che lei si salvi".

E proseguo di metro in metro nel percorso lento che però ad un tratto accelera; il movimento avanza fino al punto che, dopo 50 metri, mi trovo parallela all'uomo che paonazzo cerca di camminare col suo carico fra le braccia. Quanta indifferenza, Gesummio, nessuno che si presti ad aiutarlo. Avrebbe fatto prima in auto, se solo avesse pazientato. Sono marito e moglie e lui ancora deve amarla molto. "Marco lo farebbe per me, fra vent'anni? Portarmi fra le braccia a piedi a rischio di schiantare lui? Noi che già adesso viviamo insieme ma è come se fossimo separati, noi che, dopo dieci anni di matrimonio, nemmeno facciamo più l'amore come si deve e, se lo facciamo, è quasi per dovere...".

Di nuovo premo il tasto sull'ultima chiamata del cellulare, di nuovo spiego, di nuovo sollecito che qualcuno gli vada incontro... Ma, poco dopo sono presa dal movimento che si velocizza. Io nella mia auto avanzo, io, uno dei tanti esemplari umani malati di egoismo nella transumanza meccanica quotidiana della mandria che va.

## Lo schiaffo

So che mia madre è bella. Lo capii fin dal tempo dell'elementari, quando una volta, invece della nonna influenzata, mi accompagnò a scuola e si presentò alla maestra che ancora non la conosceva. Lo capii dai sussurri ammirati, anzi estasiati delle mie compagne. Il commento fu: "È bella come un'attrice". Il massimo, come termine di confronto, nella mente infantile.

Oltre che bella, è giovane, anche questo è innegabile. Io ora ho quindici anni, lei trentadue. Aveva un anno più di me, quando rimase incinta. Non mi avrebbe voluto. Questo l'ho capito dai vari discorsi sfuggiti, fra mia madre e la nonna, quando io ero ancora molto piccola e pensavano che non potessi capire.

Io esisto solo perché la nonna era molto cattolica e si prese l'impegno di allevarmi.

E ancora starei con lei se non fosse morta, due anni fa. Ora vivo con mia madre, anzi dovrei dire che lei vive con me, nella casa dei nonni, dove sia io che lei siamo cresciute.

Mia madre, da cinque anni, è separata dall'uomo che aveva sposato a vent'anni e che non è mio padre. Di mio padre so solo che era un suo compagno di liceo. Non l'ho mai conosciuto. La famiglia di lui, dopo il fattaccio, si trasferì in un'altra città.

Io le voglio bene, non c'è dubbio, trepido per lei, per esempio, se tarda la sera a rincasare. Il nostro rapporto è strano, è come se io fossi la madre e lei la figlia. Lei va in discoteca, io no. La sera non esco, anche se le mie amiche, a volte, m'invitano a uscire. Non che ne senta molto la mancanza. Mia madre non me lo permette, dice che non vorrebbe ritrovarsi anche lei con una figlia incinta a quindici, sedici, anni e che, fin da ora, è bene io sappia che mi farebbe abortire.

Pericolo inesistente perché io non ho un ragazzo. Molte mie compagne invece sì. Non mi sono mai innamorata, non so perché e nessuno s'è mai innamorato di me. Non somiglio a mia madre, lei bionda, io bruna, insomma diverse. Lei è bellissima, io non so se sono carina, forse migliorerei se mi vestissi un po' più alla moda, ma non abbiamo molti soldi. Ora che la nonna non c'è più, non posso permettermi certe fantasie. Per esempio le calze velate. Mia madre dice... Scusate, ma io preferisco chiamarla col nome di battesimo, è un accordo fra noi, quindi: Patrizia dice che, portando sempre i pantaloni, vanno bene i calzini e le scarpe da tennis. Del resto, è un abbigliamento comune a molte ragazzine della mia età. Solo che le altre, a volte, portano la minigonna e i collant velati. Anche Patrizia, indossa spesso la minigonna, specie quando la sera va a ballare. Le sta bene, ha belle gambe slanciate.

Non ho mai usato un reggiseno. Di quello, Patrizia dice che non ne ho ancora bisogno. Non ne sono molto convinta. Durante gli esercizi di educazione fisica, il seno mi balla e mi dà fastidio. Così me ne sono comprata uno di nascosto ai grandi magazzini e lo uso il giorno che devo fare ginnastica. Non è un granché, costa poco, ma serve allo scopo.

Tutto scorre normalmente, fino a quel certo giorno in cui esco in anticipo da scuola. Per lo sciopero dei mezzi pubblici, il preside ha dato il permesso di uscire prima. Arrivata a casa, sapendo di essere sola, mi balena l'idea d'indossare qualche indumento di Patrizia.

Lo so, è una stupida tentazione. Frugo nei suoi cassetti e vi trovo perfino una confezione di anticoncezionali. So cosa sono perché qualcosa hanno spiegato alla lezione di scienze, durante l'ora di educazione sessuale. Poi la mia amica Marisa, che ha il ragazzo ed è più informata, mi ha insegnato di più. Insomma, a parte questo, non mi scandalizzo nel trovare questa roba nel cassetto di Pat. So che, a trentadue anni, è legittimo avere storie e fare sesso. Anzi, quando mi chiede di dormire da Marisa, tenendo conto che non mi fa mai uscire dopo cena, posso anche sospettare il motivo. Insomma, che voglia far dormire qualcuno a casa nostra.

Marisa, che ha sedici anni, prende regolarmente la pillola e, a volte, si confida e mi spiega di lei e di Fabio, il fidanzato che ha diciannove anni. Penso che un po' si diverta a raccontare perché capisce che sono proprio digiuna di tutto. Non potrei mai toccare tali argomenti con Patrizia. Non c'è confidenza, poi mi vergognerei e lei anche, o meglio, s'allarmerebbe senza ragione.

Sto ancora curiosando fra le sue cose. Solo per provarne l'effetto, indosso le sue calze, reggiseno, maglietta aderente, minigonna e le sue scarpe col tacco. Eccomi alla prova specchio. Oddio, non che mi piaccia tanto... Forse perché non sono bionda. Abituata all'altra immagine di me stessa, mi vedo un po' grottesca con un seno sproporzionato sulla mia figura esile. Forse perché il reggiseno di Patrizia è imbottito e a me bene non sta.

È così che lei mi scopre, rincasando prima del tempo, sempre per via dello sciopero dei mezzi pubblici. Ma perché grida tanto?

– L'ho fatto solo per prova, Pat. Per curiosità –.

Lo schiaffo mi fa quasi girare la testa, imprevedibile quanto esagerato.

– Non devi permetterti. Ma ti vedi? Sembri più vecchia di dieci anni, per non dire peggio –.

Ma sì, lo vedo, nemmeno io mi piaccio, ma è proprio la sua reazione che sveglia in me l'istinto di ribellarmi.

– Le mie compagne si vestono anche così –.

– E tu invece no –.

Mi cambio in fretta, penso che quando, prima o poi mi chiederà di dormire da Marisa, io ne approfitterò. Quello schiaffo mi brucia sul viso come un ferro rovente.

***

Per me riuscire bene a scuola è importante, almeno il diploma voglio prenderlo. Ho il timore che Pat mi chieda di smettere con lo studio. Continua a ripetermi che un figlio, a scuola, costa. Infatti, non le chiedo mai soldi per quaderni, o simili oggetti di cancelleria. Nemmeno molti per vestirmi. Mi dà una piccola cifra ogni mese e me la faccio bastare. Dopo quel famoso schiaffo, che seguita a bruciarmi nella mente e nell'anima, ho capito che la sincerità, con Pat, non paga e ho deciso di mentire più spesso. Non è poi così difficile e ci si abitua.

Finalmente arriva la famosa sera che Pat mi chiede di dormire da Marisa. Lei invece va, questa la scusa, da una sua ipotetica amica che soffre di depressione e a volte la chiama in soccorso. Io fingo di crederle e tutto fila al meglio.

Ma stavolta è sabato: è l'occasione che aspettavo e la sfrutterò.

Lo strano è che non ci tengo così tanto, è solo per... Sì, lo ammetto è una specie di vendetta, forse non proprio, ma un dispetto sì. I vestiti per cambiarmi, comprati di nascosto al mercato, me li tiene Marisa a casa sua, da usare solo in certe occasioni, se ce ne saranno altre.

Niente minigonna: mi fa sentire a disagio, non ci sono abituata. Indosso jeans elasticizzati con la cintura bassa che scopre l'ombelico e una maglietta aderente. Fabio, il ragazzo di Marisa ha la patente e una Golf, andrò con loro in discoteca e mi farò un'idea, dopo che tanto ne sento parlare, soprattutto male.

***

Nel locale, il volume della musica è davvero esagerato, mi stordisce. Sarà che non ci sono abituata. Le luci intermittenti seguono il ritmo frenetico. Tutto questo non fa per me. Mi sa che sono tutta sbagliata, non so vivere il mio tempo. Marisa e Fabio si sono allontanati, qualcosa mi hanno detto, ma non ho capito bene con tutto questo frastuono che mi scoppia in testa. Qualcosa come: – Torniamo a prenderti –.

Spero proprio che non tardino. Qualcuno si avvicina e mi porge un bicchiere.

– Ciao, sono Simone. Sei sola? –.

– Sono con i miei amici –.

– Li ho visti andarsene –.

– Tornano fra poco –.

Ride allusivo: – Dipende... C'è chi ha bisogno di tempo, chi meno –.

Capisco che la frase nasconde, e nemmeno tanto, il doppio senso e non voglio fare la figura della stupida, così rido anch'io e mi sento più stupida che mai.

– Che roba è? –. Gli indico il bicchiere che mi porge.

– Una bibita innocente, nessuna bomba, fidati –.

Lo osservo e capisco che è abbastanza adulto, almeno se lo confronto con Fabio.

– Quanti anni hai? –.

– Ventisei e tu? –.

– Diciotto –. Mento. Così vestita dimostro di più.

– Sei giovane... anche molto carina, insomma... più che

carina –. Ride di nuovo: – Un fiore da cogliere. O arrivo in ritardo? –.

Fiuto il pericolo, una specie di malessere. Ma dove diavolo sono andati Marisa e Fabio... Per una volta, visto che siamo venuti insieme, potevano anche rimandare il loro momento d'intimità.

Bevo, per darmi un contegno, l'intruglio nel bicchiere e anche perché ho sete e non ho soldi con me.

Mi gira la testa, anzi mi viene perfino da vomitare.

– Vieni, balliamo –.

Mi muovo a caso, seguendo la musica, e poi ho osservato gli altri, non è difficile. Però, accidenti, la testa mi gira davvero troppo.

– Ti porto a prendere una boccata d'aria –.

Sì, ha ragione, è meglio, mi sento molto confusa. E, infatti, l'aria fresca mi dà come un sferzata sul viso infuocato.

– Ma perché in macchina, scusa? –.

– Facciamo un giro, arriviamo al lago: c'è aria più pulita là –.

\*\*\*

Rientro nel locale, dove saranno spariti Marisa e Fabio? Sono loro a trovarmi. – Ma dove sei stata? –.

– Mi sentivo male, sono uscita a prendere un po' d'aria... –. Non so nemmeno quel che dico.

– Ma sono due ore che ti cerchiamo, mi hai fatto una paura, le ho pensate tutte –. È la voce di Marisa. Due ore, che cosa sta dicendo, è lei che se n'è andata! La testa mi scoppia. L'auto, le mani addosso, le luci sul lago... Menomale che mi ha riportata davanti alla discoteca.

Il giorno dopo, ancora non ricordo, eppure tutto mi è spaventosamente chiaro. Anche perché certi segni sul mio corpo, dopo, sono stati evidenti. Una doccia non basta a cancellarli. Cosa dovrei fare? Raccontare tutto? Nemmeno ricordo esattamente. Mettere nei guai anche Marisa? Ma come faccio? Denuncia, carabinieri, scandalo... Ma poi c'è stata violenza? Io sono uscita con lui, il buttafuori mi ha vista seguirlo e, dopo, scendere dalla sua macchina... Patrizia mi ammazza. Per niente mi ha dato quello schiaffo, cosa potrebbe arrivare a farmi adesso? Al diavolo, macché Patrizia, è mia madre, non può seguitare la commedia. Mia madre.

Marisa mi ha parlato della pillola del giorno dopo. Dovrei andare subito dal medico di famiglia, ma mi vergogno, è anziano, conosceva la nonna. Oddio, meglio la vergogna che restare incinta. Sì, certo, oggi stesso ci vado. Poi è legato al segreto professionale, o no? Vorrei essere morta.

## Voci

La più importante fu la voce di mia madre. Era ruvida e graffiante anche nei rari momenti di tenerezza, come le sue mani quando mi lavavano il viso o mi pettinavano. A volte, i miei capelli le si impigliavano fra le dita. Erano mani che facevano lavori di fatica in casa e fuori per mandare avanti la famiglia.

La voce di mio padre, invece, era remissiva e conciliante, dai toni sempre pacati quando parlava con la mamma, o con mio fratello maggiore, tre anni più di me. Difficilmente mi si rivolgeva direttamente, come per un senso di pudore nei miei confronti.

Più tardi, alla sua voce si unì il tintinnio di una bottiglia contro un bicchiere e l'odore del vino che si diffondeva per la casa, specialmente di notte. Poi ci furono le urla di mia madre che lo rimproverava e lui prese l'abitudine di scendere in garage, quando pensava che tutti dormissero. Ormai sveglia, faticavo a riprendere sonno, preoccupata per lui, ma senza il coraggio di fare domande, o dimostrare che conoscevo quel suo tragico segreto.

Lo trovarono una mattina, morto nel garage, accanto alla bottiglia vuota. Dissero che era morto d'infarto. La voce della mamma diventò più aspra e più dura, nei rari momenti in cui era in casa.

La voce di mio fratello Marco era squillante e prepotente quando dalla finestra lo sentivo giocare a pallone nel cortile. Impietosa invece, quando, alle mie spalle, rideva di me con i suoi compagni di gioco. A volte mi sottraeva i giocattoli per portarli in camera sua dove si rinchiudeva con gli amici. Io andavo a nascondermi nello sgabuzzino delle scope, in attesa che la mamma tornasse a casa. Alcune volte piangevo.

Al ritorno, mia madre rimproverava Marco, ma sempre molto in fretta, perché, dopo i lavori fuori, c'erano quelli in casa. E la sua carezza era ruvida e veloce, sembrava tela di sacco sul mio viso.

*\*\**

Quando cominciai la scuola elementare, mio fratello faceva già la quarta, la mamma si raccomandò: – Appena uscito di classe vai a prendere Lorena e aspettatemi al cancello. Non andartene finché non sono arrivata –.

Marco sbuffava, sapevo che era impaziente di seguire, di corsa, gli amici e si vergognava di me, anche se ancora non ne capivo la ragione.

Poi però mi resi conto che la mia "visione" del mondo era diversa da quella degli altri intorno. Ciò che avevo creduto fosse una condizione normale, fatta di percezioni, suoni e contatto, in realtà mancava di un elemento essenziale. Non avrei saputo definirlo perché non lo conoscevo: la vista.

Mia madre cercò di spiegarmi, senza trovare le parole giuste, perché i miei compagni non usassero la tastiera braille o perché, oltre alla maestra "normale", ci fosse in classe anche un'insegnante di sostegno tutta per me. Difficile farmi capire che i miei compagni di scuola avevano qualcosa di più, molto importante, qualcosa che non avrei mai avuto. Lei, povera donna, mi trascinava da un oculista all'altro, per quello che era possibile con i suoi pochi mezzi, per sentirsi dire che non c'erano speranze.

Imparai quali fossero i limiti oltre i quali non potevo andare. Avevo creduto che la televisione si ascoltasse soltanto, invece si poteva anche "guardare". Fu impossibile per mia madre darmi un'idea precisa sul significato di "vedere".

Marco, crescendo, ebbe compassione di me e si mise d'impegno a "raccontarmi" di capelli biondi o bruni, di occhi castani o azzurri, ma che cosa potevo saperne di colori?

– Di che colore sono i miei occhi, Marco? –.

– Oh, i tuoi... sono bianchi –.

– E com'è il colore bianco? –.

– Il colore bianco è bianco. È senza colore. Le lenzuola sono bianche, la farina è bianca, lo zucchero è bianco. I ciechi hanno gli occhi bianchi, ma non tutti i ciechi, quelli che sono ciechi da tanto tempo...–.

Da allora cominciai a portare occhiali che mi spiegarono essere scuri e avrebbero nascosto gli occhi bianchi.

*** 

Altre voci, altri suoni. La voce è un suono, anche la musica è un suono, la voce può essere musica quando è tenera e gentile. Poche voci tenere e gentili. Molta musica invece nella mia vita, ma fu una scoperta tardiva, quando imparare a suonare uno strumento sarebbe stato difficile. Puoi ascoltare un brano musicale migliaia di volte, forse alla fine ti annoia, ma difficilmente ti tradisce. Invece le voci possono sembrarti sincere, disinvolte, cordiali, ma poi scopri che nascondono sentimenti molto diversi, di fastidio e sopportazione. Si legano all'espressione di un viso, ad uno scambio di occhiate d'intesa fra i presenti. Chissà quanti sguardi, quante comunicazioni silenziose fra coloro che mi osservavano e mi parlavano o mi ascoltavano, senza che fossi capace di vederli. Me ne resi conto al liceo, quando le mie percezioni si erano ormai molto affinate. Coglievo quasi il fruscio di un battere di palpebra o di un sorriso, ma c'erano anche percezioni più intime e sottili che scoprivano vibrazioni di pietà o, peggio, disinteresse. Diventai diffidente.

Unico modo di dimostrare che valevo quanto gli altri, più degli altri, fu lo studio, con i risultati che ottenni nonostante la mia infermità. Ci fu un'insegnante molto comprensiva e piena di attenzioni, si rallegrava per ogni mio successo. In un'occasione mi fece una carezza, le sue mani erano lisce, sembravano petali di rosa e anche la sua voce era dolce e vellutata, ricca di promesse d'affetto.

Superai gli esami di maturità col massimo dei voti. Non ebbi più occasione di incontrare quell'insegnante. Non essendo "uscita" la sua materia, lei era partita per le vacanze, prima dell'esposizione dei quadri nell'atrio della scuola. E, quando trovai il suo numero di telefono e le telefonai per dirle che mi ero inscritta all'università, la sua voce fu fredda e distaccata.

– Ah, sei tu, Bracci, non ti avevo riconosciuta, ho un'altra allieva in seconda con lo stesso cognome...–. E più tardi mi avrebbe chiarito di non essere abituata ad avere rapporti con gli allievi al di fuori della scuola, lo riteneva diseducativo e un po' scorretto nei confronti degli altri.

– Io... non sono più una sua allieva –.

– Appunto. Dopo un rapporto scolastico concluso, la vita privata rimane privata. È una regola che vale per tutti –. Mi augurò di avere risultati brillanti all'Università: ecco la sintesi di quella telefonata.

\*\*\*

La mia accompagnatrice aveva una voce paziente e premurosa, soltanto due anni più di me e sarebbe sembrato facile diventare amiche.

– Al cinema danno "Ray man", l'uomo della pioggia, una di queste sere vado a vederlo –.

– Piacerebbe anche a me andare a "vederlo" –. Usavo il verbo *vedere* tranquillamente. Sapevo che gli altri si sorprendevano, ma nessuno poteva vietarmi un vocabolo di uso comune, che fa parte del linguaggio di tutti.

– Non so che gusto tu possa provarci, ad andare al cinema –.

– Se qualcuno mi spiega le parti che non sono parlate e mi descrive gli ambienti, posso anch'io "vedere" un film –.

Ma so che cosa non aveva il coraggio di chiedermi. Come poteva una descrizione, dal momento che ero nata cieca, darmi l'idea dei rami di un albero contro il cielo, del colore delle foglie a primavera o in autunno, di lampadari scintillanti in un salone, di un'auto rossa in corsa sull'asfalto, di un volo di gabbiani sul mare, del mare, dell'azzurro e del verde...

Difficile spiegarle che io avevo una mia "visione" diversa da quella degli altri, ma l'avevo.

Manuela mi sorprese: – D'accordo, se vuoi, domani sera andiamo insieme a vedere "Ray man"–.

Mi sembrò meno difficile diventare amiche.

*\*\*\**

– "Vi" vedo sempre prendere appunti, è una proposta sconcia se vi chiedo di farmeli fotocopiare? –.

Potrei definire la voce di Claudio "entusiasta", piena di ottimismo e di allegria, piacevole come le note di un pianoforte. Manuela gli rispose che gli appunti li prendeva per me, poi me li dettava e io li inserivo nel computer.

– Usi il computer? –. Meraviglia nella sua voce. Gli spiegai che il mio computer era collegato con la barra braille, che avevo uno scanner e anche una stampante. Gli promisi una copia degli appunti.

Capii di esserne innamorata quando mi resi conto che aspettavo con emozione quegli incontri nell'aula dell'Università. Mi confidai con Manuela, l'unica persona con la quale avrei potuto.

– Ma di che cosa ti sei innamorata? Conosci solo la sua voce e qualche parola generica –.

– È simpatico, gentile, mi trasmette gioia di vivere... Ha anche un buon odore –.

– Potrebbe essere fisicamente mostruoso, neanche lo hai toccato –.

– Penso che sia alto... da come mi arriva la sua voce –.

– È alto. Anche di aspetto decente. Però non è detto che lui... E poi che idea hai tu dell'amore? –.

Ebbero inizio quei nostri discorsi sull'amore e sul sesso. Mi venne il sospetto che la mia amica si divertisse a scandalizzarmi. Fu esauriente nelle risposte alle mie domande.

– Tu con Claudio ci andresti a letto...–.

– Io... vorrei che mi amasse –.

– Solo spiritualmente? –.

– Anche fisicamente –.

– Anche per una sola volta? –.

– Perché mi fai una domanda così strana? –.

– Per farti capire che c'è amore e amore e non è detto che l'uno svaluti l'altro. Ci sono amori di poche ore che valgono più di anni di convenienza e routine –.

– Se non potessi avere altro... almeno poche ore –.

– Con Claudio? –.

– Con Claudio –.

– Vuoi che glielo proponga? –.

– Sei pazza! –.

Non ebbi più l'occasione di incontrare Claudio.

Ogni mattina, entrando nell'atrio della facoltà, o in aula, chiedevo a Manuela se fosse stato nei paraggi.

– Non lo vedo, non s'è più visto –.

Però una volta, mentre mi rispondeva, sentii la voce di lui, a pochi metri, parlare sommessamente con un compagno di corso. Supposi anche uno scambio di sguardi, chissà quante volte c'erano stati, fra lui e Manuela.

– Hai guardato bene? –.

– Ho guardato bene –.

Una voce può essere falsa e colpire a tradimento, può indurre a credere che la cecità sia un ostacolo all'amicizia, una barriera fra te e l'amore. In qualche caso, può uccidere la speranza, può anche togliere la voglia di vivere.

## Rosso, un incontro straordinario

– Ti presto l'auto, per domani – offrì l'amico Giacomo che mi ospitava nella sua bella casa in Toscana.

– Grazie, no. Mi sciuperesti il piacere. Voglio che sia come ai bei tempi quando me ne venni via di qua –.

Mi guardò perplesso, forse mi compativa, o semplicemente non capiva la ragione per la quale io, cinquantenne e con la vita sedentaria ch'ero costretto a condurre a Roma, mi lasciassi prendere da simili e faticose nostalgie. Né avrei saputo, forse non volevo, spiegargli, l'impulso che mi aveva spinto a telefonargli per autoinvitarmi, a prendere il primo treno per ritrovarmi a cena a casa sua, a più di trecento chilometri da Roma. Certo m'ero sentito forte del fatto che eravamo stati ragazzi insieme, come fratelli, compagni di banco ai tempi della scuola, dalle elementari al liceo.

– Preferisco la bicicletta, come trent'anni fa. O molto prima, quando da bambino, con le gambette corte, seguivo mio padre e mi veniva il fiatone a stargli dietro –.

– Mi avessi dato il tempo di combinare in riserva... – si rammaricò.

– Ma no, non avrebbe senso, è così che la intendo io, una giornata di caccia –.

– Tu sei rimasto giovane, io no. La famiglia è una gran bella istituzione, ma certo invecchia – commentò Giacomo con malinconica ironia, palpandosi il ventre prominente, sotto lo sguardo disapprovante della moglie.

\*\*\*

Uscii di casa poco dopo le cinque. Gli altri dormivano,

escluso la signora Rosa, madre di Giacomo. Da come mi guardava e mi porgeva l'abbondante colazione, seppi che mi capiva. Nei gesti ritrovava le care abitudini passate, quando si alzava all'alba, prima del marito e lo aiutava, come in una cerimonia propiziatoria. Le avevo chiesto un panino e una borraccia d'acqua, la sera prima. Mi aveva preparato un pasto luculliano: la frittata di spaghetti, il filino di pane con le salsicce. Perfino la fetta di torta casalinga. Non osai rifiutare, perché l'avrei mortificata.

Fuori di casa, nella livida mattina di novembre, l'aria frizzante mi tagliò il viso. Per un momento esitai, pensando "vecchio pazzo", poi inforcai la bicicletta e pedalai vero Tombolo.

Uscendo dalla città, per il viale di "Marina", già ebbi l'impressione (o era suggestione?) che il sangue scorresse più veloce nelle vene, certo che il freddo m'era già passato. Fu allora che avvertii un leggero ansimare. D'istinto mi voltai e scoprii che un cane, non so da quanto, mi seguiva.

Non era un gran cane, diciamo pure brutto, nel senso che era un incrocio di vari e razze non ben identificabili. Aveva tuttavia negli occhi la vivezza intelligente e sensibile di cui i bastardi, a mio parere, sono particolarmente dotati.

"Lasciamolo fare, si stancherà" pensai. Ma, dopo un paio di chilometri, a me parve di avere le gambe corte come da bambino e faticavo a star dietro a mio padre, il cane, invece, non dava segni di stanchezza. Notai anche una certa eleganza nel suo incedere. Aveva il pelo di un colore fulvo sotto la sporcizia e anche gli occhi, ad osservarli, mi parvero due tizzoni ardenti. Il suo inseguimento silenzioso e caparbio, dopo avermi meravigliato, m'infastidì.

– Senti, amico, avevo fatto conto di stare solo, ma proprio solo del tutto! – lo apostrofai.

Finsi un gesto di minaccia. Rallentò un poco, ma poi seguitò imperterrito e tenace a starmi dietro.

– Via, vattene! Pussa via! – gli ordinai. Doveva avermi scambiato per un altro, pensavo senza convinzione.

Davvero m'ero proposto una giornata di completa solitudine, per ritrovare me stesso, nei luoghi dell'infanzia e respirare l'aria e gli odori, i profumi che la nostalgia aveva resi acuti, ma irreali.

*\*\**

Dopo tanto pedalare, mi fermai. Il cane sempre dietro. Mi osservò scendere dalla bicicletta, chiuderla e poggiarla al tronco di un pino. Di nuovo finsi un gesto di minaccia che mi rimase a mezz'aria per l'arrivo di un'auto che si fermò a due metri di distanza. Ne scesero due cacciatori.

Avviandomi per il sentiero, notai altre auto seminascoste fra il verde. C'erano molti bossoli sul tappeto di aghi di pino e, man mano che avanzavo, scoprivo d' essere stato preceduto da numerosi altri. E dire che m'ero indispettito per il cane!

Questo ora mi precedeva e si voltava di quando in quando a controllare che non lo distanziassi troppo. M'ero proposto di tirare a qualche tordo ma, raggiunta una zona un po' aperta del bosco, non vidi tordi. Molti invece i cacciatori, rarissimi gli spari. Camminai a caso, per ore, col fucile in spalla. Constatai che, allontanandomi dalle strade ed entrando nella macchia, gli incontri con altri cacciatori si facevano più rari. La pineta stranamente mi sembrò diversa da come l'avevo conservata nel ricordo. Eppure riconoscevo i colori di novembre. C'erano il verde chiaro dei pini e quello più scuro dei lecci, con le pennellate gialle e rossastre di qualche foglia superstite sui rami delle querce. I colori erano nitidi e gli odori intensi e penetranti; li riconoscevo, eppure mi sentivo estraneo, fuori posto, deluso.

Il cane che mi precedeva diede segni d'impazienza. Forse aveva creduto di ravvisare in me il cacciatore esperto, autentico. Anch'io m'ero illuso di ritrovare intatte, nel bosco, sensazioni passate. Solo passate, non perdute. M'ero considerato un puro. Per me la caccia aveva rappresentato (e rappresentava) il matrimonio con la natura, l'origine, il rito pagano e la cerimonia religiosa, la sacralità. Se da anni me n'ero astenuto avevo, in un certo senso, tradito me stesso. E adesso, credendo di ripagarmi di una troppo lunga rinuncia, mi ritrovavo a masticare delusione.

Seguivamo un fosso pieno di "cannelle", molto folto. Il cane, avanti, si fermò ad aspettarmi. C'era una forza tale nei suoi occhi rossastri da non saper resistergli. Quando gli fui vicino, entrò. Levai il fucile dalla spalla, ma con un certo scetticismo. Dubitavo non tanto della capacità del mio compagno, quanto della possibilità di trovare un qualsiasi animale. E invece si alzò una gallinella e fu un bersaglio fin troppo facile. Mi parve così incredibile che mi reputai semplicemente fortunato. Nemmeno, come sarebbe stato giusto, ebbi una parola di lode per il cane. Andò a riprendere la gallinella e mi tornò incontro scodinzolando. Fece due giri ai miei piedi e la lasciò cadere delicatamente. Poi, di nuovo, m'invitò a seguirlo.

Andando avanti, il fosso s'impaludava nel bosco; trovammo zone d'acqua e dossi di terra. Il bosco s'era fatto molto più fitto. Il cane si dava un gran da fare, entrava in tutti gli "sporchi" che gli capitavano, anche se fra i cespugli c'erano rovi e altra vegetazione fitta. Seguitammo ad avanzare per un certo tempo. Cominciavo a sentirmi stanco e, se fosse stato per me, non sarei andato oltre. Ma l'entusiasmo e la fiduciosa esuberanza del mio compagno mi mantenevano attento, col fucile pronto. Un battito d'ali e mi voltai verso un cespuglio. Stranamente non ne fui sorpreso, era come se l'avessi desiderata e attesa. La beccaccia volava incolonnandosi verso la cima degli alberi. La prima fucilata fu una "padella", di seconda, le spuntai un'ala. E la beccaccia sparì dietro un "folto". Con essa scomparve anche il cane, per riapparire, poco dopo, con la beccaccia in bocca, ancora palpitante. Giuro che gli ridevano gli occhi dalla soddisfazione! Anch'io, confesso, non stavo più nei panni, finalmente ritrovavo, intense ed esaltanti, le emozioni del passato.

Riponendo la beccaccia nella cacciatora, parlai al cane, come si può con un amico. Giocai ad indovinare il suo nome. Se fosse stato mio, come lo avrei chiamato? Intendo, se avessi potuto tenere un cane e, in un appartamento di città, non sarebbe proprio l'ideale. Avrei comprato un cucciolo di razza per tirarmelo su a modo mio ma, ci sarebbe stato da giurarci, non sarebbe venuto bravo come questo. Bastardo sì, questo, ma d'eccezione.

– Rosso! – gridai. Rispose al mio richiamo, scodinzolandomi incontro.

Seguitai a lanciare nomi diversi, divertendomi come un ragazzo, finché non ostentò un'indifferenza indolente. Solo se lanciavo il nome "Rosso", si girava attento verso di me. Ad un certo punto, uggiolò. Mi guardò interrogativo. Capii che, oltre ad essere stanco, era anche affamato. Io che, con la "regina" in catana, mi sentivo un re, m'ero scordato perfino di mangiare.

"Rosso" fece onore al lauto pasto, anche alla sua parte di torta. Senza offesa per la signora Rosa che non l'aveva destinata certo ad un cane. Più tardi, mentre con il muso fra le zampe, sembrava schiacciasse un pisolino, gli posai la mano sulla testa, in una grattatina carezzevole. Mi restituì l'affettuosità, lambendo la mano che l'aveva accarezzato.

*\*\**

M'ero proposto di scoprire dove e con chi abitasse, ma, al ritorno, per un tratto di strada l'ebbi dietro, poi, voltandomi, non lo vidi più.

A casa dell'amico, ne parlai a lungo, con lui e i ragazzi, come di un fenomeno.

– È stato un incontro straordinario – commentai convinto – e mi dispiace non saper niente di più preciso –.

– C'è poco da sapere – semplificò Giacomo – appartiene certamente ad un cacciatore, altrimenti non sarebbe così esperto: ci sono alcune case, lungo la strada. Ti avrà visto passare. Se non fossi stato in bicicletta... col fucile a tracolla ... Insomma ha avuto agio di osservarti, il furbo, di prendersi una bella giornata di caccia, fuori programma –.

La madre di Giacomo se ne stava in disparte sonnacchiosa, eppure, senza darlo a vedere, ci ascoltava. Il figlio mi aveva spiegato che l'arteriosclerosi le si manifestava soprattutto sulla sera, con trasposizioni di tempo, di luoghi e di persone. Forse la stanchezza, o il sangue circolava peggio, la sera.

– Anche mio figlio ha trovato "Rosso" ad aspettarlo, sull'uscio di casa, una mattina. Magari non se lo ricorda, è stato molto tempo fa. Era il cane del "Moro", cacciatore di mestiere. Chi lo voleva, il Moro, doveva prendersi anche il cane. Una bestia eccezionale. Diversi anni fa, il Moro morì d'un colpo e il cane scomparve. Ricompare ogni tanto all'uscio di qualcuno che si prepara per andare a caccia. Li sente, Rosso, i cacciatori di stampo speciale. Se questa volta ha scelto te, vuol dire che ti stima –.

– Svegliati, mamma! Rosso avrebbe almeno cinquant'anni, adesso! Non può essere "quel" Rosso, a meno che non sia un fantasma –.

– Non credo ai fantasmi umani – scherzai – figurarsi ai fantasmi canini! A giudicare dalla sua vivacità e dal suo appetito, quel cane è più vivo di me –.

E con la mano sinistra toccai il dorso della destra, là dove la lingua calda e affettuosa del mio misterioso compagno l'aveva lambita.

## Zecchino

Lo vedemmo apparire, quella prima volta, in un giorno di agosto. Era sporco e macilento, quasi non ce la faceva a reggersi sulle zampe. Era probabilmente un incrocio fra un breton e un setter. Il colore roano marrone del manto era quasi irriconoscibile.

Era arrivato nei pressi di casa nostra, dopo molti giorni di randagismo e di digiuno. È probabile che elemosinasse ad ogni porta quel poco che gli era bastato a sopravvivere. Pensammo che i padroni lo avessero perso o, molto peggio, abbandonato. Essendo agosto, avemmo quel sospetto, ma optammo per la prima versione. Lo soccorremmo, dandogli dell'acqua e del pane secco che divorò, confermando il lungo digiuno. Ma, quando feci per accarezzarlo, mi resi conto delle innumerevoli zecche gonfie di sangue, seminascoste fra i peli stazzonati. Fra gli insetti, le trovo di gran lunga i più schifosi.

– Come si fa? Va disinfestato, così non possiamo farlo restare –.

– Qui non "deve" restare – sentenziò mio marito. Però non avemmo cuore di scacciarlo e il cane andò ad accucciarsi all'ombra del fico, dove, inevitabilmente, avrebbe lasciato cadere ospiti indesiderati. Bisognava trovare un rimedio. Mio marito fece un'indagine nei dintorni. Abitavamo da pochi mesi la nostra casa appena ristrutturata e non conoscevano gli abitanti delle case vicine.

– Sì, ho visto quel cane la settimana scorsa, gli ho anche dato qualcosa da mangiare. Ma poi ho dovuto scacciarlo, sennò i miei cani lo avrebbero sbranato – disse un confinante. E così via. Il cane sembrava essere senza padrone.

Forse ci sentimmo sollevati. Andai al supermercato e comprai cibo per cani, ali di pollo e frattaglie varie, un insetticida e un collare antizecca. Lo nutrimmo e, qualche giorno dopo, riuscii perfino ad insaponarlo, dandogli un aspetto decente. Gli avevo trovato un nome che mi sembrava indicato: "Zecchino". Nella scelta non mi ero ispirata alla moneta, ma alle zecche che lo avevano caratterizzato. Lo strano fu che, al nome, rispose subito, scodinzolando festoso. E, al richiamo, si precipitava.

La notte andava a dormire nel fienile e la mattina dopo, appena aprivo una finestra su quel lato, si rizzava festoso in cima alla scala a guardarmi con l'espressione buffa di certi cani che sembrano sorridere.

– Ciao Zecchino –. E il cane scodinzolava.

Mio marito, cacciatore, se lo portò dietro in una delle sue passeggiate senza fucile. E Zecchino dimostrò di avere un ottimo naso.

– Punta che è una meraviglia: mi ha alzato un fagiano – disse Carlo.

– Sì, ma non è il nostro cane. Sarà il caso di spargere meglio la voce. Stamani arrivo in paese e ne parlo anche al bar – ragionai. Così feci.

Al bar del paese, a tre chilometri di distanza, raccontai e descrissi il cane. Nessuno lo conosceva. Però mi assicurarono che avrebbero chiesto in giro.

*** 

Erano quindici giorni che Zecchino stava con noi. Sembrava un altro. Bello, festoso e affettuosissimo. Non gli lesinavo carezze, quando mi lambiva le mani. Era obbediente e molto rispettoso. Bastava un cenno perché mi capisse. Al ventesimo giorno di... convivenza, arrivò un'auto nell'aia.

Ne scese un uomo burbero.

– Mi hanno detto che avete il mio cane –.

– È il suo cane? Menomale che s'è trovato il vero padrone. È arrivato qui quasi moribondo... e poi ... pieno di zecche...–. Volutamente esagerai.

– Deve essere qui intorno – dissi. Chiamai il cane che sembrava essersi volatilizzato: – Zecchino! –.

L'altro, contemporaneamente, gridò: – Zac –.

Fui sorpresa e mi venne da ridere. Ecco perché aveva risposto al nome che gli avevo dato, era un suono simile a quello che gli era familiare.

Zac – Zecchino apparve con la coda fra le gambe e l'aria molto spaurita. Il padrone lo prese per il collare antizecca e mi lanciò uno sguardo accusatore.

– Per le zecche – gli spiegai – ne avrà avute addosso un centinaio –.

Fece per toglierlo. – Glielo lasci, scusi, è ancora efficace...–.

L'uomo imperterrito glielo tolse e lo posò sulla panca di legno lì vicina. Dopo le prime, non aveva più pronunciato una parola. Trascinò il cane verso l'auto e quello guaì. Si rifiutò di salire, arpionando le zampe a terra. L'altro gli torse la pelle dietro il collo con un pizzicotto che non mi sfuggì.

– È sicuro che sia il suo cane? Sembra... poco felice di rivederla –.

Bofonchiò qualcosa che non era certo un grazie. Eppure avevamo ospitato e accudito il *suo* cane per giorni. In seguito, avremmo scoperto che quel tale, "il vero padrone" era stato fuori in vacanza. Per un mese, al sud dove aveva parenti. Era solito, se si assentava per qualche tempo, lasciare il cane libero nei pressi di casa. E non gli sembrava di abbandonarlo. Nemmeno ci salutò. Mise in moto l'auto, col cane dentro che guaiva, il naso appiccicato al vetro, a guardarci supplichevole. Mi aleggiava intorno quel suo forte desiderio di restare. Lo seguii con lo sguardo finché l'auto non sparì alla mia vista.

Fu allora che decisi di comprare un cane che sarebbe stato tutto nostro.

## Ghost detto Gosto

Valentina, nove anni, quinta elementare, uscendo da scuola attraversava il parco dell'Ospedale per tornare a casa a piedi. La sua scuola e la sua casa si trovavano esattamente vicine ai due ingressi opposti della struttura ospedaliera. È un percorso vietato alle auto, quindi semplice e tranquillo. Era il primo anno che le era stato permesso di tornare a casa da sola e quella concessione la gratificava.

La bambina amava quel tratto e, nonostante le raccomandazioni di sua madre, le piaceva soffermarsi in quel luogo che lei chiamava dentro di sé "il giardino dei gatti".

Ve ne erano alcuni a crogiolarsi negli angoli esposti al sole, nutriti da qualche compiacente addetto alla cucina che portava loro del cibo avanzato nei reparti.

In un giorno di febbraio, Valentina scoprì che uno dei suoi prediletti era in realtà una gatta e ora aveva partorito una bella cucciolata. Aveva trovato un posto nascosto proprio sul lato delle cucine, sotto una specie di tettoia.

La gatta si era abituata a vedere la bambina, quindi le permetteva di restare a osservarla mentre allattava i piccoli. Erano di certo figli di vari padri perché molto diversi l'uno dall'altro. Uno si distingueva perché tutto bianco, tutt'altro che bello, sembrava un topo più che un gatto. A fine marzo, i micetti erano cresciuti e diventati quasi indipendenti. Mamma gatta li lasciava allontanarsi per il parco e poi già si stava avvicinando la stagione di suoi nuovi amori.

Un'infermiera che passava di là, vide Valentina in contemplazione e le chiese:

– Perché non te prendi uno e lo porti a casa? –.

– La mamma non vuole – disse la bambina, con una voce un po' strozzata.

– Anche mia mamma, quando ero piccola, diceva che non voleva gatti, però io avevo sempre la casa piena di gatti –.

La bambina si allontanò, il suo cuore era pieno di tristezza. Ricordava bene quella volta, quando aveva tre anni, di sua sorella Lorenza, di nove anni più grande, che era tornata da scuola con in mano una scatola da scarpe legata da un fiocco grande e rosso come per un pacco regalo.

Rammentava ogni parola.

– Mamma guarda che cosa ho trovato per strada –.

La mamma si era dapprima spaventata per quell'imprudenza della figlia, ma poi, dalla scatola, era uscito un flebile miagolio rivelando il contenuto.

– Ah... c'è un gatto? –. Aveva recitato la bambina, fingendo di sorprendersi e, forse, soprattutto questo aveva irritato la mamma.

– Oh mamma... era proprio davanti al cancello di casa nostra, lo hanno lasciato come un regalo...–.

– Chi te lo ha dato? –. Era stata molto perentoria e col viso dei momenti in cui era impossibile mentirle.

– Me lo ha dato Gianna, mamma, è bellissimo, è grigio ed ha il pelo lungo... – aveva confessato Lorenza.

Gianna abitava in una villetta a dieci metri da casa loro. La mamma irremovibile aveva sentenziato:

– In una casa con bambini piccoli come tua sorella, i gatti ci stanno proprio male. E poi mi hai detto una bugia. Vai subito a restituire il gatto –.

Non erano valse le insistenze e nemmeno le lacrime. Il pacco dono era tornato da dove era stato spedito.

C'erano stati dopo momenti di silenzio, fra quelle due bambine e la mamma. Quasi difficoltà a guardarsi negli occhi. Valentina, così piccola, aveva cercato di consolare la sorella più grande. Le si era strusciata contro, quasi come a voler sostituire il calore di un gatto.

No, Valentina non poteva davvero seguire il suggerimento dell'infermiera.

***

Tornata a scuola dopo una settimana di assenza per una brutta influenza, la bambina non vedeva l'ora di ritrovare i suoi amici del giardino dei gatti. Ma, per quanto cercasse lungo il solito percorso, nemmeno l'ombra di un felino. Era stato molto freddo nei giorni trascorsi, perfino una nevicata. I gatti di sicuro avevano cercato un rifugio più riparato. Delusa, si era già avviata verso l'uscita, quando avvertì il suono flebile di un miagolio. Ne seguì il richiamo e lo trovò. Era uno della cucciolata, il gattino bianco, quello che sembrava un topo, forse unico superstite scampato a qualche brutta esperienza. Ma in che stato, sembrava uno straccetto cincischiato, il pelo a ciuffi e gli occhi velati. Lei aveva scostato i rametti del cespuglio per scovarlo.

La voce di un vecchio alle sua spalle commentò: – Sta per morire. Bisognerebbe finirlo –.

Come sarebbe, pensò la bambina. Ma poi intuì e per un attimo le si fermò il cuore. D'impulso, senza perdere tempo, si chinò, raccolse lo "strofinaccio", se lo mise sotto il giaccone e corse via.

La madre la vide arrivare affannata, pallida e con sguardo spaventato e, nello stesso tempo, irremovibile.

– Che cosa c'è...? – si preoccupò.

– Sta per morire, mamma – balbettò Valentina.

Tolse quel mucchietto di pelo sporco e miserevole da sotto la giacca e glielo porse.

– C'era un uomo, là all'ospedale, che lo voleva finire...–.

Negli occhi della bambina, quella mamma lesse dolore e pietà. Era impossibile ignorare quei sentimenti e tantomeno reprimerli. Sarebbe stata un'azione imperdonabile.

– Ancora non è morto – improvvisò – anche se sembra già il fantasma di un gatto, bianco com'è. È davvero brutto, ma forse, se guarisce, riusciremo in qualche modo a migliorarlo –.

Anche la mamma ricordava quel lontano episodio del pacco dono restituito e le era rimasta dentro una punta indefinita di malessere. Ora capiva che non si poteva deludere quanto leggeva nello sguardo di sua figlia.

Il gatto sopravvisse e fu chiamato Ghost, più semplicemente detto Gosto. È chiaro che restò bianco e continuò a sembrare un gatto fantasma, ma diventò grande e forte e, vi garantisco, perfino bello.

## Sguardi

La finestra del mio studio è aperta nell'aria che si è fatta scintillante, dopo un breve temporale. Dalla mia casa, sulle colline toscane, nel verde, dove vivo da alcuni anni, domino la vallata. Intorno, boschi e uliveti, alti cipressi, una quercia secolare che accarezza il tetto del fienile accanto.

Chi mi domanda se mi sento sola, o mi annoio, non conosce la mia emozione, quando, camminando fra gli ulivi, preceduta dal mio *amico* Nilo, mi trovo nel volo danzante delle rondini. Quasi mi sfiorano i capelli, rendendomi parte del paesaggio.

Nilo è un cane. Agile come uno stambecco. Sa saltare da una balza all'altra ed è veloce nella corsa. Può scendere a valle fino al lago e risalire nel tempo che io impiego per percorrere appena cinquecento metri in discesa. Torna a verificare che io segua il tragitto previsto. A volte, più paziente, mi aspetta ad ogni giro di sentiero. È un cane da caccia ma, quando è in mia compagnia, dimentica di esserlo. Ci intendiamo con uno sguardo. Penso che rispetti i miei principi contrari alla caccia. Così si limita ad osservare gli scoiattoli che s'arrampicano sui lecci. Ricorda il mio rimprovero di una volta che era riuscito ad afferrarne uno. Adesso i suoi occhi cercano i miei, prima di slanciarsi sulla possibile preda.

*** 

Davanti al computer mi sono distratta, rincorrendo pensieri diversi dall'argomento che ho impostato nel *file*. Un suono imprevisto mi fa trasalire. Sembra la voce di un bambino, ma potrebbe anche essere il miagolio di un gatto. Mi

166

affaccio alla finestra del mio studio, al primo piano. Fuori, Nilo abbaia, a basso volume, per richiamare la mia attenzione. Poco convinto. Alza lo sguardo, incontra il mio. Affetto e stima fra di noi. In questa circostanza, è come se capisse che non è il caso di abbaiare a tutta voce. Infatti, dopo il primo accenno, si è zittito.

Il verso si ripete, molto vicino e forte, in qualche modo familiare. Poi lo vedo, a pochi metri da me, sulla cima di un cipresso. Non è possibile. Se non lo avessi qui davanti, non ci crederei. È un bucero bicorno, uccello raro, esotico. Lo riconosco per averlo già visto nei giardini di Kanpur, durante una mia permanenza in India, alcuni anni fa. India: nostalgia, brividi caldi sulla pelle, odori, miseria e mantra, colori e regalità nel passo delle donne.

Il bucero ha le piume grigie, il grosso becco giallastro; vibrazioni di domande fra noi. Da quale gabbia sei fuggito, hai capito che non tollero schiavi? L'uccello lancia di nuovo il suo richiamo, intenso e lacerante. Forse spera in un aiuto, o forse proclama la sua libertà. Il mio cane ora è silenzioso, è possibile che abbia compreso? Ha rispetto della libertà che l'altro ha appena riconquistata? Nilo non conosce catene né recinti. Il suo sguardo incrocia il mio, ha occhi che trasmettono pensieri.

*** 

Ricordi. Nei suoi, il ricordo del nostro primo incontro. L'allevatore lo lasciava chiuso in un recinto. Lo riteneva indisciplinato e ribelle e per *raddrizzarlo* c'erano frustate e cazzotti sulla testa. Ora, invece, ha spazio e libertà quanta ne vuole, è un cane che fa eccezione alla regola perché ama due cosiddetti "padroni", il cacciatore e l'animalista. C'è comprensione e amicizia fra noi. Di nuovo, i nostri sguardi, mio e del cane, svettano al cipresso.

Che ne sarà del bucero bicorno, alla fine dell'estate, senza più frutta sugli alberi? L'uccello non distoglie l'attenzione da me ancora immobile al davanzale della finestra. Vorrei comprendere di più. Da molto meno, gli antichi traevano presagi, o indicazioni. Un uccello asiatico, sulla cima di un cipresso nelle colline toscane, ha un senso? Quando lo racconterò, forse non mi crederanno.

Di nuovo quel verso lacerante che sembra il grido di un bambino. Disperazione, o trionfo? O forse è solo un segnale di commiato. Il bucero spiega le ali e vola via. Seguo, finché il mio sguardo può, il ritmo veloce del suo volo, spero che viva oltre la fine dell'estate. Nello stesso momento, anche Nilo guarda in quella direzione. Metteranno ali anche i nostri pensieri nel seguire quel volo a lungo, fino a perderlo fra le cime svettanti dei cipressi, per conservarlo meglio nel ricordo.

## Orme

La prima volta, vidi Nilo in un recinto abbastanza spazioso, ma limitava la sua prepotente aspirazione alla libertà. Era bello, fiero, forte, nel suo manto roano nero e con una muscolatura possente nonostante la giovane età. Un drahathar, ossia uno spinone tedesco, detto anche "barba di ferro". Era uno splendido esemplare della razza canina.

I nostri sguardi s'incontrarono e ci fu uno scambio di pensieri, indecifrabili sul momento, solo una sensazione, ma così chiari in seguito e precisi e forti ora che scrivo di lui.

Nilo, ritto sulle zampe, si appoggiava alla rete e abbaiava la sua frustrazione. Allora volli avvicinarmi come attratta da un richiamo prepotente. L'allevatore mi avvertì:

– Non si accosti troppo, è un ribelle, non si sa mai. E quella razza è piuttosto aggressiva –.

Parlando agitava un sottile ramo flessibile che era solito usare come frustino. Bastava il gesto di alzarlo, fra una parola e l'altra, per spaventare i cani e farli indietreggiare

Nilo aveva una cicatrice sul petto. L'uomo ci spiegò che era stato caricato da un cinghiale e ne portava i segni. Nell'età più adulta, con i peli diventati folti e ispidi, la cicatrice si sarebbe nascosta. Scoprimmo che il cane aveva solo undici mesi di età. Ci spiegò anche che era stato portato al cinghiale ancora cucciolo e sprovveduto. Lo disse come fosse un vanto piuttosto che una sua cattiva azione.

– È indisciplinato – precisò – vuol fare sempre di testa sua. È anche un incosciente e non capisce il pericolo –.

Nemmeno lo considerava "merce in vendita", altrimenti avrebbe evitato di parlarne in termini così negativi. Invitò

Carlo, mio marito, al box degli altri cani, per un'ipotetica scelta di acquisto. Io restai indietro, al recinto di Nilo.

Gli parlai: – Vorresti uscire, ti senti in gabbia, lo capisco. Se "lo" convincessi a comprarti, ti farebbe piacere? Non amo la caccia, ma lui sì e forse preferisci un cacciatore come padrone. Cacciatore sì, ma niente cazzotti sulla testa. E, intorno casa, c'è molto spazio dove potresti stare libero e correre quanto vuoi...". Lo guardavo ammirata e letteralmente conquistata.

Notai che aveva gli occhi di un color marrone scuro, meglio ancora, color dattero maturo, molto espressivi. Nel frattempo si era zittito come fosse in ascolto. Ci fissavamo e fluivano i pensieri.

*Cosa vorrà questa femmina umana che mi sta fissando. Non ha l'odore selvatico dell'uomo che mi porta a caccia. Anzi ha un odore che proprio non conosco. Nemmeno ho mai ascoltato un suono come quello che le esce dalle labbra. Non mi fido. Conosco la mano che si chiude a pugno e mi dà mazzate sulla testa e il sibilo del frustino sulle zampe e il dolore tagliente che vi imprime.*

– Alla signora, 'sto cane, piace proprio...–. L'uomo mi stava di nuovo alle spalle, quasi temesse che il cane potesse svelarmi segreti innominabili.

Mio marito contestò: – È già troppo grande e poi, se come ha detto lei, non sa obbedire... proprio non è il caso. È un bell' animale, non c'è dubbio, ma...–.

– Senta, quel cane lì mi ha fatto dannare, parlo contro il mio interesse, ma se me lo porta via, le faccio un prezzo buono. A caccia glielo garantisco perché ha un gran naso e "punta" che è un piacere, la disciplina la imparerà con un po' di frustino –.

Seguirono altri discorsi, io evitai con cura di tradire quel mio "innamoramento". Solo qualche parola per indirizzare, come per caso, così che la scelta non sembrasse mia.

Un'ora dopo lasciammo il canile, con Nilo dietro.

– Mi raccomando soprattutto alla signora, ci stia attenta e non gli dia troppa confidenza...–.

Quelle le ultime parole dell'allevatore.

*\*\**

Il cane scese, nessun accenno di fuga, nemmeno di ribellione. Tremava, teneva la testa bassa e sfuggiva il nostro sguardo. Fu messo nel box che era stato di un cavallo.

– Almeno i primi giorni, per abituarlo a stare con noi e capire che non gli faremo del male – ci eravamo detti.

Però di notte lo sentii guaire di disperazione. Non riuscivo a dormire. Il lamento di Nilo mi fece un effetto simile al pianto di un neonato. A distanza di anni dalla nascita delle figlie, sembra assurdo, il seno mi si inturgidiva e mi doleva come al tempo dell'allattamento.

Mi alzai, presi una torcia e uscii. Davanti al box, illuminai l'interno. Nilo stava ritto sul ripiano della mangiatoia dove avevamo steso una stuoia su cui sdraiarsi e che aveva ignorata.

Si zittì vedendomi.

– Non piangere, stai tranquillo, non ci sono pericoli e nemmeno vogliamo tenerti prigioniero. Vedrai che con noi ti troverai bene –.

È chiaro che non poteva capirmi, ma volevo che fosse il suono delle parole, più che il significato, a rassicurarlo.

– Adesso entro... Vedi... di te mi fido –.

Entrai e richiusi il cancelletto alle mie spalle. Se davvero avesse voluto scappare, con quell'opportunità ci sarebbe di certo riuscito. E se avesse voluto aggredirmi... Niente di più facile. Seguitai a parlargli, avvicinandomi. Il cane indietreggiò. Così capii che aveva molta più paura di quanta ne avessi io. Aspettava le mazzate sulla testa, quelle cui era stato abituato. Tremava. Di freddo o di paura?

Gli porsi la mia mano aperta, aspettai che la lambisse o almeno ci provasse. Certo rischiai. Se fosse stato un cane qualsiasi e non quello che in seguito chiamai scherzosamente *cane–angelo*, me l'avrebbe addentata prima di farsi toccare.

Seguitai a parlargli, lo accarezzai. Tremava in modo convulso. Alla fine, lo abbracciai, proprio come fosse stato un bambino. Lo tenni contro di me, placandolo con carezze e suono di parole. Stava rigido, sulla difensiva, ma aveva smesso di tremare. Ad un tratto cedette, si appoggiò a me e abbandonò la testa al palmo della mano che lo stava accarezzando. Vinto dalla dolcezza sconosciuta, si fidò e affidò. Percepii i suoi pensieri.

*Non so capire questa femmina d'uomo. Mi piace il suono della sua voce. Le sue mani sono morbide e calde e si muovono su di me senza colpire. Mi stringe ma non mi fa male. È calda. Mi ricorda mia madre, anche se non ha il suo odore.*

La comunicazione fra noi fu molto intensa. Seppi che, da quel momento in poi, saremmo stati amici. Solo allora mi accorsi di Carlo che mi aveva seguita e mi stava osservando fuori del box. Mi sentii quasi colta... in flagrante.

– Non farne un rammollito – disse.

E, d'altra parte, le ragioni del cacciatore erano di tutto rispetto, ma niente impediva che fra Nilo e me ci fosse un rapporto speciale.

***

Nilo era felice. Lo dimostrava in ogni espressione e comportamento. Oramai ci aveva dato fiducia. Solo che, dagli estranei, anche se nostri amici e visti più volte, non si faceva toccare. Forse all'inizio fu anche per paura, poi si capì che faceva anche parte del suo carattere, quel mantenere le distanze.

La nostra casa era in collina al centro di 12 ettari di terreno agricolo e boschivo. Nilo sfogò tutta la sua esuberanza e gustò l'ebbrezza della libertà. In pochi mesi si irrobustì, in parte per il cibo più sano, ma soprattutto per le sue corse quotidiane di chilometri nel terreno ripido. Era velocissimo. Saltava da una balza all'altra del territorio, con l'agilità di un camoscio. Non correva: volava.

Proprio doveva forzare se stesso per mantenere il passo dei suoi amici umani. E quindi arrivò al compromesso di scendere a valle e risalire, chilometri di terreno sconnesso, ripetendo il percorso più volte, nel tempo che occorreva a noi per farlo un'unica volta.

A caccia dimostrò davvero un gran fiuto, sapeva snidare e puntare, restando immobile a lungo. Era molto generoso e non temeva il dolore fisico, si buttava nei rovi più fitti.

Però, dopo aver assecondato il padrone, correva via da solo, a prendersi il suo spazio, rapido come il vento, o come se lui, il vento, lo cavalcasse. Inutile ogni richiamo. Però poi tornava e si scusava, abbassando il muso in segno di deferenza, ammiccando con lo sguardo e reclinando un po' la testa. Le prime volte, sembrò aspettare le mazzate che altri gli avevano profuso in passato, per punirlo. Poi capì che, del suo amico cacciatore, bastava ascoltare i rimproveri, apparentemente condiscendente. Sapeva che ci avrebbe riprovato, a costo di nuove sgridate e perfino di cazzotti. Ma ormai aveva capito che da noi non ne sarebbero mai arrivati. Amava il padrone, ma non rinunciava ad affermare la propria indipendenza.

Il rapporto con me era diverso. Mi seguiva appena accennavo ad allontanarmi da sola per il sentiero che scendeva a valle attraverso il bosco. Mi precedeva e si permetteva qualche breve corsa per sgranchirsi le zampe. Però girato l'angolo, appena lo avevo perduto di vista, subito lo vedevo riapparire per controllare se lo stavo seguendo. Aveva un atteggiamento protettivo nei miei confronti.

A volte mi fermavo sul prato a prendere il sole mentre leggevo l'immancabile libro. Nilo non ne era troppo contento. Non gli chiedevo di restare, ma lui si fermava ugualmente a pochi metri di distanza e, con pazienza, sopportava la sosta. Cercava l'ombra perché soffriva terribilmente il caldo, forse per via del manto scuro, chi lo sa. E la sete. Se aveva sete sembrava impazzito. Magari risaliva a bere nel suo secchio d'acqua sotto il portico di casa, se non riusciva a trovare un rivolo o fosso nelle vicinanze. Oppure arrivava al lago in fondo alla valle e si tuffava per rinfrescarsi e bere, ma tutto questo in un brevissimo spazio di tempo, volando, appunto. E tornava bagnato e... posso dire sorridente? Credo che Nilo avesse capito che gli uomini scoprono i denti per mostrare simpatia e affetto. E li imitava. Perché credetemi, quel suo gesto ammiccante, lo faceva al di fuori di una fatica o corsa, anche nei momenti di perfetta calma, anche quando apriva gli occhi durante una dormita e ci sentiva avvicinare.

Non resistevo, mi alzavo e andavo ad accarezzarlo.

– Ti sei stufato? Via torniamo a casa –.

\*\*\*

174

Nilo viveva la stagione dell'amore con trasporto eccessivo, quasi maniacale. Fiutava la femmina a diversi chilometri, impossibile tenerlo. Ma bastava un mio richiamo, neanche tanto insistente, portato dal vento, per farlo tornare di corsa trafelato con l'aria di chi si scusa. Teneva la testa reclinata da una parte, il sorriso (o la fatica della corsa) con lo sguardo a indicare la direzione da cui proveniva e l'esigenza di tornare.

*Lei è troppo apprensiva e io corro a tranquillizzarla, ma bisogna farle capire che sono adulto e, se una femmina mi chiama perché mi vuole, io non posso controllarmi. Impazzirei altrimenti.*

Decidemmo di dargli una compagna. La trovammo a trecento km di distanza perché nessuno degli allevatori interpellati aveva femmine Drahathar disponibili.

Fu deciso tutto in fretta, la cucciola aveva solo quaranta giorni, troppo piccola. Ma l'allevatore ci aveva messo alle strette, prendere o lasciare. Ci aveva consigliato di non tenere vicini, nello stesso spazio, la piccola col grande. Ma di Nilo noi ci fidammo. Gli affidammo Giorgia quasi subito.

Nilo, per la cucciolotta, fu un fratello, un padre, una madre. La tenne al caldo contro di sé, la consolò ai guaiti iniziali, lambendola con linguate consolatorie efficacissime. Giorgia, tolta la prima notte di lamenti in casa con noi, accanto a Nilo, non pianse mai. Le fece da maestro e la protesse, almeno finché fu piccola. Giorgia crebbe molto diversa. Per quanto Nilo era riservato e attento a dare poca confidenza agli estranei, lei fu una vera "puttanella". Andava con tutti. Al minimo cenno, scodinzolava festosa e si avvicinava fiduciosa a chi le rivolgeva il minimo complimento. Chi ne fece le spese fu il suo compagno, quando lei imparò a correre veloce e lo seguì nelle sue scorribande per boschi. Nilo era solito sconfinare nella riserva di caccia, movendosi rapido e quasi invisibile. In compagnia della femmina invece, fu notato. Avemmo delle noie, reclami, multe e anche minacce precise. Nilo, nel frattempo, era diventato insofferente, lo spazio sembrava non bastargli più. A malincuore decidemmo di limitare la sua libertà. Si sentì tradito da chi, fino a quel momento, s'era fidato.

– ... perché se me lo vedo ancora intorno a pestarmi i pomodori con quelle zampacce... ci sta che mi prendano i cinque minuti – aveva detto una contadina.

Poi ci fu il guardiacaccia, a dire che il cane andava ad alzargli i fagiani, facendoli volare fuori della riserva. Forse addirittura sospettò che fosse fatto di proposito. Noi sapevano che Nilo sapeva seguire la traiettoria di volo e intuire dove il volatile si sarebbe buttato. Lo afferrava mentre planava, lo addentava quanto basta per dargli il colpo di grazia, poi lo portava al padrone. Il cane più cacciatore del cacciatore. Che ne sapeva di divieti e date da rispettare? Una volta cacciò una Nutria, animale protetto. L'uomo, suo padrone, come poteva rimediare? La scuoiò, la vuotò delle interiora e mise la carne nel surgelatore.

Fu deciso di recintare il porticato con uno steccato in legno molto rustico, ma elegante a vedersi e praticamente fece del nostro "patio" una specie di residence di lusso per cani. Non valsero le mie proteste.

Sapevo che per Nilo era un'umiliazione e un dolore. Il primo steccato di legno di un metro e venti, lo saltò da fermo, agile come una gazzella. Il secondo più robusto e più alto, fu rosicchiato da Giorgia che non resse ai lamenti del maschio e cercò di aiutarlo. La femmina aveva capito l'esigenza del compagno che voleva sentirsi libero.

Anch'io lo capivo. E ricordavo di averglielo promesso, quella prima notte, al suo arrivo da noi. Mai cancelli né recinti né catene. Il terzo recinto o cancellata fu in ferro battuto, ancora più alto. Impossibile saltarlo o abbatterlo. Quando i due cani uscivano in passeggiata col padrone, Nilo, come al solito, si allontanava e correva lontanissimo, veloce come il vento, come se non fosse più dovuto tornare. Ma tornava.

Gli accordammo spesso il privilegio di passare attraverso la casa per uscire dal recinto, all'insaputa di Giorgia che, in fondo, era stata la vera causa dei suoi guai. E la femmina non protestò mai. Nemmeno abbaiò, per richiamare la nostra attenzione, quella notte che il compagno, sgusciato in casa, a nostra insaputa, passò la notte in cucina. E mai fu più silenzioso che in quell'occasione.

Spesso fui complice delle sue fughe, quando mi si raccomandava con lo sguardo accorato, movendo la testa a indicarmi l'esterno, ricordandomi la mia mancata promessa di completa libertà.

*Io non so perché mi abbiano fatto questo. Lei soprattutto. M'era parsa così sincera... Ora sono prigioniero dentro uno spazio chiuso.*

\*\*\*

Nilo ritornò trafelato ma anche affranto e come vergognoso. O incredulo per quanto gli era accaduto, mentre abbaiava il suo richiamo ad una femmina in caldo. Il padrone della cagna gli aveva sparato, proprio di fronte, certo da vicino e con l'intenzione di ucciderlo. Forse era stato disturbato dal suo abbaiare, ma poteva essere un'attenuante? Pura malvagità, ecco. Ora il nostro Nilo era una maschera di sangue. Sangue sul muso, sul petto, orecchie, occhi. Un occhio chiuso e gonfio. Oddio, povero Nilo, così forte e fiero... Sulla targhetta, al collare, avevamo fatto incidere il nostro cognome e numero di telefono. Chiunque avrebbe potuto reclamare, telefonandoci, invece che sparare. L'occhio, una volta sgonfiato, sembrò essere tornato normale, ma nel giro di un anno lentamente sarebbe diventato cieco.

Quasi non sarei riuscita a guardarlo, quell'occhio bianco e cieco. E la sua prigionia sarebbe diventata molto più stretta nel timore che gli accadesse di peggio.

Fu in quel periodo che gli permettemmo di stare accanto a Giorgia durante il calore. Se si può dire di un cane, la loro passione fu travolgente. Certo Nilo in quei giorni fu felice e ebbro di amore e di sesso con una femmina che era solo sua e senza dover contenderla a rivali. Si accoppiarono un'infinità di volte e, non so se per questo, al tempo stabilito, nacquero ben nove cuccioli.

Ne tenemmo uno, Congo. E Nilo non protestò per quella nuova presenza. Restava il capo e l'altro gli doveva rispetto. Nel frattempo l'occhio perdeva la vista e Nilo diventò sempre più triste. Quando entravo nel recinto per accarezzarlo, era sempre Congo, il cucciolo, a farsi avanti e il padre, dopo qualche tentativo, si ritraeva. Io mi sentivo in colpa e, per questo, alla fine evitavo perfino le carezze per gli altri se non riuscivo ad avvicinarlo.

*Forse lei non mi vuole più bene. Gli altri si fanno avanti e lei mi ignora. Io mi sento tradito e sempre più solo, nemmeno ho più voglia di correre fuori.*

Giorgia era di nuovo in caldo e quella volta la dividemmo dai due maschi. Lei nel fienile, chiuso anch'esso da un cancelletto di ferro. Nilo, in cima alla scala, come altre volte in passato aveva fatto, a fare la guarda alla sua femmina e a dannarsi per non riuscire a prenderla attraverso le sbarre. I suoi latrati straziavano, ma che altro si sarebbe potuto fare?

Non vedevo l'ora che i giorni critici passassero. Se mi affacciavo alla finestra, Nilo alzava il muso verso di me e mi si raccomandava, ma senza troppa convinzione. Ormai di me non si fidava più.

Una mattina, affacciandomi, vidi che, al suo posto, ad annusare la femmina, c'era Congo, il figlio.

Non so descrivere ciò che provai, di certo immediatamente capii che, se Nilo gli aveva ceduto il posto, voleva dire che stava davvero molto male.

– Ma no che dici... – avrebbe dubitato il padrone.

Non mi ero sbagliata. Quindi veterinario e analisi e diagnosi infausta.

Punture e flebo e di tutto. Lui sempre più magro e mai più un gesto di fiducia e di affetto per noi. Il padrone lo aveva messo in garage perché stesse più caldo e protetto e gli altri due non potessero infastidirlo. Lui forse pensò di essere stato emarginato.

Quando fu stabilito che bisognava aiutarlo a morire, non ressi all'idea. Non avrei mai immaginato si potesse soffrire e piangere per un cane. Negli ultimi giorni, non ero più riuscita ad entrare nel garage. Ma, presa la decisione, terribile e pietosa, ebbi il desiderio e la forza di volerlo salutare, prima che fosse portato dal veterinario a morire.

Entrai. Nilo, che non vedevo da due giorni, era l'ombra di sé, ma se ne stava rigido e ritto sulle zampe. Di certo sentì che entravo, però anche l'unico occhio sano era semichiuso. Lo abbracciai. Solo le costole, sotto la pelle. Tremava e respirava male, ma non voleva perdere la sua posizione eretta.

Capiva che, se si fosse sdraiato, non si sarebbe più rialzato. Non diede alcun segno di riconoscermi o gradire. Non ressi e scappai fuori singhiozzando. Mi vergognai della mia viltà.

Rientrando in casa, abbassai lo sguardo al pavimento. Dalla porta fino ai primi gradini delle scale che portavano alla camera da letto, vidi le impronte fangose delle zampe di Nilo. Capii che il giorno prima aveva cercato di raggiungermi. Mai tentato in vita sua di salire quelle scale che gli erano vietate. Aveva cercato di chiedermi ragione della sua sofferenza e del mio supposto abbandono? O semplicemente di chiedermi aiuto? Al mio dolore si mischiò il rimorso.

L'indomani, Carlo mosse l'auto portandola all'ingresso del garage. Era giunto il momento di caricare Nilo, per l'ultima volta, ancora vivo. Io avevo sempre nella mente quelle impronte. E allora corsi fuori, perché era l'ultima possibilità di farmi perdonare.

– Voglio salutarlo per l'ultima volta – precisai, mentre Carlo già apriva il portellone posteriore.

– No, non lo fare, l'hai già salutato ieri –.

Non sentii ragione, il saluto del giorno prima era stato strozzato, non mi bastava. Nilo adesso era accasciato sulla stuoia. Sentendomi entrare, drizzò il collo e la testa. Gli occhi erano chiusi entrambi, ma sentii il suo disperato richiamo, stavolta molto forte. Mi accovacciai. Gli presi la testa fra le mani e cominciai ad accarezzarlo piano, parlandogli con l'antica tenerezza. La sua testa era rigida, come nel rifiuto delle mie carezze. Quanto avrei voluto essere capita... Poi, a un tratto, lo sentii abbandonarsi, ammorbidirsi. Si affidò alla mia mano per appoggiare il muso, mentre accettava le carezze dell'altra. Prima di morire mi restituiva la fiducia.

*Ecco adesso la riconosco, ora so che mi aiuterà, so che mi ama: è la stessa di quel primo giorno. Le sue mani sono calde e morbide e mi consolano. Le gocce che mi cadono sugli occhi non sembrano pioggia o rugiada ma hanno un tepore consolante.*

Non lo avrei più rivisto. Sarebbe tornato avvolto in un telo. Il padrone lo avrebbe sepolto in un buca scavata nel terreno, a cento metri dalla casa, sopra avrebbe trapiantato un giovane leccio. Perché Nilo odiava stare al sole e cercava sempre l'ombra.

Ora spero che per i cani esistano speranze, o leggende, di vasti prati in fiore e boschi dove correre liberi per sempre. Lasciatemi immaginare che Nilo sia felice e senza più recinti. A me resteranno, indelebili nel cuore, le sue orme.

## L'amico di Congo

Eccolo. Passa attraverso le sbarre del cancello. All'interno c'è quello che viene chiamato pomposamente "chiostro", a lato della casa colonica ristrutturata. È un cucciolo di gatto, minuscolo, avrà sì e no tre mesi. Non sa, o non capisce, a quale pericolo vada incontro. Quello spazio, fienile adiacente incluso, è diventato il "territorio" di Congo. Non è un fiume come si potrebbe fraintendere dal nome. È un cane, figlio di Nilo, un drahatar, o spinone tedesco, detto anche "barba di ferro". Somiglia molto al padre, tanto che lo si potrebbe scambiare, sennonché Nilo lo ha lasciato orfano qualche anno fa. Nilo era un cane eccezionale, grande cacciatore, soprattutto un amico devoto. Il figlio gli somiglia anche in questo. Purtroppo c'è un'altra analogia: Congo, come il padre, odia i gatti. Questi non hanno scampo se si avventurano a portata del suo sguardo e del suo fiuto.

Il gattino osa avvicinarsi. Sono le cinque del pomeriggio, l'ora del pasto di Congo e il cane è già con il muso dentro la sua grande ciotola d'acciaio. Momento particolare, durante il quale qualsiasi intruso sarebbe di disturbo. Il cane sbircia il temerario, fermo a due metri di distanza. Distoglie lo sguardo, sembra fingere di non averlo visto, seguita a mangiare. Forse, prima di aggredire, preferisce finire il pasto o considera il micio come momento di... divagazione successivo. Non come dessert. I gatti li uccide, spezzandogli il collo, non li mangia.

Come spesso accade, e non si sa perché, Congo lascia un residuo di cibo sul fondo della ciotola. Si appresta alla porta a vetri di casa per rispettare una consuetudine, che è ritualità, del bocconcino che, alla fine, gli viene concesso.

È soltanto un tozzo di pane secco. Lo sgranocchierà come fosse una leccornia. È il momento della carezza del padrone o, se ha fortuna, anche quello di avventurarsi per pochi momenti e pochi metri, dentro casa. È la sola occasione in cui glielo concedono. Mai vi rinuncerebbe. Anche se ha già, all'esterno, il suo spazio abbondante. A fianco della casa padronale, dieci metri per otto e il primo piano del fienile altrettanto grande, al quale si accede per una scala esterna in pietra. Quella è la sua postazione di controllo, da lassù il suo sguardo può spaziare. Ha naturalmente anche una cuccia, accanto alla casa, dove ripararsi e dormire. È una razza robusta, può vivere all'aperto anche in inverno. I conoscenti dei "padroni" commentano che quel cane ha un vero maniero a disposizione, quello che i proprietari gli hanno ceduto. Uno spreco, dicono.

Il massimo del piacere di Congo è quando il padrone gli apre il cancello e lo porta con sé a caccia o lo lascia correre e sbizzarrirsi nei dintorni, là dove lo spinge il fiuto. Là dove i piccoli animali, piccoli quanto il nuovo arrivato e, soprattutto gatti, non hanno scampo.

Il gattino, nel frattempo si è avvicinato alla ciotola ma ancora non osa toccarla. Rischia la vita e non lo capisce. Inesperienza, coraggio, spregiudicatezza? No. Soprattutto fame. Talmente dolorosa che il rischio vale, come si suol dire, la candela.

Congo con il suo tozzo di pane in bocca, stranamente, si allontana di qualche metro e comincia a sgranocchiare la crosta secca. Il gatto? Il cane lo ignora, e non perché abbia perso la vista e l'olfatto, semplicemente per scelta. Se la fame è brutta, lo è certo anche la solitudine, quella che ci fa accettare perfino chi, fino a quel momento, hai detestato. Chissà se il linguaggio di un cane è comprensibile per un gatto e viceversa. O, forse probabilmente, comunicano per telepatia.

Ora il micetto è alla ciotola, troppo grande e profonda per lui. Non si perde d'animo, si aggrappa e si sostiene al bordo con le zampe anteriori e piega la testa all'interno. E mangia quel poco che è rimasto sul fondo. Sarebbe facile, e forse anche legittimo, per Congo, se non aggredirlo, almeno scacciarlo. Ma il cane, a distanza, si limita a lanciargli, di quando in quando, un'occhiata, con apparente noncuranza.

Da quel pomeriggio, l'episodio che definirei incredibile, si ripete. Congo lascia per il gatto un residuo del proprio pasto. Vista la sua benevolenza, i padroni decidono di aggiungere un contenitore piccolo, più basso, con un pasto più idoneo a un gatto. Ecco, a quel punto, Congo mostra qualche perplessità, se non sospetto. Gelosia o fastidio che gli sia tolto il piacere d'essere generoso?

Passano i mesi e diventano un anno. Il gatto ora è un bell'esemplare di soriano, sempre selvatico, non si fa avvicinare dall'uomo né tantomeno toccare. Se ci provi, indietreggia e ti soffia contro, cosa che non accade verso il cane che gli mangia accanto.

Un anno per Congo è stato lungo. Il muso incanutito, la vista indebolita, se lo si porta fuori, gli viene l'affanno e perfino barcolla. È la recidiva di una grave malattia di qualche tempo prima. Se non fosse un animale, nascerebbero alcune supposizioni. Ha presagito, il cane, che la sua salute sarebbe precipitata fino a provocargli la fine? Per questo motivo ha accettato il gatto? Per se stesso, per non morire solo o per lasciare, ai padroni, un nuovo compagno? Un suo successore, qualcuno a ricordare di lui.

E, infatti, quando Congo se ne va per sempre, è meno doloroso superare l'evento. Sparisce la cuccia. L'impiantito del chiostro viene ripulito. Se il gatto ha capito, non sa certo dimostrarlo. A volte sparisce per giorni. Ormai adulto, va dove lo porta l'istinto, quando avverte il richiamo di una femmina. Poi torna. Altre volte, alla solita ora, spesso adesso di notte, a vuotare la ciotola che gli è stata lasciata fuori. La pelliccia che lo ricopre è folta e lucida. Accade che, di giorno, vada a stendersi al sole, là dove sostava Congo, nella sua postazione sul fienile. Oppure, osa perfino dormire sullo stoino, davanti alla porta–finestra di casa che dà sulla veranda. Così come faceva Congo, là dove ancora c'è il suo odore.

La storia potrebbe finire qui. Sennonché un giorno il gatto arriva macilento, privo dello scatto solito. Ha lottato con altri suoi simili per la conquista di una femmina? Sul momento sembra che sia così, poi lo si vede deperire e nascono sospetti. A volte azzarda eccezionalmente un miagolio. Come per chiedere aiuto? Il gatto sta male ma non si lascia toccare, tantomeno prendere per farlo entrare in una gabbia e portarlo da un veterinario. Consuma il suo pasto e si sdraia al sole. Arranca e sale fino al fienile, dove è possibile dominare e avvertire il minimo pericolo esterno. Poi scende e si allontana per ore e rientra, se vuole e quando vuole. Si dice che i gatti abbiano nove vite, si riprenderà. Così viene da pensare. Ma diventa, quel gatto, sempre più lento nei movimenti e sempre più spesso, la notte, dorme sullo stoino davanti alla porta di casa. Ora rifiuta il cibo che, rinnovato ogni giorno, rimane intatto nella ciotola.

Il sospetto è che abbia mangiato, durante le sue scorribande, un topo avvelenato, o che una lisca di pesce gli abbia perforato l'intestino, oppure che sia stato bastonato, o avvelenato di proposito. Finirà i suoi giorni, di notte, su quello stesso stoino, là dove sostava Congo e dove è rimasto il suo odore.

## Causa ed effetto

Val la pena di raccontare (e conoscere) la boccaccesca avventura, anzi disavventura capitata al ragionier Nannella. La raccontò una sera che, invitato ad una cena di soli uomini, aveva, come si dice, alzato il gomito. Fosse stato sobrio, si sarebbe fatto mutilare piuttosto che parlarne. Caricato da precedenti barzellette e canti stentorei di tipo goliardico, da racconti di caccia e di donne, non seppe resistere all'impulso di parlare. Si fidò degli amici. Raccontò come mai lui, che un tempo era stato cacciatore, fosse diventato, cambiando pelle, protezionista convinto e intransigente. Di quelli che, abitualmente, dicono peste e corna della caccia.

Dopo ore d'inattività, in un capanno vicino al bosco, nell'entroterra della Maremma, Fausto Nannella aveva le gambe indolenzite e non solo quelle. Si sentiva tutto pesto come dopo una bastonatura. Anche dentro, per la delusione. Nemmeno un tiro, anzi uno solo, rabbioso, contro un barattolo arrugginito. Forse perché s'era servito di ammutoliti "richiami" che parevano finti, invece che essere vivi, o perché la vista gli si era indebolita, o perché il capanno era disposto male e troppo visibile. Insomma per cause infinite e indefinite, mai per incapacità.

Allontanandosi dal bosco, verso la strada dove aveva lasciato l'auto, gli tornò fastidioso alla mente, nonostante lo scacciasse, il pensiero del litigio con la moglie, la sera precedente. La moglie lo aveva accusato, per l'ennesima volta, di sperperare inutili quattrini per quella inqualificabile mania, cioè la caccia. E poi di trascurare i doveri coniugali. E così via. Come se un poveruomo, dopo una settimana a sfacchinare fra le quattro pareti di un ufficio, non avesse diritto alla sua sana evasione. O che le spese cosiddette superflue fossero da destinarsi soltanto al guardaroba di lei.

La mattina dopo, alle quattro, nonostante le precauzioni, s'era svegliata anche la moglie. Rigirandosi nel letto, indispettita, aveva lanciato la velenosa sarcastica previsione: – Tanto, come al solito, non porterai a casa nemmeno una penna! –.

Ecco, forse, a ripensarci, la moglie doveva avergli fatto una specie di "fattura". Era una strega, ecco cos'era! Pensieri senza senso, stimolati da una stizza puerile. Ad ogni buon conto, il ragionier Nannella, per una sorta di rivalsa e senza propositi precisi, s'era portato con sé, a caccia, tutto il denaro liquido che c'era in casa.

Raggiunse la propria auto. Accanto ce n'era un'altra. Il proprietario, cacciatore anche lui, lo aveva preceduto e stava predisponendo nel bagagliaio l'eccezionale risultato di una fruttuosa giornata di caccia: un mazzo di una trentina di tordi e, a parte, anche una beccaccia.

Il Nannella collegò quell'incredibile carniere ai numerosi spari che, mentre se stava anchilosato nel capanno, gli avevano tormentato le orecchie e il cuore. Masticò amaro.

Pensò: "Tutta questione di fortuna". A dirla pulita. Caricò, a sua volta, le gabbie dei richiami coperte con un telo, sul tetto dell'auto, legandole al portabagagli.

– L'è andata bene, pare – commentò acremente. L'altro, un tipo burbero e barbuto, borbottò: – Non mi lamento –.

– Che cosa se ne fa di tutti quegli uccelli? Li mangia o li vende? –.

– Li vendo –.

– Li venderebbe subito a me? –.

Con tutti i soldi che si portava appresso, la tentazione fu

inevitabile. L'uomo restò perplesso, poco convinto. È difficile che un cacciatore rinunci al piacere di esibire le prove della sua abilità e fortuna eccezionali.

– Tutti? – tergiversò.

– Tutti –.

Il viso cotto dal sole del cacciatore ebbe un'impercettibile contrazione fra le rughe. Si arrese quasi a malincuore. Stringendosi nelle spalle, volle puntualizzare: – Basta che paghi, per me va bene –.

Sparò una cifra esageratamente elevata, oltre che per cupidigia anche per estrema difesa. Il Nannella, ormai lanciato, non volle assolutamente farsi scappare l'occasione di strabiliare e, una volta tanto, ammutolire la moglie. Nemmeno contrattò. Contò i fogli da diecimila. Li porse al cacciatore che intascò senza batter ciglio, in fretta. L'uomo cedette il mazzo di tordi e, dopo, con un'ultima esitazione, anche la beccaccia. Improvvisamente sollecito, aiutò il ragioniere a sistemare gli uccelli nel baule dell'auto. Prevalse la curiosità sull'umiliazione e Fausto Nannella s'informò: – E la beccaccia, come le è capitata? –.

– Mentre andavo a cercare un tordo spuntato d'ala che s'era allungato verso il bosco, ho alzato con i piedi la beccaccia. Preso di sorpresa, l'ho sbagliata. Però si è rimessa poco distante. La seconda volta, è stato facile colpirla –.

– Un bel… – commentò il Nannella.

– Questione di opinione – concluse l'uomo, ironico.

***

In viaggio verso Firenze, il ragionier Fausto si abbandonò alle fantasticherie. Si costruì, attimo per attimo, la fortunata giornata di caccia. Si suggestionò al punto da sentirsi euforico come se avesse realmente vissuto i momenti immaginati.

Prima di entrare sulla superstrada, vide una donna che stava in attesa ai margini della carreggiata. Rallentò per osservarla. Cercò di indovinare a quale categoria appartenesse: autostoppista occasionale, prostituta o che altro?

La donna era piuttosto giovane. Aveva capelli ricciuti, occhi grandi e chiari. Indossava blue–jeans, giacca a vento e portava a tracolla una capace borsa di tela. Gli sorrise e alzò il pollice nella stessa direzione in cui lui era diretto. Fausto Nannella si fermò. La ragazza chiese: – Va a Firenze? –.

– Sì, salga –.

Non se lo fece ripetere due volte. Sedendosi gli lanciò un'occhiata rapida. – C'è lo sciopero degli autoferrotranvieri – gli spiegò. Un'altra occhiata e poi: – Cacciatore? –.

– Sì –.

– E com'è andata? –.

– Magnificamente –.

La ragazza si finse preoccupata: – È armato? – chiese.

– Fucile e selvaggina sono nel baule –.

– Ah... –. Sorrise e sembrò più a suo agio.

Fausto Nannella s'interessò: – Perché va a Firenze? –.

– Ci abito –.

– E che cosa fa nella vita? –.

– Studio e dipingo –.

Così, fra una domanda e una riposta, la conversazione cominciò ad andare spedita. Finì là, dove il Nannella voleva condurla. Al racconto dell'immaginaria giornata di caccia. Tanto per fare una prova generale, ecco tutto. La ragazza s'interessò e lo sollecitò con domande abbastanza pertinenti.

– Anche mio padre è cacciatore – spiegò. E poco dopo: – Adoro i tordi allo spiedo, anzi conosco una trattoria, a pochi chilometri da qui, dove sanno cucinare la caccia in modo divino –.

Lo guardò, talmente languida e maliziosa insieme, che si sentì rimescolare. Guardò l'ora, le tredici e trenta. Quasi quasi...

– Ci si potrebbe andare insieme – azzardò.

– Volentieri –.

Lasciarono la superstrada e, dopo una decina di chilometri, trovarono la trattoria. Aveva un aspetto molto modesto. Dalla strada principale non si sarebbe detto che fosse un trattoria. Del resto, che si trovasse così fuori mano e passasse inosservata aveva i suoi lati positivi, specie in quella circostanza. La proprietaria si precipitò verso di loro, mentre un ragazzotto dall'aria tonta già apparecchiava per due. Non c'erano altri avventori. Sedettero. Fabio si sentiva a disagio, aveva le mani sudaticce.

– La vostra specialità è la caccia? Che cosa avete.. tordi... lepre... –.

– Oggi siamo sprovvisti – lo interruppe la donna – È mio marito che s'interessa dei rifornimenti, adesso s'è infortunato sul lavoro e... –.

– Allora? – tagliò corto il Nannella.

– Abbiamo coniglio, faraona e anche quaglie. Tutta roba genuina, s'intende, che alleviamo noi –.

– Va bene, per me va bene – s'affrettò il ragioniere. Evitò lo sguardo della ragazza che pareva voler suggerirgli un rimedio che lui proprio non intendeva considerare.

Come primo, c'erano dei ravioli e per contorno dei "cimballi".

– Cimballi... mah... – si allarmò il Nannella. Non si fidava a mangiare i funghi più noti, figuriamoci quelli che non aveva mai sentito nominare!

– Che bellezza, i cimballi! Sono deliziosi! – esultò la ragazza.

– Li conosce, lei? –.

– Non ho detto che sono di queste parti? Ah, no? I cimballi andavo a cercarli con mio padre. Mi ha insegnato a riconoscere quasi tutte le specie di funghi. E poi, scusi, ci tiene così tanto alla vita? Come dice il proverbio? Meglio vivere un giorno da leone che cento da pecora? –.

E rise, con una risata gorgogliante che finiva in una specie di singulto. Ridendo reclinò la testa all'indietro e mostrò il collo esile e bianco. Irresistibile.

Dovettero aspettare un certo tempo per i ravioli ma, nell'attesa, consumarono un antipasto a base di prosciutto e salamini di cinghiale. Il tutto innaffiato da un buon vino locale. La ragazza, che ancora non aveva detto il suo nome, dimostrava un appetito formidabile. E reggeva bene il vino. Anche!

– Come si chiama? – le chiese Fausto Nannella.

– Luciana e tu? –. Si scusò. E lui: – Per carità, molto meglio così. Dopotutto siamo amici, va benissimo il "tu" –. Le solite frasi convenzionali, alle quali si ricorre in certe circostanze.

Alla fine del pasto, fin troppo generoso, il Nannella avvertì un'intempestiva pesantezza alle palpebre. Sbadigliò. Per non sembrare scortesemente annoiato, spiegò: – Mi sono alzato alle quattro –.

– Alle quattro! Sarai stanchissimo! Ti converrebbe chiedere una camera e riposarti un poco, prima di ripartire. Anch'io sono stanca. Ho fatto nottata per assistere mia nonna. Mi riposerei volentieri, se fosse possibile –.

Il Nannella temette di aver frainteso, non sapeva come affrontare la situazione. La ragazza aveva un aspetto piuttosto semplice e normale. Anche se carina, aveva, come dire, una bellezza quieta e riservata, per niente equivoca. Forse era semplicemente spregiudicata. O era lui ad avere una mentalità superata, o pregiudizi bigotti. I giovani, invece, non hanno inibizioni, beati loro.

– Potremmo chiedere una camera – balbettò.

– Ottimo – approvò Luciana

La camera aveva un lettone di quelli alti, come usavano una volta, con la testata di ferro battuto. Gli venne il dubbio che la camera fosse quella dei proprietari e che le lenzuola non fossero pulite. Vi si avvertiva un odore rancido, indefinibile. In lui, aumentava il disagio e l'emozione gl'impacciava i movimenti.

La ragazza, molto disinvolta, cominciò a spogliarsi. Il Nannella, emozionatissimo, distolse lo sguardo e si curvò in avanti per sfilarsi gli stivali. Gli ci volle un attimo più del necessario. Aveva la vista annebbiata. Poi il dramma. Rialzandosi, si rese conto, con costernazione, di essersi, come si dice, "inchiodato". L'umidità o la posizione obbligata nel capanno, o uno strappo muscolare, o magari la tensione nervosa. Gli era già capitato una volta, due anni prima, in circostanze ben diverse. Il medico gli aveva diagnosticato una lombaggine.

Si obbligò a tirarsi su e fu terribile. Strinse i denti e soffocò il lamento che gli saliva in gola. Come fanno i santoni indiani? Distaccano la mente dal corpo? Yoga o autoipnosi? Ci provò con la massima concentrazione. Un nuovo movimento gli causò una trafitta lancinante.

Ed ora come rimediare? Meglio fingere distacco, indifferenza, superiorità. Come se, invece di un'avventura straordinaria e irripetibile, si trattasse di ordinaria amministrazione.

– Oltre ad essere stanco ho anche bevuto troppo – commentò fiaccamente.

La ragazza era già scivolata sotto le coperte. – Dormiamo –. disse conciliante – anch'io ho sonno –.

Faticosamente la raggiunse imprecando fra sé: "Forse mi passa, pensò, speriamo che mi passi". Non gli sembrò corretto rivolgersi a qualche santo protettore.

Luciana cominciò a carezzargli la fronte e gli occhi, con mano leggerissima. Come si potrebbe con un gatto, ma lui non era in grado di fare le fusa, come invece sarebbe convenuto. Tentò in qualche modo di reagire, di schermirsi, di azzardare qualche iniziativa.

– Dormi... sei così stanco, dormi... – sussurrava la ragazza. Si abbandonò. Si addormentò e russò col ritmo e la violenza che gli erano abituali in caso di grande stanchezza e di difficile digestione.

***

Si svegliò col mal di testa. Nella stanza c'era buio pesto e, lì per lì, non si ricordò dove si trovasse. Glielo ricordò l'odore di rancido. Ebbe un sobbalzo e subito la lombaggine, con una trafitta dolorosa, gli snebbiò del tutto la mente. Cercò a tentoni un interruttore. A luce accesa, vide che il posto accanto a sé era quasi intatto, come se nessuno vi fosse stato sdraiato se non per poco. "Che ore si sono fatte?" si preoccupò. Cercò il cronometro, regalo della moglie per le nozze d'argento. Non lo trovò né al polso né sul comodino. C'erano invece il pacchetto delle sigarette e le chiavi della macchina. Allora il dubbio, che già gli si era insinuato, diventò certezza.

Scese dal letto a fatica, lamentandosi liberamente e imprecando anche. Arrivò fino alla seggiola sulla quale aveva

193

posato i vestiti. Nella tasca interna della cacciatora, il porta-
foglio c'era, ma era stato "ripulito" fino all'ultimo foglio da
mille. Ben quattrocentomila lire, porco cane! Fortuna che
gli era rimasto il libretto degli assegni. Chiamala fortuna.
Fu una tortura rivestirsi e invece non ci sarebbe stato tempo
da perdere. Aveva una tal rabbia in corpo che riuscì, ad un
certo punto, perfino ad estraniarsi dal dolore fisico.

Lasciò la camera e trovò soltanto il ragazzo dall'aria ebete. Con sollecitudine lo informò che la "signora" si era avviata a piedi fino al paese, da... quegli amici che li stavano
aspettando. Aveva lasciato detto di non disturbarlo. Di raggiungerla quando di fosse svegliato.

– La signora... – ansimò, ingoiando il seguito. Si contenne e domandò: – Quando è andata via? –.

– Saran state le quattro –.

C'era una grossa sveglia sopra una mensola. Erano le otto
e un quarto.

– Posso darle un assegno? – chiese al momento di pagare. E fortuna che quello acconsentì.

***

Arrivò a casa che erano le dieci passate. Prima di entrare
in garage alzò gli occhi alla finestra che aveva la luce accesa
e intravide la moglie dietro la tenda di camera. Segno che lo
aveva aspettato con ansia. Cercò di costruirsi mentalmente
un alibi. Almeno per il ritardo. Per il resto, doveva pensare
con calma, non era una cosa facile. Denunciare il furto, impossibile. A meno che non si fosse inventato un ladro con
caratteristiche immaginarie, in circostanze diverse da quelle reali.

Aprì il baule dell'auto e restò tramortito. Dei tordi, nemmeno una penna. Spariti insieme alla beccaccia. Sparito an-

194

che il fucile. Ricostruì fra sé, in un lampo, i fatti, così come dovevano essersi svolti. Poi crollò di schianto, svenuto, sul cofano appena chiuso.

## Per una beccaccia

Certo non fu una bella azione. Lo riconosco a distanza di anni. E, dopotutto, mi costò cara e ancora ho dei rimpianti. Il fatto è che, alla notizia del collasso cardiocircolatorio del Garzani, il mio primo impietoso, deprecabile pensiero fu: "la beccaccia è mia".

Va spiegato che il Garzani era proprietario dell'officina meccanica dove lavoravo, quindi era il mio principale. Avevamo in comune la passione per la caccia. Senonché, essendo lui un veterano, io un "pivello", la sua era un'arte, la mia no. A giudicare dalla sua bonaria ma non troppo ironia, molto simile al compatimento, la mia era una malriuscita imitazione. Mai m'invitò a seguirlo e, se un paio di volte, osai prendere l'iniziativa di proporgli la mia compagnia, mi liquidò con poche spicce parole: – A caccia, non voglio "rompiscatole" –. Per usare un eufemismo.

Egli conosceva luoghi, date e abitudini di qualunque specie di selvaggina ma, se gli chiedevo un consiglio, si stringeva nelle spalle e borbottava: – Un cacciatore deve avere un buon fiuto –.

Certo che lui aveva il fiuto di un segugio o, sospetto, vere e proprie doti di chiaroveggenza. In paese, però, era famoso soprattutto per la sua abilità o... fortuna per dirla pulitamente, nella caccia "all'aspetto" della beccaccia. Non c'era novembre che non gli riservasse il privilegio di una decina di beccacce. Troppe, a mio parere.

Egli si appostava presso i luoghi di pastura e, immancabilmente, o quasi, colpiva l'ambito bersaglio. Per me, la provocazione più grave fu la sua pessima abitudine di esibire, vantandosi, le proprie prede. Sfotteva, nello stesso tempo, gli ammutoliti interlocutori, incapaci, poveri tapini, di stargli alla pari. Così mi venne in mente, come punto di orgoglio, di dimostrargli il contrario e, come scorno peggiore, di "soffiargli" una delle sue beccacce, carpendogli qualche previsione.

Cominciai a tenerlo d'occhio fin dalla fine di ottobre, intenzionato a non lasciarmi sfuggire nessun indizio o indiscrezione. Con tale scopo avvicinai sua figlia Nicoletta.

A quel tempo, avevo vent'anni e Nicoletta sedici. Non fu necessario fingere, mi piacque sinceramente. Era candida, ingenua e fiduciosa. M'intenerì. Io beh... con le ragazze avevo molto più successo che con le beccacce! Così, fra noi, ci fu più che una simpatia.

Tuttavia, durante i nostri incontri segreti, fra un'effusione e l'altra, invariabilmente trovavo modo di parlare di caccia. E, quindi di suo padre. Dove finiva la sua abilità e cominciava la fortuna, o viceversa.

– È come se la beccaccia gli desse appuntamento – spiegava Nicoletta, più o meno seriamente: – Qualche volta, addirittura, se la sogna di notte –.

Anch'io, la beccaccia, la sognavo di notte, ma non avevo mai avuto il piacere di incontrarla nella realtà.

– Insomma, per tuo padre, si tratta quasi di chiaroveggenza –.

– Macché – rideva Nicoletta – Magari gli fa piacere che gli altri lo credano, così evita di dare troppe spiegazioni. Si tratta solo di esperienza. Non è difficile "ritrovare" il posto giusto, che poi è lo stesso degli anni passati. Difatti le beccacce ripetono sempre gli stessi percorsi. Come se conoscessero strade aeree visibili solo a loro, quasi dei passaggi d'obbligo. Mio padre si apposta, ogni anno, nelle zone già sperimentate con successo. Quando era ancora viva mia madre, io ero ancora un bambina, qualche volta mi portava con sé e mi spiegava. Cercava di trasmettermi la passione per la caccia. Poi è cambiato, è diventato segreto perfino per me. Mi vuol bene ma, stai sicuro, nei suoi affetti, io sono al secondo posto, dopo la caccia –.

Nicoletta semplificava così quello che invece io consideravo "il mistero delle beccacce". Come complicazione supplementare, mi innamorai di lei. Lei studiava, io m'ero fermato presto. Il Garzani aveva tali ambiziosi progetti per quell'unica figlia che, se m'avesse scoperto a starle intorno, m'avrebbe dato una lezione da non scordarmela più. Tuttavia, il mio pensiero dominante restò quello di scoprire almeno uno dei suoi posti segreti, lungo il percorso obbligato della beccaccia.

Così, come ho detto, cominciai a spiarlo.

Una mattina di metà novembre, capii che l'appuntamento con la beccaccia doveva essere vicino.

\*\*\*

Stavo nascosto dietro l'angolo di casa sua. Erano le sei. Aprì il cancello alle sei e dieci e poco dopo uscì con la "giardinetta". Lo seguii a distanza con la moto. Il casco mi copriva la testa e nascondeva il viso, però il Garzani conosceva la mia moto e poteva anche insospettirsi. Ma ormai ero preso come da una febbre simile a uno stato di "trance". Impossibile pretendere da me un comportamento razionale.

Percorremmo la strada della Caldera. Sulla moto, mi sentivo rattrappito dal freddo e dalla tensione nervosa. La giardinetta si fermò nei pressi di una casa colonica abbandonata. Nascosi la moto dietro alcuni cespugli. Il Garzani si avviò a piedi per un sentiero che andava verso il bosco.

Curvandomi dietro le frasche, seguii lo scricchiolio dei suoi passi pesanti sul tappeto di foglie secche. La livida mattina di novembre era umida e gelida. L'umidità penetrava oltre i vestiti, sulla pelle e perfino nelle ossa. O subivo le conseguenze del viaggio in moto.

Il Garzani si appostò a fianco di un pioppo che sovrastava, scheletrico, i macchioni. Visto di spalle, infagottato nella cacciatora, sembrava un grosso orso. Aveva una atteggiamento inconsueto che faceva pensare alla stanchezza. Le spalle erano curve come sotto un peso. E, infatti, qualcosa non andava perché se ne venne via in anticipo. Io fui incerto se restare o andarmene anch'io. Sempre basandomi sulla validità delle sue intuizioni, me ne andai anch'io poco dopo.

Mi proponevo di tornare la mattina seguente, prendendomi un certo vantaggio su di lui. Volevo che, al suo arrivo, mi trovasse già nel posto giusto, come per caso.

Alle otto fui puntualmente in officina, ma il Garzani, invece, alle dieci, non era ancora venuto. Con gli altri operai feci varie congetture perché non era normale, quel ritardo.

Alle dieci e un quarto, telefonò Nicoletta e chiese di me.

Singhiozzò: – Il babbo muore –.

A quel punto, come un rapido flash, ebbi, inopportuno, il pensiero della beccaccia. Lo scacciai come un insetto molesto. Mi precipitai all'ospedale, sia per essere vicino a Nicoletta, sia per dare un estremo saluto ad un uomo che, si può dire, mi aveva visto crescere. E aveva rappresentato, nonostante qualche incomprensione, un modello di vita da seguire. Il mio affetto e la mia ansia dolente erano sinceri.

Nella saletta antistante il reparto di rianimazione, c'erano vari parenti e mi fu impossibile avvicinarmi a Nicoletta, senza pericolo di tradire i nostri rapporti. Al capezzale del moribondo, fu permesso di entrare soltanto alla figlia. Il padre, col poco fiato che gli restava, aveva chiesto disperatamente di lei.

Quando Nicoletta uscì, era molto pallida ma aveva, stranamente, gli occhi asciutti. Il suo sguardo scivolò rapido su di me, ignorandomi.

Mi alzai alle cinque. Avevo passato una notte insonne. Avevo sfogliato un libro sugli uccelli, per me più sacro della Bibbia, soffermandomi su alcune pagine dagli angoli consumati. Fossi un poeta o un pittore, riuscirei a rappresentare la "regina" in modo più degno. Allora, ad occhi chiusi, o aperti, addormentato o sveglio, io la vedevo. Nelle sue stravaganti "passeggiate" lungo i sentieri dei boschi o nei suoi voli d'amore a giravolta. La beccaccia, nel cielo, fiera e altera. Vestita di rosso fulvo, aveva la coda nera. Era la magnifica, ambita preda di ogni cacciatore. Specie per chi, come me, l'aveva vista soltanto morta, nelle esibizioni del Garzani e, viva, nelle foto, sui libri di ornitologia.

Uscii di casa come un automa e, senza sapere se il Garzani fosse ancora vivo o già morto, inforcai la moto e raggiunsi il posto stabilito.

Appostato accanto al pioppo, aspettai quasi un'ora. La beccaccia sarebbe passata di là, lasciando il luogo di pastura, volando verso il bosco. Ma l'avrei vista con una frazione d'attimo in ritardo. Poco prima, un'imprevista schioppettata davanti a me, aveva allarmato la beccaccia che s'era abbassata a volo radente sui cespugli. Così che non feci in tempo ad imbracciare il fucile. Imbestialito mi precipitai nella direzione da cui era partito lo sparo.

La sorpresa mi paralizzò. Nicoletta col viso di gesso e gli occhi freddi e cattivi, imbracciava una doppietta con la canna ancora fumante.

– Mio padre è morto stanotte – m'informò con voce roca, irriconoscibile. – E, prima, mi ha fatto promettere di darti una lezione. In punto di morte, capisci? Il suo ultimo pensiero. Puoi capirlo solo tu, perché io non capisco né lui né te –.

Farfugliai qualcosa, non so. Certo che non riuscii a trattenerla e fu l'ultima volta che la vidi.

In seguito seppi che era venuta a prendersela una zia emigrata in Francia. L'officina fu venduta ad uno di fuori che tenne con sé soltanto i due operai "anziani". Dovetti cercarmi un altro lavoro e fu un periodo davvero difficile.

Sono passati tanti anni, così tanti che preferisco non contarli. Di beccacce, da allora, ne ho fatte fuori più di una. Diciamo, anzi, molte. Forse non tante quante il Garzani, ma quasi. Col tempo i ricordi mi si confondono. Nella loro nebulosità il viso di Nicoletta si sfuma, si dissolve, mette le ali, mutandosi in beccaccia. Il volatile ha lo sguardo freddo e incattivito di Nicoletta, com'era quell'ultima volta che la incontrai.

## Un caso speciale

La strada, illuminata dai lampioni, era deserta. Con mio fratello Antonio, fissavo contrariato l'auto che bloccava l'uscita della nostra macchina al cancello di casa.

Provammo a spostarla di peso, senza riuscirci. Imprecai fra i denti. Antonio invece, decisamente, dopo vari inutili tentativi di rimuovere l'ostacolo, smoccolò con tutti i sentimenti. Reazione tipicamente toscana, magari discutibile, di fronte ad una contrarietà. Non so se serva a scaricare l'ira o ad alimentarla.

– Va a finire che per un bischero, ci rimetto un giorno di ferie – realizzò mio fratello fuori di sé.

– Una bischera – rettificai.

– Come lo sai? – s'interessò.

– È la macchina della nuova vicina, l'ho vista un paio di volte –.

Mio fratello lavorava e viveva da solo a Firenze in un piccolo appartamento di sua proprietà. Veniva da noi a Pisa, per un paio di week–end al mese. Più frequentemente, nella stagione della caccia, prendeva, appunto giorni di ferie. Nonostante la differenza d'età, io diciotto anni, lui trenta, eravamo molto uniti. Ci legava soprattutto la comune passione per la caccia, ereditata, d'altra parte, entrambi, da nostro padre.

– Non sapevo che la casa accanto fosse stata venduta – seguitò Antonio.

– Non è stata venduta. È venuta ad abitarci la nipote che ha ereditato. Stava a Torino, s'è trasferita qua –.

–La rimando a Torino a pedate nel.... se non mi leva la macchina – si agitò Antonio. E, caricato dai moccoli precedenti, si diresse deciso al cancello accanto e suonò il campanello.

– Sono le quattro – commentai incerto.

– Appunto, porco mondo. Mezz'ora di ritardo. Sveglio tutta la casa. Faccio un casino! –.

– C'è soltanto lei in casa, ci abita da sola –.

– Meglio che niente, allora –. E seguito a spingere il dito sul pulsante, con accanimento.

Si accese una luce, si aprì una finestra. Una testa bruna e arruffata nel riquadro.

A voce moderata, nei limiti del possibile s'intende, perché la voce di mio fratello, profonda e robusta, sembra il brontolio di un tuono, informò la proprietaria. Una risposta sommessa e incomprensibile. Poco dopo, portone e cancello si aprirono. Ne uscì una figuretta esile e patetica, in una lunga vestaglia a fiorellini. Porse un portachiavi, esitante. Soffocò uno sbadiglio.

– Scusate, sono rientrata piuttosto tardi ed ho preso un tranquillante per dormire –.

– E perché ha lasciato la macchina davanti al nostro cancello? –.

– Perché davanti al mio ce n'era un'altra e non son potuta entrare. E poi ho pensato che stamattina sarei partita per prima io. Vado sempre via prima delle sette –.

– Va bene, va bene – tagliò corto Antonio.

Dovevamo arrivare al padule di Castiglione della Pescaia, prima dell'alba. Là ci abitava Domenico, un conoscente che ci aveva combinato una giornata in botte.

– Apra il cancello, 'che la macchina la metto dentro io – disse Antonio e rivolto a me: – E, intanto, tu tira fuori la nostra –.

Il tono per me era normale ma, per orecchie estranee,

dovette sembrare un po' tropo autoritario. Notai un trasalimento nella ragazza. Ne sorrisi fra me. Le collere di mio fratello sono violente, quanto rapide e inoffensive. Compiuta la manovra, infatti, era molto più calmo.

– Mi dispiace, signora... signorina... D'altra parte mi stava mandando a monte una giornata di caccia, non so se può capire –.

La ragazza sembrò svegliarsi di colpo. Spalancò gli occhi che si rivelarono decisamente azzurri e ci squadrò in lungo e in largo. Il suo sguardo si soffermò con riprovazione sopra i nostri stivali.

– Ah! Cacciatori.. – scandì

Solo allora, misi a fuoco che l'adesivo, incollato al parabrezza della sua auto, rappresentava un "panda".

– Beh, se ne torni a dormire – consigliò ironico mio fratello.

*** 

Il viaggio fu silenzioso, la velocità piuttosto sostenuta. Di quando in quando, lanciavo occhiate verso oriente, quasi a voler ritardare il sorgere dell'alba. Domenico ci aspettava all'inizio del padule, dove aveva il barchino e tutta la batteria delle stampe.

Al telefono, il giorno prima, avevamo fissato un orario ben preciso, perciò correvamo il rischio di non trovarlo.

Tacevamo con l'impressione che le parole potessero, in qualche modo, rallentare la corsa. Il posto in cima ai nostri pensieri, il più scomodo e sgradevole, potete immaginare chi lo avesse.

Arrivammo a destinazione. Domenico se ne stava andando, convinto che avessimo, per qualche ragione, rinunciato.

Antonio, in un linguaggio, diciamo molto fiorito secondo

il solito, gli spiegò la causa del ritardo. Scaricammo in fretta fucili e cartucce.

– Per fortuna, il "chiaro" è vicino – commentò laconico Domenico.

Il vento s'era messo a tramontana e le ultime stelle brillavano più vivide. Più tardi, mentre Domenico metteva le stampe e le anatre, noi stavamo già nelle botti, sentimmo qualche sparo in padule. L'alba avanzava, nel chiaro si contavano quasi tutte le stampe. Domenico era appena rientrato che, nelle stagno si tuffarono, non si sa da dove, quattro uccelli. Fu possibile distinguerli e ne *fermammo* due. la mattina prometteva bene. Avvertivo quella particolare sensazione indescrivibile, quasi epidermica, che è come un presentimento, o un presagio favorevole. Infatti, fu una giornata indimenticabile.

Il forte vento di tramontana ci procurava disagio nelle botti ma, in compenso, disturbò anche gli uccelli in mare (quel giorno ce n'erano proprio tanti!) che entravano a branchi nel padule.

Alle due del pomeriggio, avevamo finito le cartucce. Più di sessanta a testa. Non sentivamo la stanchezza, tanto eravamo paghi e soddisfatti. In totale, otto marzaiole, quattro codoni, tre mestoloni, due pittime, undici gambettoni. Durante il viaggio di ritorno cantammo fino a sgolarci, canti stonati.

Rientrando in auto, nel vialetto di casa, suonammo il clacson come una fanfara. Un segnale convenuto che faceva correre nostro padre in giardino, a compiacersi con noi, a ringiovanire, a rivivere giorni esaltanti del passato. Un tempo, eravamo noi due che, bambini, gli correvamo incontro, felici di dare il nome giusto ad ogni uccello, così come lui ci aveva insegnato.

Facemmo la "stesa", sul tavolo di ferro del giardino. Il sole di marzo, giocava fra le penne degli uccelli.

Nostro padre disse. – Di questi tempi, una caccia come questa è cosa rara. Ci vuole una fotografia –.

La mamma che, dal terrazzo del primo piano, aveva sentito, portò giù la macchina fotografica.

Ci scattammo a vicenda un paio di fotografie. Una finestra della casa accanto si richiuse rumorosamente. Guardai e vidi un leggero movimento della tenda, dietro i vetri. Con Antonio ci scambiammo una compiaciuta occhiata d'intesa.

\*\*\*

Maggio. Essendo chiusa la caccia, avevamo programmato, per un certo sabato di andare alla foce dell'Ombrone per vedere e fotografare il passo delle "animine" e degli altri uccelli primaverili. Antonio sarebbe arrivato a Pisa verso le nove del venerdì sera. Invece, ci piombò a casa, senza preavviso, alle dieci di giovedì. Era agitatissimo. Tuonava moccoli perfino in presenza della mamma che, assolutamente, su queste deprecabili licenze, non transige.

Mio fratello sventolava un rotocalco dalle pagine cincischiate. Lo buttò sul tavolo e scoprimmo la causa di tanta indignazione.

Uno dei tanti, ignobili, articoli diffamanti sulla caccia, di un'incompetenza grossolana, esibiva al centro pagina, una fotografia. Un cacciatore, in procinto di fotografare un altro che, in posa spavalda (così riferiva la didascalia), ostentava le prove di uno sterminio. Noi, gli sterminatori, peggio che nazisti.

Salì il sangue alla testa anche a me che, comunemente, ho un certo controllo. Quella figlia di "buona mamma", dalla finestra di casa sua, ci aveva fotografato e tratto le sue stupidissime conclusioni.

Antonio spiegava che in ufficio quel giornale "da donne" era passato di tavolo in tavolo, prima di arrivare fino a lui, fra i commenti più svariati.

Urlò che a "quella" avrebbe dato una lezione da ricordarsela finché campava. Nella casa accanto, le finestre erano illuminate quindi la responsabile c'era.

Antonio non volle ascoltare i consigli della mamma: – Non darle importanza, sii superiore –. Pretendeva soddisfazione immediata e uscì di casa che sembrava un cinghiale infuriato.

Avrei voluto seguirlo, tantopiù che mia madre mi spingeva a farlo, sperando che sarei riuscito a impedirgli di compromettersi. Antonio mi respinse dietro al cancello.

– Non voglio angeli custodi, io! –.


Alle ventitré non era ancora ritornato. Mia madre era pallida d'ansia. Mi pregò: – Vai a vedere –.

Mio padre si oppose: – Antonio non è un bambino e neppure uno stupido –.

Per essere sinceri, ero piuttosto preoccupato anch'io. Nonostante la fiducia e la stima nel suo equilibrio psichico, riflettevo che un raptus è sempre possibile. A volte basta una bischerata qualsiasi a provocare una reazione imprevedibile e qui, dopotutto, la provocazione era stata grave.


Antonio tornò alle ventitré e trenta. Era stato nella casa vicina per un'ora e un quarto. Si era calmato, era evidente. Solo gli lessi sul viso un certo disagio.

– Ah, mi avete aspettato alzati – commentò.

– E allora? – sollecitammo.

– Allora cosa, abbiamo parlato da persone civili –.

Si rivolse a me, in tono evasivo: – Sai perché parte tutte le mattine, prima delle sette? Ha avuto il posto a Volterra, figurati. Insegna lettere, lo sapevi? –.

– Ma insomma, tutto qui? – m'indispettii.

– No, il sabato è il suo giorno libero. Dopodomani, viene con noi a vedere le animine all'Ombrone. Porta anche lei la macchina fotografica, visto che sa usarla –.

– Cooosa?? – strabiliai e la voce mi si strozzò in gola. – È proprio enorme. Pareva che volessi farla a fette! Hai sempre detto che, nelle nostre girate, non vuoi estranei perché ti rompono i... e vorresti adesso portarti appresso una bischera patentata qualsiasi, anzi una serpe subdola e maligna –.

– È un "caso speciale". E poi non è una bischera. È solo ignorante. Figurati che non conosceva nemmeno uno degli uccelli della fotografia. La porto con noi proprio perché impari qualcosa da chi ne sa più di lei. Deve capire la differenza. Deve capire che la natura noi la sentiamo più di chiunque altro perché veramente ne facciamo parte. Non solo fisicamente. E la rispettiamo –.

– Ah, senti – sbottai – Proprio non so capirti. Anzi sai che cosa ti dico? Sabato, io non ci vengo –.

Mia madre nascose un sorriso. Anche lei, come me, sospettava la vera ragione di quel "caso speciale".

Mio padre sbadigliò: – Io me ne vado a letto –.


Antonio mi diede una pacca affettuosa sulla spalla, conciliante. Già sapevo che mi sarei rassegnato. Ma ci sarebbe voluto un certo tempo. Quanto richiede, appunto, un caso speciale, per essere risolto.

## Due sconosciuti

La madre camminava avanti calpestando le foglie secche e marcite, fra i castagni. Il bambino seguiva i suoi passi, aspirando l'odore muschiato e inebriante dell'autunno. Cercavano funghi. Ad un certo punto della loro inutile ricerca (nemmeno una "veccia"), ci fu un calpestio furioso in un punto indistinto ma vicino, nel bosco. Seguì una sorta di grugnito.

Marta s'irrigidì, guardò Luca, il bambino; impallidì. Il piccolo avvertì, come sue, le sensazioni di lei. C'è un invisibile, psicologico, cordone ombelicale che rimane, oltre la nascita, per anni, fra certe madri e certi figli.

– Un cinghiale – balbettò lei.

Come conferma, il grugnito si avvicinò.

– Se ci fosse il babbo – azzardò il bambino – lo farebbe secco con un fucilata –.

Ebbe dentro di sé la visione, rapida, del padre, esperto cacciatore, che affrontava la "belva".

Marta affannata lo incitò: – Svelto, sali su quell'albero –. E gl'indicò la biforcazione di un castagno.

– Ma come... e tu? –. Luca cominciò a tremare, come resosi conto, solo allora, di un gigantesco pericolo che li sovrastava. Spinto a braccia dalla madre, riuscì ad arrampicarsi. Ed ecco il cinghiale. Si fermò a pochi metri di distanza.

Il bambino aveva il cuore in gola, tremava. La madre, ai piedi dell'albero, impietrita, sembrava una martire pronta al martirio. Il cinghiale la fissò dritto negli occhi, per qualche attimo. Sbuffò, grugnì di nuovo. Poi, con un balzo improvviso, forse per lo spavento, volse il di dietro, s'infrascò, sparì.

La sera, al ritorno del padre, il bambino aveva la febbre. Soltanto qualche linea, si capisce, ma tanta volontà di raccontare l'avventura e compiacersi dello scampato pericolo.

Il padre s'indignò: – Lo hai spaventato a morte soltanto per un cinghiale! Me lo rovini, questo figlio. È il figlio di una cacciatore e ne fai una femminuccia. Alla sua età, seguivo mio padre a caccia e camminavo più d'un uomo. Uno di questi giorni, lo porto con me e glieli faccio vedere io, i cinghiali. Sveglia alle cinque e gambe in spalla. Vedrai che riprende colore... altro che gli sciroppini che gli dai tu! –.

– Vuoi farlo ammalare, vuoi! Te lo sei dimenticato l'inverno scorso? Quanto ha penato con la gola? E l'asma? A te che importa se si ammala, tanto lo curo io! –.

Marta Rosini era fuori di sé, paonazza e con le vene del collo inturgidite.

***

Il ragazzo aveva adesso dodici anni. A caccia non c'era mai andato. Con la scusa della salute fragile, la madre chioccia era riuscita a tenerselo sotto l'ala. Senonché un giorno, Antonio Rosini, il marito, sorprese Marta a preparare una colazione al sacco.

– Che roba è? – chiese.

Non si parlavano molto, quei due, negli avari incontri per casa. S'incontravano ai pasti, seguivano insieme e lontanissimi, gli spettacolo televisivi, dopo cena. Li teneva uniti l'indifferenza.

– Luca, domani, ha la gita scolastica –.

– E dove va? –.

– Va ad Orbetello –.

– E a che ora parte? –.

– Alle cinque –.

– E torna? –.

– Non so. Otto, nove di sera –.

– Non è una strapazzata? –.

– Alla sua età, con gli amici, la fatica non si sente –.

– E la bronchite asmatica? –.

– Ormai è cresciuto, non può mica stare sotto una campana di vetro! –.

– Giusto. Allora, neanche a farlo apposta, per domani ho preso un giorno di ferie per andare a caccia in Maremma. Luca viene con me –.

– Ma ha già pagato la sua quota. E poi... i compagni, gli insegnati... che figura ci fai fare? –.

– Te la rimborso la quota, con qualche ora di straordinario in più. E, per il resto, sei tanto brava a inventare scuse, che puoi inventarne una, come credi tu –.

*\*\*\**

Giornata nera. Come a volte capitano. Ma proprio in quella circostanza, con Luca che, per la prima volta lo seguiva, avrebbe preferito non gli fosse capitata. Il ragazzo, in ogni modo, non gli era parso troppo contrariato per aver rinunciato alla gita scolastica. Avevano parlato. Non molto. Come possono due persone che, fra loro, non hanno confidenza. A tentativi. Cercando di trovare un argomento comune. Difficile. Il figlio aveva lo studio, i professori, i compagni. Il padre aveva il lavoro di operaio in fabbrica, i turni, il secondo lavoro nell'officina di un amico. Osservava il figlio di sottecchi. Lo vedeva come se non lo avesse mai visto prima. Luca somigliava ai parenti della moglie. Alto, magro e biondo. Molto diverso da Antonio, uomo robusto e rude, bruno di capelli e come perennemente abbronzato.

D'altra parte, alla moglie, era proprio piaciuto perché "diverso". S'erano incontrati la prima volta, alla festa di paese, dove lei era in villeggiatura con la famiglia. Le era piaciuto così tanto che... s'erano dovuti sposare piuttosto in fretta. Neanche lei una rarità, intendiamoci. Era l'unica, nonostante la "puzza sotto il naso" che, con gli anni le andava aumentando, era l'unica a non aver studiato. Non c'era riuscita, ecco tutto. E il figlio, col suo amore per lo studio, somigliava ai fratelli di lei, semmai, quelli che ora erano dottori.

– Mi dispiace che non abbiamo sparato nemmeno una fucilata. E guarda che tuo padre, quando tira, colpisce sempre il bersaglio –.

– Non importa, babbo, mi sono divertito lo stesso –.

Gli sembrò una concessione pietosa, lo irritò più che una lamentela.

L'auto tossicchiò incerta. Stentò a partire. Dovettero spingerla per un tratto. L'uomo da fuori, col braccio destro dentro lo sportello aperto e il ragazzo dietro. Partì in discesa. Il padre saltò dentro per ingranare la marcia e far salire il figlio. Per la strada asfaltata, l'auto prese velocità. Era già buio. Antonio, guidando, immaginava l'attesa di Marta, sola in casa, senza nessuno con cui sfogare l'esasperazione. Forse aveva telefonato a Torino alla sorella. Doveva telefonare spesso a Torino. Si capiva dal conto del telefono. La strada correva fra i due lati d'un bosco. Da destra, all'improvviso, un ostacolo. Un urlo: – Una volpe! –.

La volpe intendeva trascinare, dall'altra parte della strada, la carogna di una pecora.

– Ora la investo, sta a vedere – tuonò l'uomo. Come se gli paresse di poter, in quel modo, riscattarsi. Accelerò. E investì la pecora, perché la volpe aveva creduto più opportuno, di svignarsela.

La pecora, gonfia di putrefazione, letteralmente esplose.

Investì l'auto in pieno. Dal deflettore aperto, qualche brandello entrò dentro. Alla meglio, dovettero cercare di pulire almeno i vetri. Il fetore era insopportabile. Gli ci sarebbe voluto una settimana almeno, per eliminarlo. E gli sarebbe rimasta, per molto tempo ancora, l'impressione di risentirlo nel naso.

Più tardi, a casa, passando davanti alla porta del bagno, dove il figlio stava immerso nella vasca, mentre la madre gli lavava la schiena, li sentì ridere. Il figlio raccontava e rideva e la madre faceva eco alla risata del figlio. Erano anni che non ricordava di averla sentita ridere così.

Pensò: "Con me, a caccia, più. Chiuso. Tanto è negato".

***

Da quando era in pensione, Antonio Rosini passava quasi tutto il tempo, seduto ad un tavolo dell'unico bar, nella piazzetta del paese. Aveva davanti a sé il bicchiere e il quartino di vino rosso che, via via, il barista gli riempiva. Raramente giocava a carte con gli altri avventori. Preferiva restarsene solo, come immerso in lontani pensieri o intento ad osservare il movimento dei rari paesani, nella piazza.

Non aveva più bisogno di lavorare nell'officina dell'amico. La pensione gli bastava per campare, ora che era solo. La moglie e il figlio se n'erano andati a Torino, molti anni prima, quando Luca aveva finito la media inferiore. Meno scomodo, per il ragazzo, aveva deciso la moglie, frequentare il Liceo, a Torino, ospite degli zii. Non si era opposto e Marta era partita per accompagnare il figlio. Nemmeno lei era tornata. Né Antonio si era dato da fare per farla tornare. Di quando in quando, aveva qualche avara notizia. Del resto, lui stesso aveva smesso di rispondere alle loro lettere. Luca doveva essersi laureato da vari anni ma non ne era sicuro, non gli sembrava importante. L'indifferenza, come una ruggine, aveva corroso i sentimenti.

Antonio, più che vivere, ora vegetava, sordo a qualsiasi interesse, tranne uno: la caccia. Era l'unica ragione, di quando in quando, a svegliarlo dal torpore abituale. Certo, per il troppo bere, non riusciva più ad avere la mano ferma, qualche volta non colpiva il bersaglio. Gli erano, però, rimasti l'esperienza, l'intuito e la conoscenza di certi posti e certe tattiche che facevano di lui il compagno di caccia ideale. Per questo, a volte, veniva a cercarlo gente di fuori. Gente che aveva sentito raccontare di lui dai villeggianti, o cacciatori che si erano serviti di lui, come guida.

Così capitò una sera quel tale di Torino. Un tecnico del Politecnico.

– Mi hanno detto che lei è molto pratico dei posti. Può accompagnarmi, domattina? –.

Antonio che di sera, era "partito" del tutto, lo fissava trasognato, sembrava non capire. L'altro era perplesso, sembrò ripensarci. Antonio si svegliò di colpo.

– Oh, certo che l'accompagno. Non mi guardi adesso, domattina sarò lucido come un bimbo in fasce, non si preoccupi. Da qui a domani, la sbronza mi sarà passata –.

E, infatti, la mattina dopo, era vispo come un fringuello.

Camminò spedito per ore. S'arrampicò, entrò negli "sporchi" come un cinghiale. Inoltre, fu allegro e spassoso, come era solito esserlo ai bei tempi, quando aveva sempre pronta una storia esilarante da raccontare. Adesso, a tratti, faceva confusione, la memoria gli si confondeva. Ma forse, proprio per questo, lo trovavano ancora più divertente.

Ammazzarono due fagiani, una lepre e perfino una beccaccia. Mentre mangiavano, seduti per terra, sotto una quercia, chissà come e perché, Antonio commentò: – Anche mio figlio è di Torino. Avrà giusto la sua età –.

– Ah, sì? – s'interessò svagatamente il compagno.

– Come si chiama suo figlio? –.

– Luca. Luca Rosini –.

– Luca Rosini? Lo conosco! Insegna Fisica al biennio d'Ingegneria –.

– Non so. Forse –.

– Ma certo. Non può essere che suo figlio. Un fissato della caccia. Un cacciatore eccezionale. Ricordo una giornata con lui, invitati in riserva da un amico comune. Una cosa incredibile. Fece una strage. Non sbaglia un colpo. Spaventoso. Si capisce che è suo figlio –.

– No, si sbaglia. Non può essere lui. È tutto diverso, mio figlio –.

– Ah, senta. Per il nome potrebbe esserci un caso di omonimia: Luca Rosini. Ma, considerando che tempra di cacciatori siete tutti e due, non ci sono dubbi –.

– Ma no, si sbaglia – seguitava a ripetere il vecchio. E balbettava anche, sopraffatto dallo sgomento. E aveva lo sguardo vitreo, perduto alla ricerca di immagini passate. A ricordare dove e quando, lui e quel figlio sconosciuto si fossero incontrati, molti anni prima. E poi perduti.

## Le rose

Giulia era impiegata alle Poste, agenzia poco distante da casa sua. La sua vita si svolgeva prevalentemente nello spazio di pochi metri quadrati. Aveva tentato di uscirne, anni prima. Aveva deciso di chiedere il trasferimento in una città lontana, una grande città ben diversa dalla piccola cittadina di provincia, dove viveva e le andava stretta. In quei giorni, suo padre s'era ammalato e lei aveva strappato la domanda di trasferimento. Aveva così rinunciato a seguire l'uomo che amava, oltre che suo collega di lavoro. Lui, torinese, era tornato nella sua città.

La malattia del padre s'era protratta per anni di sofferenza e d'angoscia, sia per lui sia per chi lo accudiva e gli stava intorno. La moglie gli si era dedicata completamente, annullando se stessa. Fino a perdere letteralmente la ragione, alla sua morte.

In quel difficile periodo, Giulia s'era imposta d'essere forte, tanto da sentirsi un automa. Si era negata perfino i sentimenti, soprattutto l'amore verso se stessa. Casa – lavoro, lavoro – casa e il sorriso incollato sulle labbra, come un francobollo, per gli utenti allo sportello postale. Del resto, quell'automatismo era la sua unica difesa alla sofferenza.

Dopo la morte di suo padre, Giulia aveva temuto di non farcela. La mamma doveva essere sorvegliata, dopo un tentato suicidio, dal quale era stata salvata in extremis. Infinite notti insonni per Giulia, la mattina era uno zombie. Fu necessario assumere un aiuto, nonostante le difficoltà economiche, almeno per le ore in cui lei stava fuori di casa.

Le stagioni si susseguirono con indifferenza, si notavano soltanto per il cambio degli armadi. Finalmente, ci fu un momento in cui sua madre *si risvegliò*. Uscì dal suo quasi totale mutismo.

– Il babbo di questi tempi trapiantava rose –.

– Non m'intendo di rose, mamma, lo sai. E il giardino adesso è in uno stato pietoso –.

– So io come fare. Tuo padre mi spiegava sempre tutto, quando lo aiutavo. E poi ci sono tutte quelle riviste specializzate che lui raccoglieva. Non le avrai per caso buttate via? –. La voce le si era alterata.

– No, mamma, non le ho buttate –.

A Giulia sembrò un miracolo. Come quando un ammalato grave esce dal coma. Benedette quelle rose che restituivano alla mamma la serenità mentale e una ragione di vita.

In pochi mesi, il piccolo giardino ridiventò una sorta di salotto fiorito. Sua madre vi trascorreva tutte le ore di luce, tanto che il viso le si era abbronzato. Accudiva quelle rose così come aveva fatto col marito. Riviveva l'amore per lui, sulla scia del loro profumo, quasi annullava i limiti dello spazio temporale. Era orgogliosa del risultato ottenuto. Qualche passante si soffermava davanti al cancello e sbirciava incantato, lei arrossiva di piacere.

Quel profumo di rose inebriò anche Giulia. La liberò dal suo torpore. Riuscì, guardandosi allo specchio, a "vedersi". Non era poi da buttarsi via. Ora che la mamma era tornata tranquilla, dedicò del tempo a se stessa: il parrucchiere, qualche cosmetico, qualche abito nuovo.

I colleghi scherzavano: – Giulia deve averci qualche innamorato segreto –.

Per la verità, lei aveva sentito rinascere dentro di sé un prepotente desiderio d'amore. Per anni s'era dimenticata di essere una donna. A quarant'anni non era troppo tardi per assecondare quel desiderio. Ora, se un uomo la guardava, rispondeva allo sguardo. Dietro lo sportello alle Poste, i visi, finalmente, avevano contorni nitidi, non c'era più nebbia davanti ai suoi occhi.

Ci fu lo sguardo di un uomo attraente che, dall'altra parte del vetro, la fissò con particolare attenzione. Tornò anche nei giorni seguenti per comprare dei francobolli, o a chiedere bollettini di conto corrente, o moduli per raccomandate.

Ogni volta, un commento banale sul tempo, o sulla multa per il divieto di sosta, o sulla difficoltà di trovare un parcheggio e così via.

Una mattina, uscendo in anticipo per andare in ufficio, Giulia lo vide passare davanti al cancello. Si salutarono. Lo guardò camminare davanti a sé, in jeans e maglietta. Sicuramente era più giovane di lei, che cosa si era messa in testa?

Intanto, lui aveva rallentato il passo per farsi raggiungere.

– Allora lei abita nella casa delle rose... –.

– Beh, sì... – se vuole chiamarla così... –.

– Quando passo lì davanti, guardo sempre dentro. Ci sono delle rose bellissime... Ci sta sempre una vecchietta a fare la guardia... –.

– È mia madre. E non è tanto vecchia: ha sessant'anni. È che ne ha passate tante... –.

– Non volevo offenderla, mi scusi –.

Intanto, la seguì fino all'ufficio postale, entrò con lei perché doveva fare una raccomandata. I colleghi ammiccarono fra loro, vedendoli entrare insieme.

Per Giulia, fu l'inizio dell'innamoramento. Cominciò a fantasticarci sopra. Scoprì che si chiamava Stefano, che lavorava come odontotecnico presso uno studio vicino. Anticipò la propria uscita da casa, la mattina, per favorire gl'incontri. Stefano parcheggiava l'auto poco distante.

Una mattina, ci fu una battuta d'arresto nelle fantasie che s'era fatta. Stefano disse: – Lei mi piace molto, Giulia. Se non fossi già sposato... –. E lasciò sospeso il discorso.

Lei decise fra sé che, sposato o non sposato, era disposta a tutto. Sono storie di tutti i giorni, no?

Un pomeriggio, all'uscita dall'ufficio, diluviava e Stefano l'aspettava fuori in auto.

– Le do un passaggio, salga –.

Un attimo d'indecisione, poi salì. Fu come saltare un fosso pericoloso.

Le spiegò: – Ho visto che stamattina non aveva ombrello... –.

Fermò l'auto davanti la casa di Giulia. Il tempo di salire ed erano già arrivati, si rammaricò lei. La pioggia, intanto, si accaniva contro i finestrini.

– Ho qualcosa da chiederle, Giulia. È qualche giorno che penso di chiederglielo... però non vorrei essere troppo sfacciato... –.

Il sangue le andò in acqua, sapeva che non avrebbe resistito, né finto.

– Mi regalerebbe qualche rosa del suo giardino? –.

– Come..? –. La voce le uscì a fatica.

– Sono rose stupende. Vorrei regalarle a mia moglie: adora le rose –.

– C'è lo sciopero dei fiorai? –. Era riuscita, faticosamente, ad essere ironica.

– Non è la stessa cosa. È che le ho dato una cattiva abitudine, dopo quella volta che, da ragazzi, per il suo compleanno, rubai delle rose per lei. Mia moglie è convinta che sia una specie di prova d'amore –.

– Com'è che questa volta, invece che rubarle, ha perso tanto tempo dietro di me? –.

– Ho solo cercato di fare amicizia. Le avrei rubate, se in giardino non ci fosse sempre "quella vecchietta" –.

– C'è anche un cane lupo, se è per questo, molto più pericoloso della "vecchietta". E la notte lo lasciamo libero in giardino. Mi dispiace, Stefano, proprio non posso accontentarla. Le rose sono di mia madre e ne è gelosissima –.

– Esagerata. Mi scusi, come vuole che sua madre si accorga se manca qualche rosa, fra tante che ci sono! –.

– Lei non può immaginare quanto siano importanti quelle rose per mia madre. Ed anche per me, mi dispiace –. E scese di macchina. Aprì il cancello, incurante della pioggia torrenziale.

Stefano, rivelandosi per quello che era, le gridò incattivito:

– Attenzione che anche il vino buono, con gli anni, inacidisce ! –. E l'allusione fu più che evidente.

Giulia si era già chiusa il cancello alle spalle e aveva lasciato fuori propositi e illusioni.

## Una nonna, una fiaba

Finiti gli scritti, già so di aver avuto un buon voto, ripasso per l'ennesima volta le materie d' esame.

Sono al tavolo del soggiorno, lo preferisco se i miei genitori non sono in casa e, del resto, non ci sono quasi mai, ciascuno con il proprio lavoro o i propri impegni.

All'altro capo dello stesso tavolo, è seduta mia nonna. Sta in silenzio per non disturbarmi. A volte, leggo a voce alta e lei mi ascolta. Ha ancora una stupenda memoria e assimila velocemente. Così succede che, dopo, possa ripeterle, con parole mie, l'argomento studiato. Interviene soltanto quando ho dimenticato qualche particolare importante.

C'è quest'intesa fra noi fin dal tempo della mia infanzia. È una costante nella mia vita, la nonna.

Ogni mattina, percorreva a piedi il tratto di strada che divideva la sua casa dalla nostra. La mamma, prima di uscire, le dava le consegne. Ho fermo nella mente il viso della nonna, così com'era allora, china su di me, a parlarmi con quella sua voce dolce e cristallina, quella che ancora oggi le è rimasta, che somiglia alla mia, tanto è vero che, se risponde al telefono, a volte la scambiano per me.

Da lei ho preso l'amore per la lettura. Mi raccontava favole o me le leggeva, sapeva anche inventarne e mi spronava a volte a crearle con lei.

Dopo la morte del nonno, tre anni fa, fisicamente ha avuto un crollo, improvvisamente è invecchiata, è diventata fragile.

So che mia madre adesso pensa che la sua mente non sia più la stessa e mio padre, il figlio, non sa difenderla abbastanza.

Ora vive con noi, perché l'hanno convinta a vendere la casa, quella dove era vissuta da dopo sposata. Non so bene che fine abbia fatto una parte del denaro della vendita, credo che i miei avessero, al momento, qualche problema economico.

Non ho idea di quanto sia rimasto alla nonna. So che lei conta sui propri risparmi per le esigenze della vecchiaia.

– Spero di non invalidarmi mai – le ho sentito dire a mia madre – ma se accadesse, ho quanto basta per provvedere, poi c'è la mia pensione... –.

Ogni tanto quel discorso torna fra loro. Non ne conosco il motivo, non voglio saperlo. C'è insofferenza nella voce di mia madre, specie ora che si è fissata che la suocera non abbia più la mente lucida.

– Perché mi stai guardando? – chiede adesso la nonna.

– Perché sei bella, nonna –.

Lei si schermisce, toccando il reticolato di rughe sul suo viso. – Ma dai... sembro una carta pecora... Ero bella tanto tempo fa –.

Ha gli occhi azzurri e straordinariamente limpidi, non ha conservato però l'antica fierezza nello sguardo. Ha, ora, piuttosto, ritrovato l'ingenua innocenza dell'infanzia.

– Ti disturbo nonna, se leggo a voce alta? –.

– Anzi, mi fai piacere. Così mi rinfreschi la memoria, sai che scienze naturali era la mia materia preferita? –.

Io ripenso a certi discorsi ascoltati quasi per caso, l'altra domenica, quando la nonna era andata alla messa con una vicina di casa, anziana quanto lei.

– Ora non dirmi che rinunciamo alle vacanze per stare dietro a tua madre – diceva la mamma.

– Non abbiamo mai rinunciato alle vacanze per mia madre. Per le ferie, siamo sempre andati fuori –.

– Ma adesso non è più così in grado di stare da sola. Intanto, per via del cuore, poi per la testa. L'altro giorno s'è scordata la pentola sul fuoco, è finita l'acqua e... per fortuna che me ne sono accorta –.

– E quindi cosa proporresti? –.

– Ci sono certi soggiorni vacanza per anziani... –.

\*\*\*

Mi torna in mente una fiaba che la nonna mi raccontava quando ero bambina. Credo sia tibetana. Ha una morale che, adesso, mi suona profetica. Narra di un nonno che vive in casa con il figlio, la nuora e un nipote adolescente.

*Il nonno non è più in grado di lavorare e quindi sostentarsi, inoltre, non è più autosufficiente.*

*Le lamentele della nuora sono tante e il marito l'asseconda. Soltanto il nipote lo difende a spada tratta, zittito dal padre.*

*Il ragazzo, origliando, scoprirà che il padre progetta di abbandonare il vecchio genitore. Intende lasciarlo sotto un albero, in una strada di campagna, nei pressi di una grande città, dove passano molti viandanti. Così che possa vivere di elemosina.*

*Di nuovo, il ragazzino tenta di intervenire, protestando a gran voce, ma niente da fare.*

*Pochi giorni dopo, il padre torna a casa con una grossa cesta acquistata al mercato e si rivolge al nonno: – Ti porterò con me in città. Cammini male e non voglio che ti affatichi. Ti porterò a spalla se entri nella cesta. Uscirai quando saremo là. Così avrai modo di distrarti e vedere posti nuovi –.*

*Il vecchio sembra molto contento, non suppone l'inganno. Il nipote ha il cuore che si schianta. Ama molto suo nonno, ma non ha né la forza, né l'autorità di mettersi contro il padre.*

*Però, appena quello si avvia con il nonno nella cesta sulle spalle e sta allontanandosi lungo la strada, lo rincorre e gli grida: – Ricordati di riportare a casa la cesta! –.*

*L'uomo si ferma, sorpreso e domanda: – Perché mai? –.*

*– Perché potrà servirmi quando sarai vecchio tu –.*

*Ebbene, il padre riflette e torna indietro.*

*Il messaggio ha colpito giusto là, dove doveva colpire.*

Proprio non riesco a seguire gli appunti sotto gli occhi. Guardo la nonna e seguito a riflettere. Immagino quando, davvero, non sarà più autosufficiente, mi domando quale pretesto studieranno per portamela via. Troverò un modo convincente per impedirlo?

Ho voglia di fuggire e nascondermi con lei in qualche luogo lontano. Ma intanto la mia voce seguita a leggere, incolore, senza riuscire a fermare i concetti. Mi sento vile e misera, oltre che impotente. La nonna invece mi ascolta con attenzione e, dal movimento impercettibile delle sue labbra, capisco che ripete, fra sé, le mie parole.

## Volantini sulla piazza

Alla vigilia di quella festività, anzi poche ore prima della mia partenza, Claudia, mia moglie improvvisò: – Vengo con te al paese. I ragazzi li lasciamo da mia madre –.

Mi sorprese. Erano anni che disertava quella ritualità: viaggio e breve sosta al mio paese d'origine, per la festa del Santo Patrono. Può sembrare inverosimile e ridicolo, ma tremendamente importante per mia madre ormai ottantacinquenne. Lei diceva che il Santo l'aveva sempre ascoltata e che anch'io ero nato grazie alle sue suppliche e all'intercessione del santo. Perché deluderla, povera donna, le dovevo tutto e l'amavo per quel suo essersi donata senza mai chiedere, devota e silenziosa. Mai le avevo rammentato che la morte di mio padre, quando io avevo quattordici anni, il santo non ce l'aveva risparmiata, né a me, né a lei.

Ora lei andava orgogliosa del figlio dottore in economia, dirigente d'industria. E quella laurea, prima che per me stesso, l'avevo voluta per gratificare lei. Donna modestissima, quasi analfabeta, a caricarsi dei lavori più umili e a levarsi gli occhi sui ricami che le ricche villeggianti le commissionavano da un anno all'altro. Per permettere all'unico figlio di studiare.

Questi particolari mia moglie li conosceva e, i primi anni, mi aveva assecondato. Il Natale con mia madre e anche la festa del Santo, un giorno di ferie programmato per tempo. Poi s'era infastidita.

– I miei hanno diritto quanto tua madre di avere i nipotini per Natale. E per il Patrono, se ci vai da solo è sufficiente, i ragazzi si scocciano –.

Non era del tutto vero, perché a quella festa si univa la

sagra. Bancarelle e giochi di piazza, madonnari con a volte splendidi dipinti provvisori, stornellate e, per finire, la cena in piazza a base di piatti rustici locali. E il ritrovarsi con vecchi amici del passato, alcuni che, come me, s'erano allontanati e, proprio in quel giorno, avevano preso l'occasione di tornare. Forse non per devozione, ma per tradizione o sia pure superstizione, una specie di ritualità scaramantica che se non la rispetti poi le cose ti vanno male.

All'imbrunire, la processione. E quella sì, composta dai vecchi e pochi ragazzini, veniva seguita dagli sguardi irrispettosi di alcuni osservatori. E curiosità che li induceva a scattare foto folcloristiche.

Mia moglie era solita dire: – Usanza pagana –. Non m'ero mai sentito di contraddirla, ma l'avevo pregata di non dirlo con mia madre presente.

Fra quelli che, per Natale e per la Festa del Patrono, tornavano c'era anche Stefania. Lei che, come me, in quel paese c'era nata ed era stata mia compagna di giochi e di prime esperienze.

***

Stefania bambina, era stata l'unica femmina in un branco di maschi coetanei. Un maschiaccio, a volte più aggressiva di noi. Suo padre era direttore didattico di una scuola media nella vicina città e la madre insegnante. Per noi, una specie di privilegio avere la figlia nella nostra banda. Era anche una sorta di lasciapassare, a garanzia di buonafede, contro le lamentele dei paesani per certi danni e scherzi dei quali eravamo responsabili.

– Ho visto che c'era la figliola della professoressa... non credo si sarebbe prestata a tener mano a quei ragazzacci... –.

Poi...

Poi eravamo, lei ed io diventati più che compagni di marachelle varie, amici veri, confidenti, intimi. Tutto, ci dicevamo. E a quattordici anni si sa, nel tutto ci stanno anche le curiosità sessuali. Per la verità, erano cominciate qualche anno prima, ma io... non avevo avuto, prima, tutti gli elementi necessari di verifica e... determinazione. Ammetto che i nostri giochi, sia pure prematuri e inesperti, fossero piacevoli fin dall'inizio, anche se, probabilmente, io non ero del tutto all'altezza. Tuttavia, adeguandomi, col passare dei mesi, fisicamente, i rapporti diventarono molto più espliciti e anche più gratificanti per entrambi. Non vorrei essere frainteso. A ripensarci, ancora oggi, vedo in quella nostra complicità intima, soprattutto una sperimentazione innocente e molta fiducia reciproca. Non arrivammo mai a... "quello". Lei qualcosa più di me sapeva e, avendo un dialogo più evoluto con i genitori, conosceva quali limiti rispettare.

Più avanti nel tempo, morto mio padre, io ero diventato definitivamente adulto nel modo più drammatico e con la testa solo a rendere meno dolorosa, per mia madre, quella perdita. Quando Stefania si trasferì in una città del centro Italia, a 300 km da noi, non ci fu nemmeno modo di salutarci. E poi, sinceramente, se non per qualche flash vago di memoria retroattiva, a lei non avevo più pensavo. Erano passati ben ventisei anni dall'ultima volta di quelle effusioni adolescenziali.

\*\*\*

Quel primo Natale, dopo il rifiuto di mia moglie, ero tornato al paese da solo. E proprio dopo la Messa di mezzanotte, quella bella donna quarantenne s'era avvicinata a mia madre per farle gli auguri. Stefania. Strano guardarci e vederci adulti. Difficile riconoscerci, se non per gli sguardi che s'incrociarono di nuovo maliziosi, facendoci gli auguri. Era tornata sola, per la casa dei genitori.

– Come stanno? –. La voce di mia madre.

– La mamma non c'è più, e sì, purtroppo, quei mali non perdonano. E mio padre ha quasi novant' anni e con la testa non ci sta più –.

– E la casa qui, che fai, seguiti ad affittarla d'estate ai villeggianti o hai deciso di venderla? –.

– Sì, l'idea di venderla ogni tanto c'è. Mio marito detesta questo posto, figli non ne abbiamo... io però non so decidermi. Ci sono affezionata. Non si sa mai un domani, potrei rifugiarmi qui –.

Diceva cose tristi, ma sorridendo, ogni tanto un'occhiata verso di me. E... ci rivedemmo. Telefonata a mia moglie, inventandole un pretesto. Stefania la ragazzina dei miei primi approcci erotici, Stefania la donna bella e procace con una casa sua a disposizione. Da pazzi lasciarla sola in quella grande e confortevole casa. E così sembrò di tornare ragazzi, ai sotterfugi per sgattaiolare da lei, nel buio della sera. Uscivo dalla finestra a pian terreno, per non farmi notare da mia madre, esattamente come da ragazzo e quell'azione mi divertiva molto. Al punto che ne ridevo da solo.

Così i giochi erano ricominciati, molto più esperti e pertinenti, sempre maliziosi e con una complicità erotica che si era raffinata. Direi perfino elegante e poetica, ma nello stesso tempo appassionata e travolgente.

*** 

E, quindi, mia moglie, all'ultimo minuto, aveva deciso di seguirmi. Non so come spiegarmelo, ma non riuscii nemmeno a fare una telefonata per avvisare Stefania. Anche perché m'era sembrata strana quella decisione così repentina, dopo tre anni. Che le fossero venuti dei sospetti? Infatti, durante l'ora di viaggio, ci furono domande, del tipo: – Anche gli altri tuoi amici d'infanzia, vengono a festeggiare il Patrono? –.

– Qualcuno, sì, l'ho rivisto, a volte. Con alcuni nemmeno ci riconosciamo –.

E poi altre curiosità, richiesta di nomi e particolari, inframmezzando domande, nei soliti discorsi sui figli, lo studio, il motorino, la gita scolastica.

Arrivammo al paese e mia madre fu sorpresa e felice di rivedere Claudia, dopo tre anni che si defilava. Si commosse perfino. E detestai mia moglie per il suo solito sguardo ironico–superiore di falsa condiscendenza. Lo stesso che, da tempo, aveva spento il sentimento verso di lei e non solo quello. Ben più deprimente il gelo polare in camera da letto. Ad essere sincero, adesso, essermi perso l'incontro con Stefania, mi rendeva abbastanza nervoso. Poiché la festività cadeva di venerdì, avevo pregustato di fermarmi fino alla domenica sera o addirittura fino lunedì mattina all'alba. La presenza imprevista di mia moglie scombinava tutto.

\*\*\*

Al pomeriggio, festa grande in piazza. I madonnari a terra a esibirsi in un concorso per artisti di strada, i giocolieri a vorticare le loro clavette colorate, un fisarmonicista con musiche da balera, un poeta esaltato che declamava poesie con rime baciate. E molte persone venute dai paesi vicini, davvero una moltitudine. Stefania, la intravidi a distanza, nemmeno venne a salutare mia madre che appariva allegra ed emozionata come una bambina, per tutto quel movimento intorno.

Ad un certo punto, nel momento della massima attenzione per l'estrazione della lotteria, un premio non male, un prosciutto di 20 chili, ecco che dal cielo cominciarono a piovere volantini. Sembravano coriandoli giganti. Pubblicità, o un di più a sorpresa, o una comunicazione relativa alla festa? Molti si chinarono a raccogliere, ci fu un gran mormorio. Alla fine, anch'io raccolsi un paio di quei foglietti colorati.

– Ma che vergogna, ma come mai... – qualcuno diceva. Un brusio scandalizzato ma anche divertito. Ci fu anche il mutismo allibito di alcuni e una risata grassa sfuggita al pizzicagnolo.

– Bambini, lasciate stare, non è roba per voi –.

In effetti, le immagini sui volantini erano, se non proprio porno, per lo meno osé. Non so se tutti sul momento riconobbero la fotomodella. Stefania in due pose diverse. In una indossava reggicalze di pizzo nero e calze a rete in tinta e corta canottiera in seta color salvia. Nell'altra, il laccio sottile della camiciola scivolava da un lato, ben sotto l'altezza dell'ascella. Accidenti a me, gliele avevo scattate io quelle foto. Avevo insistito per farle e, soltanto dopo aver ancora *giocato*, ridendo, lei aveva acconsentito. E maledetto io che le avevo conservate. Pensavo molto nascoste, con l'idea di riguardarle ogni tanto, visti i lunghi intervalli di lontananza fra noi. Ma a quanto pare, Claudia aveva capito come e dove cercare.

Mia moglie a voce alta disse: – Ma chi è questa p....na che viene a rovinare una festa dove ci sono anche bambini? –.

E molti occhi si rivolsero nella direzione in cui avevo intravisto Stefania, pochi attimi prima, ora come volatilizzata. Sapevo, e ne ero addolorato, che non l'avrei più incontrata. Chi, complice di mia moglie, aveva lanciato i volantini, dalla torre sulla piazza, non fu mai identificato. O nessuno si prese la briga di cercarlo, né Stefania, come sarebbe stato suo diritto, sporse denuncia. Fu meglio chiudere ogni possibile seguito, evitando indagini varie, prima che la vicenda boccaccesca uscisse dal paese.

Dissi a mia moglie: – Può darsi che lei non sia come tu l'hai definita, ma so di certo che tu hai una mente contorta e malvagia –.

Ebbe un sorrisetto ironico, più accentuato del suo abituale: – Certa gente, che crede di fare il proprio comodo senza pagare il dazio, merita pure una lezione! Una p... va sputtanata, peccato che nelle foto non risulti anche il suo compare –.

***

La storia finisce qui. Non lasciai mia moglie, pur desiderandolo e nemmeno lei mi lasciò, paga della vendetta. Ritengo che i figli vadano avanti a tutto e non debbano fare le spese delle nostre miserie. Nemmeno riuscii, lo avrei voluto, a rintracciare Stefania, per spiegarle che non ero certo stato io a voler quell'ignominia. Seppi che aveva venduto la casa, ma sempre tramite terzi. Lei in paese non si fece più viva, né mai cercò di mettersi in contatto con me. La mia amica dell'adolescenza, la mia compagna di giochi, il mio sogno erotico, la mia unica amante di una volta l'anno, perduta per sempre.

## Io e l'altro

Chissà come era cominciato quel gioco, di certo molto tempo prima, negli anni dell'infanzia. Ero stato un bambino triste, figlio di genitori separati, affidato ai nonni paterni.

Io, Claudio, bambino di cinque anni, seduto sullo scalino della casa dei nonni, osservavo la fila delle formiche che si muovevano frenetiche.

Immaginavo che, incontrandosi, si scambiassero effusioni rapide, un bacio e via, pensando ad altro. Cominciai a chiedermi quali fossero i pensieri delle formiche su di me, quando trovavano il mio piede nella scarpa a intralciare il loro percorso e, arrestandosi, erano costrette a cambiare il tracciato previsto. Cercai di mettermi al posto delle formiche e di osservarmi dal di fuori, io formica.

Le scarpe a carro armato erano più grandi dei piedi del bambino. Lui aveva i polpacci e le cosce cicciute di chi assume troppe calorie. La mancanza di affetto esaspera la ghiottoneria. L'intento illusorio della nonna di colmare i suoi vuoti d'amore con torte e crostate era altrettanto grave quanto la privazione dell'affetto. Forse la donna, in cucina, consolava se stessa di qualche indefinito senso di inadeguatezza, se non di colpa.

*Io, formica, vedevo un bambino brutto e grasso e davo ragione a quelli dell'asilo.*
*– Con quel ciccione, non voglio giocarci –.*

Avevo trentacinque anni, ero scapolo e non ero più grasso. Anzi, alto e dinoccolato. Così mi vedevo e mi ero indifferente.

Vivevo da solo. Almeno quell'atto di volontà ero riuscito a imporlo: staccarmi da mia madre. Avevo quindici anni quando si era ricordata di me, riprendendomi nella sua vita, dopo la fine di uno dei suoi ultimi e difficili amori. Da quel momento, mi si era appoggiata completamente, fino a che, a cinquantacinque anni, si era risposata con un vedovo senza figli.

Ero grato a quell'uomo che l'aveva convinta ad allontanarmi da casa. E, comunque, senza voler cercare colpe o ragioni, a trentacinque anni ero solo e, salvo qualche episodio di pochi mesi, non avevo una donna fissa. Quindi storie brevi e senza storia. E nemmeno rimpianti. Ecco, il sentimento, predominante in me, era l'indifferenza. La vita mi scorreva davanti come un film di scarsa presa. E il gioco di osservarmi dall'esterno con senso critico era seguitato fino all'età adulta. Mi vedevo dal di fuori, o almeno mi suggestionavo, fino a credere di trovarmi veramente fuori dal corpo.

*** 

*Io guardavo quell'altro ancora a letto con i capelli scomposti, il viso un po' gonfio per il troppo dormire, pallido, aria malaticcia. Alla fine lo scuotevo e lo costringevo ad osservarsi nello specchio. Che diamine, almeno un minimo di decente reazione!*

*Claudio davvero si guardava senza vedersi, ancora assonnato, assente. Mi faceva pena e rabbia insieme. Alla fine mi passava la voglia di scuoterlo dal torpore. Erano almeno trent'anni che provavo a mettere dentro di lui un barlume di vitalità e gioia di vivere. L'unico mio successo era stato quello di allontanarlo dall'influenza negativa di*

*sua madre, donna con un bagaglio di sofferenze alle spal-
le, scaricate tutte sul figlio. Aveva fatto di lui un infelice
permanente.*

*Mi pesava anche, ogni mattina, trovarmi con Claudio
nel tragitto in auto fino in ufficio. Era indifferente al traffico ingolfato, mai uno scatto d'impazienza, nemmeno un
minimo d'umorismo o d'ironia.*

\*\*\*

Eccomi di nuovo in ufficio. Stanza con tre tavoli pieni di
scartoffie di un Ente pubblico, due colleghi, una donna e un
uomo. Passavano più tempo a chiacchierare che a lavorare.

Io, Claudio, impiegato parastatale, mi estraniavo dai loro
discorsi. Niente mi trasmettevano se non grandi sbadigli
che strozzavo in gola, a rischio di soffocare. Avevano, con
mio sollievo, rinunciato a rivolgermi domande o tentativi
di socializzazione che si identificavano in cene collettive,
almeno due volte al mese, fra colleghi. Il mio lavoro si svolgeva totalmente al terminale del settore informatico. Occhi
incollati al video, impegno monotono. A volte, con noncuranza, mi connettevo ad un sito di chat, chiacchiere elettro-
niche. Dicono che qualcuno, in tal modo, faccia amicizie e
perfino s'innamori, hanno girato dei film sul tema.

\*\*\*

*Succedeva, a Claudio, di staccare la mente, di estraniar-
si, una specie di catalessi temporanea, così come dicono
avvenga nel "piccolo male", una forma di epilessia. Ma
Claudio non era epilettico.*

*A volte, gli accadeva di osservarsi le dita sopra la tastie-
ra del computer. Socchiudendo gli occhi, intravedeva una*

234

*scia luminosa fra polpastrelli e tasti. Certe sue letture del passato gli avevano riempito la mente di concetti confusi: energia, aura, corpo astrale...*

*Ecco, Claudio aveva simili tentazioni di pensiero.*

*Lo guardavo adesso, davanti al computer, lo sguardo vitreo sullo schermo. Era entrato in quella che chiamano chat, luogo di incontri superficiali, relazioni virtuali on line. Parole ripetitive, nella maggior parte, semplici saluti. Tutti avevano nick o pseudonimi impossibili, fingevano di essere improbabili altri personaggi per dimenticare se stessi.*

*Ad un certo momento, nella stanza entrò una ragazza che aveva sbagliato ufficio, aveva l'aria un po' smarrita, come trasognata. Si rivolse a Claudio, lui alzò a malapena gli occhi a guardarla. Ebbi la tentazione di procurargli del dolore fisico, magari un banale pizzicotto, ma di quelli convinti.*

*"Guardala, benedetto ragazzo, è carina. Nel suo impaccio, perfino ti somiglia. Dalle un'informazione decente, anzi offriti di accompagnarla, trova una scusa, attacca discorso...".*

\*\*\*

La ragazza si era piantata davanti alla mia scrivania, si curvava su di me con invadenza. Le indicai il tavolo del collega, senza nemmeno parlare.

Il nick Stellamarina mi stava domandando se ero sposato e se avevo figli, tentando l'approccio on-line. A volte, mi lanciavano un indirizzo di corrispondenza elettronica, ma non lo prendevo in considerazione. Una lettera, o mail che sia, avrebbe richiesto una concentrazione troppo impegnativa per quel mio periodo di abulia. Lo sapevo, erano sintomi di depressione, sarei dovuto andare in analisi da uno specialista, ma già pensarlo mi dava sudorazione e ansia. Mia madre aveva sofferto per anni di depressione.

*\*\**

*La ragazza era uscita accompagnata dal collega. Io osservavo Claudio e pensavo che, prima o poi, l'avrei abbandonato al suo destino, disinteressandomi di lui. Le mani gli andavano sulla tastiera e lui le osservava muoversi come se fossero estranee alla sua persona.*

*\*\**

Alla fine, avevo deciso di rivolgermi ad uno psichiatra per certi fenomeni che sempre più spesso mi accadevano. Il più grave, ne ero consapevole, quello di sentirmi fuori dal corpo, perdendo a volte la cognizione della mia identità.

Adesso, nella saletta d'attesa del noto professionista, ero tentato di fuggire. Riflettevo che, con l'importo della parcella, mi sarei potuto permettere un week-end di tutto rispetto.

C'erano altre due persone, in attesa. Eravamo tutti in anticipo sull'orario della visita. Io quasi di un'ora, gli altri non so. Uno dei due era un uomo sulla settantina. Mi domandai se, arrivato alla sua età, mi sarei ritrovato, come lui, a torcermi le mani, in attesa di una visita psichiatrica. L'altro potenziale paziente era una donna giovane, dall'aria stranamente familiare. Dovevo averla già vista da qualche parte.

*\*\**

*Se ne stava seduto con un'aria semi ebete, le mani abbandonate sui braccioli, sembrava osservare gli altri due,* ma aveva lo sguardo assente. Non si era nemmeno ricordato dove aveva già incontrato la ragazza, pochi giorni prima, in ufficio. Quella che aveva sbagliato stanza e gli aveva chiesto inutilmente informazioni.

Davvero non lo sopportavo più.

C'era una vetrata che si apriva su di un terrazzo e quindi si affacciava in un ampio giardino. Preferii allontanarmi da Claudio e uscire a godermi l'ultimo sole di autunno. I colori dell'autunno sono incantevoli e degradanti: marrone bruciato e colore dell'oro. È la stagione più romantica dell'anno.

Quei due "derelitti" nella sala d'attesa, li avrei volentieri visti seduti su quella panchina vicino al platano, a parlarsi di amore.

Alla fine, il corpo era riuscito a contagiare l'anima, o corpo astrale come preferite, mi sentivo triste e demotivato. Percepii, quindi, con un certo ritardo, l'altra presenza accanto a me, sul terrazzo ad osservare l'autunno.

"Anche tu qui?... guarda... mi hai proprio colto di sorpresa...".

"Ti ho visto uscire e ti ho seguito, lei comincia davvero a togliermi energia".

"Invece hai un bellissimo chiarore, con sfumature di azzurro e di viola".

"Sei davvero gentile...".

Comunicare col pensiero è intenso e struggente. Si innamorano i corpi astrali? Io ero innamorato di lei da sempre.

Decidemmo di lasciare quei due nella stanza, nella loro illusoria attesa e ci immergemmo nel rosso dorato dell'autunno.

\*\*\*

Si aprì una porta e fu chiamato dentro l'uomo anziano.

La ragazza, improvvisamente, parlò: – Ho sbagliato orario, ricordavo le quattro e invece ho appuntamento alle sei –.

– Io, alle cinque. Sono molto distratto e ho il difetto di arrivare sempre in anticipo –.

– È l'ansia... io arrivo sempre in anticipo –.

– Io sono qui più per scrupolo che per altro, credo di essere un malato immaginario –.

Lei si mise a ridere. Poi spiegò che anche lei si riteneva una malata immaginaria.

– C'è un bel sole fuori e l'autunno è la stagione che preferisco – disse.

Guardai oltre il terrazzo e mi accorsi che, sì, era autunno, davvero già autunno. L'estate era volata, senza che me ne fossi reso conto. Avrei voluto alzarmi, ma sentivo le membra pesantissime, di piombo, e non ci riuscivo.

– Sono come inchiodato alla poltrona – balbettai, rivolto alla ragazza.

– Anch'io – constatò lei. – Mi sento un peso morto. Chi lo sa, forse sono già morta, a volte ne sono quasi convinta, mi sento come un corpo senza anima –.

Un barlume di interesse in me, le chiesi il nome. Mi rispose "Ilaria". Entrambi ripiombammo nel nostro silenzio assente.

*\*\**

*Camminavamo accanto, leggeri e fluttuanti, immensamente felici di esserci ritrovati e riconosciuti. Avevamo memoria di una storia diversa fra noi, in tempi lontani. Erano rimasti, quei due, non so se definirli fantocci, abbandonati a se stessi, nell'ambulatorio del medico. Fu lei, dolcissima, ad averne compassione. Io invece temevo egoi-*

sticamente che, se fossimo rientrati, quei due esseri, specie di amebe, ci avrebbero nuovamente separati. E non volevo. Ma Ilaria sapeva insistere senza essere invadente.

***

La ragazza si alzò. – Ho ancora tempo, un'ora e più... Io me ne vado, semmai ritorno... –.
– Aspetta... – azzardò Claudio.
*Io sussultai*
– Quasi quasi... vengo con te... se ti fa piacere –.
Fu un attimo: il tempo di un sorriso.

*E ci ritrovammo fuori, nel parco, tutti e quattro, a godere dei colori dell'autunno.*

# Il viatico

Don Eugenio stava dormendo profondamente quando fu svegliato dallo squillo del telefono. Erano le due e quindici. Dalla sua esperienza di ormai quarant'anni di sacerdozio, parroco di un paesino montano, sapeva che soltanto chi sta andandosene da questo mondo terreno lo poteva chiamare ad un'ora così balorda. Le nascite e le morti non hanno obblighi di orario. Solo che, chi nasce, chiama il medico o l'ostetrica, non il parroco.

La voce che rispose era roca come accade a chi parla poco e di rado, irruvidita dal silenzio. Le voci dei suoi parrocchiani le conosceva quasi tutte, tranne questa, ma subito immaginò chi fosse proprio per la scarsa familiarità: la nipote di Antonia.

– La nonna sta male – disse – ti vuole. Vuole l'ultimo sacramento –.

Era solito andare a trovare l'anziana donna due o tre volte al mese, se qualcuno di paese lo accompagnava in auto. Di solito, era il medico condotto, anche lui a compiere quel giro di controllo, fra i pazienti in età avanzata che abitavano isolati.

Il dottor Sastri, però, risiedeva a trenta chilometri di distanza, nel comune confinante più a valle. Di notte, interveniva la guarda medica, altrettanto distante, salvo, rare volte, quando il medico si fermava in casa di Rosa, una donna di paese che per pochi soldi affittava una stanza.

– Hai chiamato il dottore? – tuttavia il parroco chiese.

Dava a tutti del tu e molti facevano altrettanto con lui. Specialmente quelli che lo conoscevano da quando era arrivato in quella remota località, ancora trentenne. Anche Antonia gli aveva dato subito del tu. La ricordava molto giovane, nell'angolo in fondo a sinistra della chiesa. Non perdeva una funzione, a costo di scendere, dal monte, a piedi. Sposata, quasi bambina, ad un uomo molto più anziano e spesso ubriaco, era rimasta vedova a venticinque anni, con una figlia di otto anni da tirare su.

– Sì, l'ho chiamato. Ma il dottore ha detto che non può venire fino a domattina –.

Stava mentendo. Il dottor Sastri sarebbe in ogni caso andato da Antonia, anche se fuori orario. Alla donna volevano tutti bene in paese perché si era prodigata per tanti, prima di restare inferma. Però, don Eugenio sapeva che il medico era partito il giorno prima, per una settimana di ferie. Aveva lasciato l'incarico a un sostituto e questi di certo, la notte, s'affidava alla guardia medica, come del resto è giusta prassi.

– Ho visto Antonia sei giorni fa... M'era sembrata in buona salute –.

– Se ti dico che sta male, vuol dire che sta male. E poi ha chiesto di te –.

C'era rabbia soffocata in quella voce.

– Va bene. Vedo se sveglio qualcuno che mi accompagni in macchina –

– No, lascia stare, vengo a prenderti io –.

La nonna stava morendo e chiedeva il viatico e lei la lasciava sola per venire a prenderlo. Un pensiero gli passò fastidioso per la mente e subito se ne vergognò, come fosse stato un sintomo di negligenza. Alla sua età, con i relativi acciacchi, la prospettiva di salire al casolare sperduto fra la neve, non era poi così invitante.

–Va bene – disse. Nemmeno le chiese se lo avrebbe poi riaccompagnato al ritorno. Ci pensò subito dopo, appena interrotta la comunicazione. Allora decise di svegliare, sia pure a malincuore, Riccardo, il giovane sacrestano. Lui e la moglie erano i suoi angeli custodi, così li definiva, pronti ad accorrere in caso di necessità.

Gli spiegò. E quello subito: – Mi vesto e l'accompagno –.

– No, ormai la ragazza sarà partita per venire giù. Non so nemmeno perché ti ho svegliato. Solo mi è venuto il dubbio per il ritorno. Con la nonna che sta male è giusto che la nipote le resti accanto –.

– Allora facciamo così: intanto vai. Io mi vesto, mi faccio un caffè, poi salgo su. Fra dieci minuti parto, così arrivo mentre sei ancora lì. Ma il medico lo ha chiamato? –.

– Già... mi sa che non lo ha chiamato. Prova a vedere tu... se puoi metterti in contatto col sostituto o con la guardia medica –.

Intanto suonavano alla porta di casa. La ragazza era davvero scesa a precipizio per arrivare così presto. O forse si trovava già in paese quando lo aveva chiamato. Aprì e la invitò ad entrare, ma quella scosse la testa e lo aspettò sulla soglia.

Il parroco indossò la giacca a vento, berretto, guanti e sciarpa di lana e la seguì. La osservò davanti a sé mentre si dirigeva alla jeep sgangherata, vecchia di molti anni, la stessa che aveva usata Antonia fino a quando l'incidente non l'aveva paralizzata.

Era piccola, ma con spalle larghe come un uomo e, vista da dietro, davvero sembrava un uomo, uno dei tanti montanari della zona, di quelli abituati a lavori pesanti. E non era bella, povera anima. Non come lo era stata la sua nonna Antonia, bellissima a venticinque anni.

Nemmeno era una parrocchiana assidua, difficilmente l'aveva vista in chiesa. Era una ragazza con molti problemi, introversa e pronta ad aggredire nel timore di venire aggredita. E poi una ribelle, di quelle che fanno sempre il contrario di tutto.

Lui ne aveva parlato con Antonia, più volte, in passato. Lei aveva sempre un po' tergiversato. S'era rovinata la salute per quella ragazza, fin da quando la figlia se ne era andata, abbandonandola a lei. Aveva ottenuto ben poco. Clara, la bambina, era cresciuta come una selvaggia, nonostante le attenzioni e i tentativi di istruirla. Già la madre... era stato un caso abbastanza particolare.

C'era una tara che le aveva segnate, Clara e prima sua madre Giovanna, la figlia di Antonia e Giuseppe. Lui alcolizzato, violento e brutale, una specie di animale. Relativamente benestante. Anche avaro. Però, alla sua morte, la casa e il podere era passati, per eredità, alla moglie e a Giovanna bambina, ora donna. Ma chissà dove e chissà se viva. Chi in realtà aveva portato avanti tutto il lavoro al podere era stata sempre Antonia. Non si era mai tirata indietro in presenza di un ostacolo, disposta a qualsiasi sacrificio per dare un futuro decoroso a quella figlia che l'aveva così mal ripagata. Antonia, da giovane insicura e inesperta, si era trasformata in una donna rude e forte, forse dura, come lo era stata la vita con lei.

Dove fosse finita sua figlia ormai nessuno in paese se lo chiedeva, né si poteva risalire al vero padre di Clara. Nemmeno Giovanna, la madre, ci sarebbe riuscita, vista la sua consuetudine disinvolta, con qualche scapestrato di cui nemmeno conosceva il nome. Aveva abbandonato la figlia e se n'era andata con un venditore ambulante, che s'era fermato una settimana in paese. Sparita nel nulla, non aveva più dato notizie, nonostante le ricerche.

Da quando Antonia era rimasta paralizzata due anni prima, Clara, ragazzina, aveva preso le redini di casa. Adesso aveva diciannove anni, anche se, a guardarla, era difficile darle un'età precisa.

– Cos' è successo a tua nonna? Cos'ha di nuovo? –.

– Respira male e non riesce a parlare –.

– Sarebbe stato il caso di chiamare un'autoambulanza e portarla in ospedale – azzardò il sacerdote.

– Ma tanto che importa, già ridotta com'è che ci sta a fare? – esplose la ragazza

– Ah, certo, sembra che tu le voglia un gran bene – ironizzò il prete.

– Don Eugenio, le ipocrisie le lasci ai suoi parrocchiani, quelli che vengono a confessarsi –.

– Anche se non vieni in Chiesa... anche tu sei una mia parrocchiana –.

– In Chiesa, le volte che ci sono venuta... sempre obbligata dalla nonna. Non sono nemmeno cresimata, lei lo sa –.

Sì, lui lo sapeva. E aveva sconsigliato Antonia di forzare più di tanto la nipote, convinto che la ragazza, crescendo, si sarebbe ravveduta. La donna era solita rispondergli. – Non sono tanto discorsi da prete. Di certo frequentare la parrocchia male non le fa –.

C'era stata quella fiducia affettuosa fra loro, grande amicizia fraterna. Lei gli si rivolgeva sempre per consigli e, sacramento della confessione a parte, gli si confidava. Per questo forse, la settimana prima, Antonia gli aveva consegnato quella busta, una lettera per lui, aveva detto, da aprire solo dopo la sua morte. Lui temeva una qualche confessione. Per certi pensieri che gli era sembrato di leggerle negli occhi ai tempi della loro gioventù. Quando, molto spesso, aveva evitato di guardarla in viso per non trovarsi in difficoltà. Oppure, quando aveva rifiutato di prenderla come aiuto in casa, quando lei glielo aveva proposto. Già se ne sentono tante di parroco e perpetua, s'era detto.

Adesso, don Eugenio rifletteva che la donna doveva essere stata piuttosto male e aver previsto il peggio già nei giorni precedenti. Forse in quella lettera, semplicemente, dava disposizioni e raccomandava la nipote. Oppure destinava il denaro per coprire le spese del funerale. Era tipico di Antonia cercare di risparmiare le incombenze agli altri. Soprattutto a Clara, verso la quale provava sensi di colpa per non essere riuscita a indirizzarla nel modo giusto. Del resto, come le era accaduto con la figlia

– La custodisca e non ne parli con nessuno – gli si era raccomandata, consegnandogli la busta.

L'auto stava entrando nell'aia. Dalla casa uscì una figura alta e scura. Era l' uomo che Antonia aveva accolto in casa due anni prima e poi era diventato un aiuto indispensabile per il lavoro al podere. Solo che, in seguito, s'era forse pentita. Gliene aveva anche accennato, l'ultima volta, ma subito s'era zittita all'arrivo della nipote. Qualcosa era riuscito a intuire. Che Salvatore, così si chiamava, e Clara fossero diventati intimi e Antonia, nelle sue condizioni, avesse perso ogni possibilità di controllo o di intervento.

***

Nella stanza c'era un odore non proprio gradevole, di rinchiuso e di poco igiene. Già dalla settimana prima, ma ora molto peggio. Clara doveva limitarsi al minimo, nell'accudire la nonna. Don Eugenio, prima di salire, aveva notato la sedia a rotelle, in fondo alla scala, di certo molto distante dalla camera da letto, dove sarebbe stata più necessaria.

Si avvicinò al letto dell'inferma.

– Antonia, come stai? Cosa ti senti? –

Incontrò lo sguardo atterrito negli occhi sbarrati della donna. Gli era capitato alcune volte di vedere la paura nello sguardo di chi si sente vicino a morire, ma da lei non se lo sarebbe aspettato. Una donna di fede, un'anima bella.

Lei non gli rispose, le labbra strette e suggellate.

– Te l'ho detto, non parla da ieri – ribatté seccata la nipote.

– Nonna, ti ho portato don Eugenio perché so che ci tieni all'ultima comunione. L'ho fatto per te, sai che io a queste cose non ci credo –.

La mano della donna ebbe una contrazione sul lenzuolo macchiato di giallastro. Il prete la prese fra le sue, pronunciando parole di conforto per tranquillizzarla. Il dito indice di lei si mosse in modo strano sul palmo della mano di lui, pareva quasi...

Lei tracciava segni, ma quali? Era difficile capire. Dopo averla comunicata, Don Eugenio si accomiatò. Non era riuscito a toglierle l'orrore dallo sguardo.

Clara, stranamente gentile, si offrì di preparargli un caffè, ma precisò.

– Tu capisci, non posso accompagnarti. È meglio che tu prenda qualcosa di caldo, prima di scendere nella neve –.

Già, tre chilometri a piedi nella neve, nel freddo pungente, due ore prima dell'alba, non sono certo un esercizio salutare.

– Sì, grazie – rispose – Se hai del latte e del caffè... –.

In cuor suo pensava di dare tempo a Riccardo di arrivare.

– L'ho vista proprio trasformata, dall'ultima volta...– mormorò, sorseggiando il liquido nella tazza fumante.

– Gli altri moribondi sono belli da vedere? –.

Era provocatrice e sarcastica.

– La diagnosi l'hai fatta tu al posto del medico... – le rispose.

– Sa, don Eugenio, lei è un prete poco prete –.

– Me lo hanno già detto –.

– Prima di tutti, te lo avrà detto la nonna. Via, lo sanno tutti che fra voi c'è stato qualcosa... –.

Al sacerdote salì il sangue alla testa, il viso gli si fece paonazzo. La sua pressione era molto labile negli ultimi tempi.

– Non ti permetto... –.

– Non prendertela, io dico sempre quello che penso... la falsità è peccato, no? –.

– False sono certe dicerie. Tua nonna è un santa donna che si è solo sacrificata per gli altri. Non mi sembra che tu la ricambi. E mi sono meravigliato che tu, che non sei credente, ti sia preoccupata di chiamarmi per darle il viatico –.

– Proprio perché so che mia nonna ci tiene a seguire certe regole e precetti. E guarda che mia nonna di sacrifici per me ne ha fatti pochi. Anzi mi ha sfruttato nel lavoro dei campi fin da bambina. La sacrificata sono stata io –.

Inutile ricordarle che, quando da piccola veniva accompagnata alla porta della scuola, si nascondeva fuori, in qualche anfratto del cortile, fino all'ora di uscita. O scappava in qualche angolo di vicolo in paese.

Don Eugenio ebbe un'idea istintiva: – Quando arriva Riccardo, carichiamo Antonia sull'auto e la portiamo all'ospedale. Tanto... morire per morire, meglio levarti il disturbo qui –.

La ragazza s'immobilizzò: – ... Riccardo? –.

– Ho immaginato che tu non potessi riaccompagnarmi e infatti... –.

Proprio in quel momento si sentì il rumore del motore dell'auto in arrivo.

Clara gridò: – Salvatore, vai ad aprire la porta –. Voce troppo alta e troppo agitata.

– Posso aprire io – disse il prete.

– Non è compito tuo – lo bloccò la ragazza.

Salvatore apparve sul pianerottolo di sopra, ma che ci stava a fare là, visto che lo aveva lasciato al piano terreno, dove era anche la sua stanza?

I due si scambiarono un'occhiata.

– Accompagna don Eugenio e non fare entrare nessuno. Non ci voglio estranei in casa mia –.

Però il campanello stava giù suonando e la porta fu aperta.

Riccardo era in compagnia di un altro uomo.

– Ho portato il sostituto del dottor Sastri – disse – Una fortuna. Alloggia in casa di Rosa, questa settimana che il dottor Sastri non c'è –.

– Non abbiamo bisogno di un dottore – protestò Clara e il suo era un comportamento alquanto strano.

Don Eugenio prese l'iniziativa e si avviò verso la scala, per far strada al medico. C'era forte tensione nell'aria.

– Non potete salire – disse Salvatore, mettendosi di mezzo.

Riccardo, che aveva i riflessi molto pronti, aveva già composto un numero al cellulare.

La ragazza glielo tolse di mano al secondo squillo e lo spense.

– Non c'è bisogno di fare telefonate – disse – Se volete salire, salite, ma davvero non ne vale la pena –

\*\*\*

Nella stanza, la donna stava riversa di traverso nel letto, le lenzuola sconvolte, il cuscino, invece che sotto la testa, le stava sul petto. Con le unghie, ne aveva lacerato la stoffa.

Clara gridò. – Cosa le hai fatto, don Eugenio?... Io mi sono fidata a lasciarvi soli –. Un tentativo estremo di deviare i sospetti.

Antonia rantolava, ma era ancora viva. Il progetto di omicidio era stato bloccato dalla voce agitata della nipote. Quando aveva segnalato a Salvatore l'arrivo di Riccardo.

Il medico si precipitò a soccorrere la vittima. Le fece un'iniezione e perfino il massaggio cardiaco. Ci fu un gran trambusto intorno a quel letto per rianimare l'anziana donna.

– La nonna minacciava di raccontare tutto, della loro tresca... e lui... So tutto perché lei me lo aveva confidato fin da bambina... –.

La ragazza aveva ripreso vigore e lanciava accuse e veleno, additando don Eugenio impietrito.

Ma Antonia miracolosamente si riprese e ritrovò un filo di voce, appena un sussurro.

– Non bestemmiare – disse – È stato Salvatore d'accordo con te. Volevate uccidermi e dare la colpa a don Eugenio –.

– Allora puoi parlare... – balbettò il parroco.

– Non potevo prima... ma ti ho scritto "aiuto" sulla mano... Non hai capito. Mi avevano detto che, se parlavo, avrebbero ucciso anche te –.

– Ma... perché lei mi ha chiesto di venire qui e portarti la Comunione... –.

Ancora pover'uomo non capiva... nonostante la ragazza, prima, fosse stata esplicita. Forse s'era illusa di scaricarsi in parte la coscienza, oppure, era meno atea di quanto affermava. Nonostante la follia, non aveva voluto negare alla nonna quell'estremo sollievo, pur avendo l'intenzione di ucciderla. Oppure... semplicemente era necessaria quella messa in scena per rendere verosimile la morte per cause naturali. Oppure... ancora non realizzava, pover'uomo, o non si capacitava che, premeditatamente, quei due si fossero proposti di accusare lui, per uscirne puliti. La loro versione sarebbe stata: "Antonia aveva minacciato di rivelare le nefandezze e oscenità nella loro relazione di gioventù. Di conseguenza, don Eugenio l'aveva uccisa, facendo credere che fosse morta di arresto cardiaco, o simile.

Supposizione o realtà, il sacerdote, del tutto innocente, era già disposto a perdonare.

Nel frattempo, Riccardo aveva richiamato, al telefono fisso, il Maresciallo dei Carabinieri, anch'egli amico suo. Erano tutti amici in quel piccolo paese. Il maresciallo era già pronto per partire. Dopo i due squilli ricevuti poco prima, aveva richiamato il numero visibile sul display. Il cellulare di Riccardo era risultato spento. Allora aveva composto il suo numero di casa. Parlando con la moglie di lui, si era insospettito e i fatti successivi gli avrebbero dato ragione. Con poche parole, dopo, Riccardo confermò i suoi sospetti. Qualcosa di molto grave sarebbe realmente accaduto se non fossero arrivati in tempo. Questione di attimi. Salvatore, nel frattempo, era scomparso e anche Clara era scesa di sotto. S'era sentito il motore della jeep che si allontanava, ma non ci avevano fatto troppo caso. Tanto, quei due non potevano andare poi così lontano.

***

Antonia morì la settimana dopo, nonostante il ricovero in ospedale, le cure e la solidarietà dei paesani. Difficile stabilire se fosse per conseguenza del trauma subito o per legge naturale. Don Eugenio aprì la busta che lei gli aveva consegnata prima del fattaccio.

Con la sua scrittura elementare, ma chiara, Antonia aveva scritto:

*Don Eugenio,*
*ti scrivo questa lettera prima di cambiare idea, anche se mi sento infame ad accusare mia nipote.*

*Sospettavo che Salvatore salisse a dormire in camera di Clara da qualche tempo. L'altra notte mi sono alzata, mi vergogno a dirlo, per sorprenderli. Dietro la porta, li ho sentiti parlare. Dicevano che vogliono aiutarmi a morire, così sono liberi di vivere insieme senza incomodi. Nel mio stato gli do solo fastidio. Io adesso vorrei lasciare i miei risparmi a te, per darli in beneficenza. Vedi tu come e quando e quale persona ti sembra più bisognosa. Di te, don Eugenio, mi fido.*

*Io non credo che arriveranno a uccidermi, come dicono. Però, quando mi sono mossa, dietro la porta della camera di Clara, la sedia a rotelle ha fatto troppo rumore. Mia nipote è uscita fuori e le parole che mi ha urlato non posso ripeterle. Credo che la ragazza non sia più in sé. Quell'uomo, che per età potrebbe esserle padre, le ha cambiato la testa. Mi ha perfino minacciata di togliermi la sedia a rotelle e di bloccarmi a letto. Per fortuna che, prima, riesco a scriverti.*

*Ho paura che vogliano invischiare anche te, don Eugenio. Stacci attento. Soprattutto per questo io scrivo, per allertarti e fare chiarezza. Grazie di tutto. Antonia*

***

Clara, per la sua complicità al tentativo di omicidio, venne riconosciuta temporaneamente incapace di intendere e di volere e affidata ad una comunità. Salvatore, al processo, negò con quanto fiato aveva in gola, seguitando ad accusare don Eugenio. Nessuno prese in considerazione quell'accusa. Poi... c'era la lettera di Antonia che accusava. A Salvatore, diedero sei anni di casa di cura psichiatrica, riconoscendo la seminfermità mentale.

Don Eugenio, con il denaro affidatogli da Antonia, aprì un libretto al portatore che, una volta uscita dalla comunità, sarebbe servito per aiutare Clara a rifarsi una vita. Chi più di lei, sola e senza lavoro, poteva averne bisogno? Tante ne aveva raccontate al processo, sulla nonna ... Forse non tutte false. Delle pretese e dei soprusi, delle scenate e delle botte, se la bambina disubbidiva.

Dopo quegli ultimi avvenimenti, il parroco si sentiva talmente stanco... Non vedeva l'ora che la parrocchia venisse rilevata da un sacerdote giovane. E lui, finalmente, riposarsi.

## Come un limone

Mia figlia ha scelto di parlare adesso, mentre sto caricando la lavastoviglie. L'elettrodomestico si utilizza solo una volta al giorno o anche ogni due giorni. In effetti, spesso ci siamo dette che, per due persone, è abbastanza superfluo e, infine, anche costoso.

– Avrei deciso di andare a vivere per conto mio –.

Resto con la mano sospesa per aria, reggendo una posata.
– Avresti? – domando, ripetendo quel condizionale che mi dà qualche margine d'improbabilità.

– Ho deciso –.

Mi conosce, non mi lascia appiglio. – Lo hai deciso da quanto tempo?–.

– È un po' che ci penso, ma adesso ho trovato dove abitare. Dividerò l'appartamento con un'amica –.

Le mani e lo sguardo impegnati nel caricare le stoviglie, mi risparmiano di mostrarle il mio disappunto.

Quando suo padre se ne andò, lasciandomi per un'altra donna, Giulia aveva appena dieci anni. Lui nemmeno tentò di chiederla in affidamento congiunto, tanto gli sarebbe stata scomoda, visto il lavoro che lo portava sempre in giro per l'Italia. Inoltre, la nuova compagna, già incinta, sarebbe stata poco predisposta ad accudire la figlia dell'ex moglie. In questi anni, Giulia e Luigi si sono incontrati soltanto una dozzina di volte, nelle grandi occasioni. Ma lui si è messo a posto la coscienza con un assegno minimo mensile, come contributo per il mantenimento della figlia. Né mai gli ho chiesto altro. Mi ritenni, e mi ritengo, fortunata per aver ottenuto subito un secondo lavoro, quattordici ore in totale al giorno, ma riuscendo sempre a ritagliarmi spazi da dedicare a Giulia.

Ora Giulia ha ventidue anni. Dopo il Liceo, la laurea breve. Per fortuna, sei mesi fa, già un buon impiego con contratto a tempo indeterminato. A procurarglielo, è stato suo padre, questo gli va concesso. Con tutte le sue conoscenze, è riuscito a sistemarla. D'altra parte, è stata la prima volta che la figlia gli ha chiesto qualcosa. S'è sentito in dovere di riscattarsi. Forse. O, devo essere onesta, semplicemente, nonostante l'assenza quasi totale, le vuol bene.

Avevo pensato, a volte, quando le gambe parevano non reggermi per la stanchezza, che, se un domani Giulia avesse trovato un impiego, forse avrei potuto vivere una vita meno affannosa. Soprattutto il secondo lavoro, al bar, dopo cena, m'è pesato e ancora mi pesa. Otto ore al ristorante come aiuto cuoca, sei ore la sera al bar come cameriera. E quel breve percorso a piedi, rincasando oltre la mezzanotte, spesso m'è costato, e mi costa, maggior patema che non le ore lavorative. La sensazione di passi alle spalle mette le ali ai miei passi, per quanto stanchi essi siano.

– Certo... se dividerai le spese dell'affitto con la tua amica, potrai anche farcela –.

E mi sale un impeto di ribellione che mi detta parole che non avrei voluto dire.

– Se non avrò più te in casa... a carico, potrei lasciare il lavoro al bar. Tanto a me basta il minimo. Di certo risparmierò. Anche perché non mi peserà lavare i piatti a mano –.

Forse non sono mai stata, con Giulia, così acre. È però anche vero che, in sei mesi di stipendio, a lei, non è venuto in mente di propormi un contributo minimo, né io l'ho sollecitata. Trovo giusto che i primi guadagni possa goderseli in pace e, quindi, se mi avesse proposto di contribuire alle spese di casa, avrei rifiutato.

Mi guarda quasi con sdegno, come se l'avessi insultata.

– Io invece avevo fatto conto che *tu* potessi seguitare a darmi qualcosa. Almeno per i primi tempi, finché non mi sarò organizzata. Con uno stipendio modesto come il mio, non è così facile mantenersi –.

Non trovo una risposta adeguata. Penso soltanto che suo padre potrà continuare a versarle quei duecento euro mensili, suo contributo, non modificato negli anni. E infatti glielo suggerisco.

– Lui mi ha già aiutata trovandomi un lavoro –.

Mi guardo le mani ruvide e screpolate e sento pesare più di sempre le caviglie gonfie. Ne è valsa la pena, se sono riuscita a laureare una figlia. Io che non ho potuto studiare e ho cominciato a lavorare a quindici anni come baby sitter e colf ad ore. La madre in me è ancora disposta a tutto. Non c'è sacrificio in ciò che dai ai figli, se li ami. Senza considerare il dovere di mantenere l'impegno preso verso di loro, nel metterli al mondo. Inoltre, rifletto, se sto a sottolinearle il mio malessere, scaricandole sensi di colpa, essi potrebbero trasformarsi, dentro di lei, in rancore. Li identificherebbe come un tentativo scorretto a impedirle di maturare e vivere la sua vita. I figli si mettono al mondo non in prospettiva di una loro riconoscenza, altrimenti sarebbero figli del nostro egoismo e non del nostro amore.

Ma in me, la donna, in questo momento, ha un minimo guizzo di vitalità e si ricorda di avere quarantadue anni. Mai una storia, mai una relazione, sempre bloccate al primo accenno. Perché ad un estraneo, in casa, con Giulia che, adolescente, diventava donna, non avrei mai permesso di entrare. Nemmeno fossi stata innamorata folle. Ora, improvvisamente, non so se, per il bene di mia figlia, io debba mostrarmi ancora totalmente disponibile, o negarmi, perché finalmente si responsabilizzi. Mi sembra ancora così bambina... Lo so che rischio di perderla, se scelgo la linea contro. Ma rischio? O col tempo si renderà conto, confrontandosi con me, di quanto la vita sia dura per una donna sola? Spero che la sua vita sia meno solitaria della mia. Repentino, un dubbio. So che ha molto socializzato con un suo collega trentenne, scapolo, che vive da solo. Che... *l'amica* sia lui? In sei mesi, già tanta fiduciosa amicizia... Se mi nasconde di lui è perché teme una mia reazione contraria: le ho sempre predicato di non legarsi troppo presto.

– È un'amica o un amico, la persona con cui dividerai l'appartamento?–.

– Accidenti, mamma, tu capisci tutto al volo –.

Le dico, e la mia voce è piatta: – Va bene, Giulia. Se hai deciso, non so proprio come dovrei impedirti di vivere la tua vita. Comunque, non dimenticare, la porta di casa, qui, è sempre aperta –.

Forse vuole evitare che quella porta aperta metta in discussione la sua conquistata libertà ed esordisce: – A proposito, potresti affittare la *mia* stanza a una studentessa. Lo fanno in molti e rende abbastanza. Tanto io a casa non ci tornerò. Con l'affitto che percepirai, potrai anche lasciare il lavoro al bar e magari, visto che la stanza in fondo è stata mia, aiutare anche me –.

Mi guarda candida, è davvero convinta. Il mio cuore è come un limone tenuto in casa per settimane fuori dal frigorifero. Lo avete notato? La buccia si scurisce, diventa quasi coriacea. Dentro c'è ancora succo, ma la scorza è durissima, si fa fatica a tagliarla. Così il mio cuore. Però non è un limone, è piuttosto un panetto di burro che, se lo tieni fuori dal frigo, si scioglie. E rischia d'irrancidire.

– Quando pensi di andare? – chiedo a Giulia.

– Il prossimo weekend, faccio le valigie. Due valigie basteranno, non ho tanta roba. Poi, insomma, posso sempre tornare a prendere le cose rimaste –.

Le due valigie sono quelle che comprai quell'unica volta che andammo in gita e dormimmo in albergo.

– Lo sai che nel weekend non rientro prima dell'una di notte... non potrò esserti d'aiuto –.

– Non preoccuparti, c'è chi mi aiuta. Lascerò tutto in ordine –.

Sì, Giulia, d'accordo Giulia, come vuoi tu, Giulia...

Quante volte in ventidue anni, è stata la mia risposta? Una volta di più, cento volte di più... Io sono qui, ci sono sempre stata. Non voglio che Giulia sia figlia del mio egoismo.

– Per il momento non affitterò la tua stanza, prima voglio essere sicura che tu ti sia trovata bene –.

Altro non mi sento di dire.

## Pareggio

Sono ancora un po' assonnata alle otto del mattino, l'indomani del giorno festivo. Il suono del colpo secco, violento, in strada, mi fa sussultare. Segue lo stridio di un'auto che fa una sterzata brusca e riprende la corsa. Dapprima, penso, o almeno cerco di pensare, all'urto contro il contenitore della nettezza urbana. Si trova a pochi metri, verso destra, dalla vista della mia finestra. Per una frazione di secondo, penso al cocker dei vicini. Lo lasciano uscire, ogni mattina, incustodito, ma è un cane ben educato, va verso i campi e, obbediente, ritorna nel giro di un quarto d'ora. Evito di pensare ad altro. Ma altro è.

Sento voci concitate all'esterno. Riconosco prima quelle dei miei vicini di casa, padroni del cocker, poi quella del fruttivendolo che ha il negozio di fronte. Poco prima, aveva servito Francesca che era uscita in strada col sacchetto di plastica al braccio. Dentro, la verdura e la frutta appena acquistate. Non è stato colpito il bidone della nettezza urbana, non hanno investito il cane dei miei vicini. Finora mi è mancato il coraggio di affacciarmi e guardare, poi devo decidermi. Il corpo, sbalzato a molti metri di distanza, sembrerebbe un fantoccio inanimato, se non fosse per la chiazza di sangue che gli si spande intorno. È quel che resta della mia amica e collega Francesca, insegnante di Italiano e Latino, nell'Istituto, dove io stessa insegno Storia e Filosofia, nella medesima sezione. Abbiamo chiesto lo stesso giorno libero e oggi, lunedì, lo è. Infatti, fra poco, sarebbe arrivata a casa mia, avremmo fatto colazione insieme e poi saremmo uscite.

Le voci inveiscono al *pirata* della strada che ha guidato a velocità proibitiva. Risuonano parole come "drogato" e anche "ubriaco".

– Guidano come pazzi, escono ubriachi dalle discoteche ... –.

Ho nebbia nella mente e negli occhi. Dalle labbra serrate, non ne uscirebbe suono.

Nella foschia, quell'orribile pensiero. La droga, l'alcol, la discoteca, è vero, sono cause scatenanti, però... Potrebbero essere un alibi perfetto ad una volontà omicida, di un qualche scriteriato che serba rancore e si nasconde dietro l'attenuante dello stato alterato.

La moglie del fruttivendolo ora sta piangendo, all'arrivo dell'autoambulanza. Francesca sa, sapeva, farsi voler bene. Lei così gentile, così sommessa nella parole, così paziente e conciliante. Io sono di marmo.

\*\*\*

La nostra è una piccola città di provincia. Nel quartiere periferico, dove io abito, ci conosciamo più o meno tutti. Vi abito da vent'anni. Avevo conosciuto Francesca, appena ottenuta la cattedra, in quella scuola superiore, dieci anni prima. Più giovane di lei, ero un po' spaesata. Mi aveva molto sostenuta, eravamo diventate amiche. Il Preside e alcuni colleghi mi avevano informata, già allora, che, fra i ragazzi, ve ne erano di *turbolenti*. Richiedevano la massima attenzione. Francesca aveva subito ridimensionato: "Nessuno, nel profondo dell'anima, è malvagio. Con i ragazzi, bisogna avere tatto e comprensione. Se un'insegnante vale e sa dimostrarlo, guadagna la loro stima.

\*\*\*

Ci sono, però, allievi che, per loro ragioni nascoste, dietro le quali c'è anche molta sofferenza, si sono costruiti intorno un reticolato che respinge, a volte trafigge, qualsiasi mano si tenda ad aiutarli. È il caso di Emanuele. È l'identificazione negativa dell'allievo moderno. Sfrontato, arrogante, irridente, con i compagni e con gl'insegnanti. Non conosce il concetto di rispetto. Si presenta senza libri o quaderni, sghignazza se glielo si fa notare. Tormenta, con scherzi pesanti, i compagni, a turno. Gli altri ridono nel timore di essere presi di mira. Ripetente per due volte, ha diciannove anni contro i sedici dei compagni. Ha la struttura di un uomo alto e possente. Si sospetta che abbia a che fare con certi atti di *bullismo*, per i quali non si sa risalire al colpevole.

Durante il collegio dei docenti, i professori concordano che un tale elemento andrebbe allontanato, che fa danno e guasta anche gli altri. Solo Francesca lo difende.

– Non è colpa sua, se è vissuto sbandato. Genitori separati che si sono fatti una seconda famiglia con altri figli. Lui cresciuto in casa della nonna. Una donna molto benestante, molto intenta a rendere il proprio aspetto meno datato. Il nipote ha troppi soldi in tasca, surrogato di un affetto che nessuno gli dà. Le bravate sono il modo di urlare il suo bisogno di amore.

Sono questi gl'interventi di Francesca che cerca di aiutarlo. Lo ha sempre fatto, dall'inizio dell'anno e un po', forse, a volte, è riuscita a disorientarlo, con quel suo tono pacato e pacificatore. Io, invece, le ho spesso ricordato che una certa disciplina ci vuole, non come nei College britannici, dove si arriva, ancora oggi, alle punizioni corporali ma, insomma, autorità e fermezza.

\*\*\*

C'è stato quel giorno della settimana scorsa. Un certo trambusto in classe e qualche risatina. Stavolta Emanuele ha preso di mira la professoressa "buona" quella che cerca di difenderlo. Ha sparso sulla sedia, dietro la cattedra, una colla speciale, trasparente, di quelle che se ti attacchi, per alzarti, ti si strappano i vestiti. È uno scherzo neanche originale. Ai miei tempi si mettevano le puntine da disegno.

Emanuele aveva detto ai compagni: – Vi metto in mutande la professoressa Garbi –.

Solo che Francesca non c'è cascata. Ha notato lo strato lucido del collante sulla sedia. Ha capito.

*** 

Improvvisa: – Oggi vorrei fare un esperimento. Uno scambio di ruoli –. E fissa Emanuele.

– Non ho capito – ironizza, il ragazzo, provocatorio.

– È semplice. Io faccio la parte dell'allieva e tu quella del professore. Vieni alla cattedra e m'interroghi.

Un atteggiamento inconsueto per lei così conciliante. Emanuele, nessuno ne avrebbe dubitato, si è alzato e la raggiunge. Ha un'espressione sorniona e divertita.

– Siediti pure e interrogami –.

– Sto bene in piedi –.

– Se preferisci stare in piedi, fa lo stesso, ma mettiti alla cattedra –.

Il ragazzo l'asseconda. Dietro la cattedra c'è il muro, la sedia non può indietreggiare più di tanto.

– Aspetto la domanda – lo incalza.

– Da quanto tempo non scopa, professoressa? –. Lo sguardo spavaldo verso i compagni.

– Le pulizie le faccio almeno tre volte la settimana. Non sempre uso la scopa, più spesso l'aspirapolvere –. Non si altera, ma gli si avvicina. Lui di certo si è distratto, così che Francesca, con uno strattone, lo costringe a sedersi. Lei così esile e lui così possente.

– Seduto stai più comodo. Puoi farmi altre domande, se vuoi –.

– Tu credi di essere meglio degli altri prof perché fingi di essere stupida? –.

L'ira gli sprizza dagli occhi. Francesca ha chiamato un custode.

– Può accompagnare il ragazzo in Presidenza? Io lo raggiungo appena lei sarà di ritorno a guardarmi la classe.

Ero solita consigliarle maggior fermezza. E fermezza c'è stata.

Emanuele, con la sedia incollata sul di dietro, mentre la sostiene con le mani ai braccioli, esce di classe. Meno spavaldo, curvo in avanti e piegato sulle gambe.

Reagisce in fretta: – Invece che legarmela al dito, vorrà dire che me la sono legata al... Non dimentico, prof, per adesso uno a zero, ma pareggerò alla svelta –.

***

Hanno trovato l'auto di Emanuele, nel garage della casa di sua nonna con il parafango ammaccato. Tracce di sangue e una ciocca di capelli sul cruscotto. Qualcuno ha fatto in tempo a prendere la targa. Hanno detto che era ubriaco e *fatto* di anfetamine. Un ragazzo con tanti problemi di famiglia. Ha spiegato di non aver visto la donna che stava attraversando la strada, di non ricordare l'accaduto. Ha strabuzzato gli occhi fino a spillare qualche lacrima, quando lo hanno informato che s'era trattato della sua professoressa d'italiano. "Poveretta, mi dispiace moltissimo, un'insegnante così comprensiva, meno str... degli altri professori".

Nessuno dei compagni di classe si è fatto avanti a testimoniargli contro. E un mio tentativo non è stato considerato. In effetti, non avevo direttamente ascoltato la frase incriminata che minacciava un pareggio. L'episodio della colla sulla sedia poteva avvalorare certi sospetti? In coscienza, si poteva escludere una disgraziata coincidenza? Francesca non l'avrebbe esclusa. Lei, inoltre, s'era pentita. Sarebbe bastato, mi aveva detto, chiamare il custode e farsi cambiare la sedia, piuttosto che umiliare, a tal punto, *quel povero ragazzo*.

***

A Emanuele hanno sequestrato l'auto e bloccato la patente per un anno. A Francesca invece sono stati tolti, in un attimo, tutti gli anni che avrebbe potuto ancora illuminare con la sua dolcezza e il suo sorriso. Per me dolore e un malessere insostenibile che somiglia al rimorso.

## Olio di macchina e acquaragia

Mi saettò, correndo davanti alla macchina. Sbucava da una viuzza laterale. Lo scansai per miracolo. Cadde, inciampando nel bordo del marciapiede. Per terra gli si sparsero bombolette spray e attrezzi vari che erano fuori usciti da una busta di plastica grande e nera, in uso solitamente per la raccolta della spazzatura. Accostai l'auto al marciapiede, poco più avanti, e scesi a soccorrerlo.

– Non mi sono fatto niente – precisò subito – Aiutami a prendere le mie cose –.

Inutile dire che lo aiutai e accettai di dargli un passaggio. Mise "le sue cose" nel portabagagli della mia auto. Il tutto, molto rapidamente. Si era appena seduto nel sedile accanto a me, quando vidi sbucare dallo stesso vicolo di prima, gente esagitata.

– Vai – m'incitò. Partii, poco convinta. Nessuno, per fortuna, mi collegò al ragazzo in fuga.

Sembrò pura formalità quando gli chiesi: – Stavano inseguendo te? –.

Mi sgranò, in faccia, occhi azzurri quasi blu, innocentissimi: – Me? Ma scherzi!! –.

Poco dopo, invece, nel breve tragitto, mi avrebbe confidato, ma lo avevo capito, che sì, stavano rincorrendo proprio lui. Per l'ennesimo "capolavoro", un graffito, immortalato sulla facciata bianca di una casa.

– È pericoloso di giorno – precisò – ma vuoi mettere la "strizza" eccitante che ti prende? Di solito, lavoro di notte, ma ogni tanto mi piace anche di giorno. E poi adoro l'odore dell'acquaragia quando mi smacchio le mano sporche di *pittura* –.

– Non dovresti essere a scuola? Quanti anni hai? –.

– Sedici anni. Mi piace fare forca –.

Si fece lasciare alla stazione degli autobus, spiegandomi che abitava fuori città.

Salutandomi, m'informò di chiamarsi Mirko e mi diede il numero di cellulare. Lo scrisse, lì per lì, su un foglietto cincischiato. Sospettai fosse un numero falso. Lo ricambiai col numero d'un mio telefonino, ormai obsoleto, mantenuto attivo. Di Mirko, pensavo che la sua bellezza fuori del comune, avesse peso nell'accattivargli simpatia. Qualche settimana dopo, mi telefonò.

– Volevo ancora ringraziarti – esordì. Mi si rivolgeva, come fossimo coetanei o, peggio, complici.

Una certa diffidenza sarebbe stata logica. Ma quale scopo recondito sarebbe potuto esserci? Avvertii una sua semplice esigenza di comunicare o dialogare, al di fuori della propria cerchia di amici o non amici, e, poi, con un'adulta. Fu, forse, un suo impulso irresistibile di sincerità, o di vanità. Che gusto c'è a trasgredire, se devi nasconderlo a tutti? Una donna, con l'età di tua madre che è, come tu per lei sei, soltanto un numero di cellulare, rappresenta l'ideale per esprimersi in totale libertà.

Fu la prima delle sue telefonate. Gli chiesi in seguito di chiamarlo io, o di caricargli la scheda, per fargli risparmiare i soldi di ricarica. Rifiutò.

Maggior confidenza, o fiducia, subentrò col tempo. Non mi chiese di me, salvo qualche rara domanda. Se avevo figli, se piccoli o maggiori di lui. Fui precisa, ma anche evasiva, nel timore che potesse rintracciarmi. Non credo lo abbia mai tentato.

Attraverso i dialoghi, molti suoi monologhi e poche, ma efficaci, mie domande, analizzai quanto fosse solo. Un ragazzo del nostro tempo. Malato nell'anima, eppure teso a combattere la propria malattia. Spesso mi telefonava di mattina. Aveva smesso di usare con me termini nel gergo giovanile, che poi era costretto a tradurmi. A volte, perfino, sceglieva vocaboli ricercati e, nello stesso tempo, impropri che mi facevano sorridere.

– Non vai mai a scuola? –.

– Quasi mai –.

– Ma che classe frequenti? –.

– Mi hanno bocciato due volte, faccio la seconda media –.

Mi spiegò che aspettava i diciotto anni per essere libero di gestire la propria vita. La scuola era il modo per uscire presto di casa la mattina. Niente di più. La sostituiva con un'officina meccanica che non m'indicò. Vi si recava, alcuni giorni della settimana. Gli piaceva riparare i guasti del motore di un'auto. Per quattro soldi, prestava la sua opera clandestina. Gli piacevano l'odore dell'olio di macchina, disse, sulle mani unte e sulla tuta, usata e macchiata, che gli avevano prestata. Quasi quanto amava l'odore dell'acquaragia che cancellava le tracce di vernice, dopo ore di graffiti.

– Là, imparo il mestiere e mi sento padrone della mia vita – mi spiegò.

Mi raccontò di una professoressa che lo aveva invitato a prendere *qualcosa* al bar, durante l'intervallo, in una rara mattina di presenza a scuola. Per cercare di convincerlo a impegnarsi di più. Quella almeno la spiegazione.

– Ma perché al bar? –.

– Che ne so. Forse le piaccio. Mi tratta sempre male, ma le piaccio. Lo capisco da come mi guarda –.

– Una donna giovane? –.

– Boh. Non tanto. Avrà la tua età –. Quarant'anni possono essere decrepiti per un sedicenne. Temette che mi fossi impermalita.

– Tu sei diversa. Insomma, sei una mia amica. Ti ho visto una volta sola e non mi ricordo come sei fisicamente –.

– Più che amica, mi sento una specie di madre putativa –.

– Magari fossi mia madre –.

Seppi che aveva un fratello, minore di due anni, molto bravo a scuola, molto diligente, con ottimi voti. Lodato di continuo dai genitori. Genitori che, peraltro, erano sempre assenti e rincasavano la sera, poco prima di cena. Il fratello frequentava una scuola privata. Entrava la mattina e i genitori passavano a prenderlo al ritorno dal lavoro.

– E tu? Come vivi, dove mangi, cosa mangi... –.

– Io sono il figlio *degenere*, la pecora nera. Non perdono tempo con me. Io mi arrangio. Qualcosa trovo in frigo. Altre volte mi compro un panino –.

– Intendevo anche chiederti che cosa fai durante tutto il giorno –.

– Quando non vado in officina, resto a casa e di solito scendo in cantina. Mi manca un po' l'aria, ma ci sto da re. Mi sono fatto una specie di laboratorio. Ho un computer, un *rudere* che mi sono riparato da solo. A volte mi collego, vado in giro per internet. Ci sono siti molto interessanti. Ma di quelli non ti voglio parlare. A volte mi faccio una canna. Più che una canna, un cannone, una dose maggiorata –.

– Dove te la procuri l'erba? Non voglio farti la predica, ma si comincia così e non si sa dove si va a finire –.

– Lo so, non sono un cretino. E non ho soldi da buttare. C'è un amico, a scuola, che mi procura l'erba. Lui sì che si fa spesso le canne, i soldi ce li ha. Poi a volte... in cantina, dopo aver fumato, mi faccio una... Insomma hai capito. Dopo la canna, spesso, succede –.

– Non ce l'hai una ragazza? –.

– Non è proprio la mia ragazza, è la ragazza di un mio

amico più grande. È una specie di amica. A volte, quando non c'è sua madre, m'invita a casa sua. Dice che mi aiuta a fare la lezione di scuola. Lei va alle superiori e, per la verità, la mia lezione, la fa. Io, nel frattempo, sto al suo computer che è molto più nuovo e veloce del mio –.

– A te piace, questa ragazza? –.

– Si, mi piacerebbe fare sesso con lei. Ha già diciotto anni. Potrebbe insegnarmi. Ma è la ragazza del mio amico –.

– E se ti provocasse lei? –.

– Non lo so. Rispetto l'amicizia –.

Ma qualcosa fra loro, invece, accadde, in barba al rispetto dell'amico e fidanzato di lei. Nel frattempo Mirko mi aveva chiesto un mio indirizzo elettronico che, rigorosamente, avevo registrato on line, esterno al mio computer. Non riuscivo a fidarmi del tutto. Per lui, invece, fu più facile aprirsi. O mentire? Senza l'imbarazzo della voce. Si sentiva in colpa, mi spiegò, ma, alla fine, dalla sua amica, da un certo momento in poi, andò soltanto per incontri di tipo fisico. Lei lo invitava a casa, quando era certa d'essere sola, senza porsi scrupoli, visto che seguitava ad essere fidanzata. Molto più esperta di lui, lo iniziò a certe pratiche. In fondo, era quello che Mirko aveva sperato.

Col passare dei mesi, fra telefonate e mail, in un certo qual modo, mi affezionai a lui. Cercando che non sembrasse, tentai di lanciargli messaggi positivi, senza diventare pedante o cadere in una sorta di pseudo genitore fastidioso. In effetti, non era mio figlio, non potevo sentirmi responsabile quanto avrebbe dovuto esserlo sua madre. Mi spedì qualche sua fotografia che mi confermò quanto davvero fosse pericolosamente bello. Quasi da non sembrare umano. Se ne rendeva conto? In una foto, stava accanto ad una ragazza, che sì, dimostrava più anni di lui. "Quella" ragazza? Lui la definì, forse mentendo, "un'amica di famiglia".

Mi preoccupavano, soprattutto, le sue notti insonni. Dormiva pochissimo, due tre ore per notte. Senza che qualcuno di casa se ne rendesse conto.

Per i genitori, almeno dal suo racconto, pareva che non esistesse. Avevano il figlio prediletto e Mirko era stato posteggiato in cantina. Sono certa che ne soffrisse molto. Che quella fosse la causa del suo comportamento sfrontato e trasgressivo. Cercava di attrarre l'attenzione su di sé, in qualunque modo i suoi mezzi lo permettessero. Non lo avrebbe mai ammesso. Del fratello, affermava di volergli bene, ma di sentirsi troppo diverso e superiore. Lo considerava un po' "tonto", una "*pecora*", parole sue, che niente capiva della vita. Una sorta di ameba.

***

Il massimo della trasgressività di Mirko avveniva di notte. Per la verità, era un'ennesima affermazione di sé e, nello stesso tempo, una vendetta, cosciente o no, contro i genitori.

Quando i suoi dormivano, si appropriava delle chiavi dell'auto di suo padre, di quelle del garage s'era fatto fare una copia. Usciva e guidava senza patente, per le strade, di notte. Raccontava, ma chissà se vero, che, in realtà, per allontanarsi verso la città vicina, ma insieme distante, lasciava la guida ad un suo amico maggiorenne e quindi patentato. Di questo misterioso amico, raccontava poco o niente, sospettavo fosse solo frutto di fantasia.

Cercai di persuaderlo a tralasciare quelle sue scorribande notturne. Mi augurai che fossero soltanto sbruffonate, a mio uso e consumo, per divertirsi a scandalizzarmi, o solo per il piacere di dimostrarmi quanto fosse *figo*. Arrivai perfino a sospettare che lui e il fratello fossero in realtà un'unica persona. Il buono e il cattivo in uno stesso individuo. Come se, a volte, intendesse mortificarsi, nella parte che considerava, oltre che diversa, succube e inferiore. Di persona, non c'incontrammo mai, dopo quell'unica volta, quella delle bombolette spray sparse sul marciapiede. Non avrei potuto conoscere la sua reale identità, almeno così mi giustifico ancora e, del resto, proteggevo la mia.

Delle sue notti brave, mi resta il ricordo di alcuni nostri dialoghi.

– Possibile che i tuoi non si sveglino mai, quando prendi le chiavi dell'auto? –.

– Hanno il sonno pesante e poi mio padre lascia le chiavi appese al portachiavi nell'ingresso. Te l'ho detto, di me se ne fregano –.

– Sì, devono avere davvero un sonno pesante... Apri la saracinesca del garage, accendi il motore dell'auto...–.

– No. La macchina, la spingo fuori a mano, mi aiuta il mio amico. La portiamo fino alla strada e poi saliamo. Poi mica lo facciamo tanto spesso –.

– E la benzina, Mirko, non si accorge tuo padre che il livello scende? Capisco che non controlli i chilometri, non si fa quasi mai, ma la benzina? –.

– Ah, quella, nessun problema, la aggiungiamo ogni volta, sono soltanto venti chilometri –.

E seguitava il racconto. – Io e il mio amico ci fermiamo sempre in un posto diverso e, qualche volta, ci sono le lotte con quelli che credono di essere i padroni della zona. A volte arriva la polizia. Allora scappiamo tutti e i più furbi non si fanno prendere. Sarebbe un guaio, è proibito disegnare sui muri. Gli stupidi dicono *imbrattare*. Ma è solo invidia. La prossima volta andremo alla stazione, a pitturare i vagoni che stanno sui binari morti. Ci sarà battaglia, sono posti riservati –.

– Non voglio essere pedante, Mirko, ma mi sembra una grande sciocchezza. Molto rischioso. Dicono che alcuni senzatetto, extracomunitari o no, vadano a dormire in quei vagoni –.

– Mica li disturbiamo, noi lavoriamo di fuori –.

***

Il vecchio cellulare squillò verso le tre di notte. Mio marito semisveglio sbuffò: – Ma chi è? –. E ripiombò nel sonno. Di Mirko gli avevo parlato e aveva cercato di dissuadermi dal dargli attenzione.

– Pensa ai nostri figli, non a quelli degli altri –.

Gli squilli che si susseguivano mi preoccuparono più che infastidirmi.

Mirko era affannato: – Scusami, scusami se ti ho svegliata... Ho fatto un casino. Avevi ragione. "Quelli" ci hanno menati... è arrivata la polizia... Hanno preso il mio amico e altri due, io sono riuscito a scappare... Ma ho ammaccato la macchina di mio padre... Non so fare bene la retromarcia e l'inversione... poi la fretta e la strizza... L'ho già riportata in garage, la macchina, fra poco mio padre la vedrà... Vedrà anche me che sono conciato male... –.

Gli consigliai di prendere l'iniziativa e di svegliare, lui, per primo, suo padre. Di anticiparlo e confessargli tutto. Cosa di peggio avrebbe potuto fare un padre ad un figlio pentito e già punito abbastanza dalle circostanze? La sua voce era sempre più concitata. Spezzata dai singulti. Avrei voluto, ma come avrei potuto aiutarlo?

– Mio padre mi denuncerà alla polizia. Tu non lo conosci.

Mi ha minacciato tante volte –.

Parlammo ancora. Aspettavo una sua richiesta che non avrei potuto assecondare. Un posto dove nascondersi? Forse una complicità e un sostegno almeno morale che non riuscivo a dargli. Finì con una frase che niente aveva a che fare con la situazione del momento. La sua voce, adesso, fu più ferma, come distaccata. O soltanto delusa.

– Sai? La ragazza del mio amico, può darsi che sia incinta. Ha un ritardo di quindici giorni. Il mio amico è molto preoccupato. Ti avrei telefonato per chiederti un consiglio, ma adesso? A che cosa mi serve? Peggio di così, non potrebbe andare –.

Su questa frase, chiuse di colpo la telefonata.

Non avrei saputo altro più di quel poco o quel tanto che credevo di aver capito di lui.

Nemmeno se davvero la ragazza del suo amico fosse incinta e di chi. Non avrei avuto risposta ad un paio di chiamate tentate al suo cellulare.

Di Mirko, so per certo che desiderava fare il meccanico, così come gli piaceva *dipingere* pareti bianche con i suoi graffiti. So che amava l'odore dell'olio di macchina e quello dell'acquaragia.

## Il ragno: sogno e realtà

Mirta, bambina, a volte si svegliava di notte per l'intensità di un sogno. Aveva appena due anni, i suoi genitori erano molto presi dalla nascita di due gemelli maschi. Improvvisamente, era stata assunta al ruolo di sorella maggiore. Non aveva dato segni di gelosia o sofferenza, era sempre stata una bambina tranquilla, molto assennata. Una sola volta, di notte, si era svegliata urlando. Erano accorsi al suo capezzale. Lei era in un bagno di sudore e aveva il terrore negli occhi. Non aveva saputo spiegare l'incubo, né descrivere l'origine della sua paura, qualcosa di sconosciuto nelle realtà quotidiana. Soltanto qualche anno dopo, lo avrebbe identificato come un aracnide schifoso, un grosso ragno, sembrava una vedova nera. Ma come poteva lei averlo sognato, a due anni, senza averne mai supposto l'esistenza?

Nel sogno, il ragno velenoso le si avvicinava. Mirta aveva i piedi nudi sopra un tappeto, le zampe pelose le sfioravano le dita. Lei sapeva che il suo morso sarebbe stato mortale. Altri ragni e scorpioni si muovevano lungo le pareti e sul pavimento, prima o poi l'avrebbero raggiunta. Tale l'incubo fino all'età più adulta.

*** 

*Magda era stata condannata e legata con catene nella stanza dei ragni. Era poco più che adolescente, ma già sposa di un uomo molto potente che per età poteva esserle abbondantemente padre. Ogni volta che lui le si era avvicinato e le mani pelose l'avevano toccata, la giovane donna aveva pensato che avrebbe preferito su di sé le zampe di una vedova nera. Nonostante la sua grande paura di ragni e scorpioni.*

*Adesso, lo sposo l'aveva condannata a morire proprio per morsi di ragni e punture di scorpioni. Magda però pensava che ne era valsa la pena.*

***

La bambina una notte sognò di trovarsi in una stanza con tappeti sul pavimento e molti cuscini con fantasie arabescate. Nel sogno, c'era la consapevolezza di essere sul punto di addormentarsi. Nel dormiveglia, invece, ricordava il fremito avvertito incontrando uno sguardo. Ma tutto era molto sfumato. Il suo sonno era stato troppo profondo per poter ricordare i particolari del sogno al risveglio. Quel sogno le si ripeté più volte e quel luogo assunse familiarità.

Una notte, avvertì una sensazione fisica tale da sorprenderla e sconvolgerla. Le attraversò il corpo e la mente, le corse nelle vene, le infiammò l'addome, le si soffermò fra le pieghe delle tenere carni innocenti, in un susseguirsi di sussulti e violente contrazioni. Nel cuore e nella mente la certezza del sublime. Strinse gli occhi per evitare il risveglio e restare nel sogno, ma fu impossibile.

***

*Era il nipote del signore del castello, aveva appena diciotto anni. Era stato educato per diventare un uomo di comando. Nell'arte della guerra, aveva avuto per maestro un condottiero distintosi in battaglia. Nell'arte di amare, per maestre, alcune delle prime mogli dello zio, quelle che non erano più in grado né di generare né suscitare desiderio nello sposo, ormai disinteressatosi di loro. Le donne avevano adempiuto con molta dedizione al privilegio*

274

*di insegnare al giovane principe l'arte di dare e ricevere piacere, ma non avevano saputo insegnargli il sentimento dell'amore.*

*Un giorno il giovane si era trovato di fronte all'ultima moglie dello zio. Un incontro casuale fra i vari anfratti del castello. La giovanissima donna teneva lo sguardo basso, ma ad un tratto lo sollevò. Il giovane, nello sguardo di Magda, lesse la disperazione del condannato. Nello stesso istante, il ragazzo riconobbe in sé il sentimento della compassione. Nei giorni seguenti, germogliarono altri sentimenti che, insieme, si tradussero in amore. E fu facile per lui, che era giovane e bello, trasmetterli a Magda. Bastarono sguardi e sospiri, passandole accanto. Entrambi conoscevano il rischio, ma il desiderio fu più forte, l'amore irriducibile.*

*Gli arabeschi dei cuscini e dei tappeti, con la complicità di un'ancella, accolsero il grido esaltante di chi per la prima volta si fonde nell'altro, abbandonandosi all'intensità di un autentico amore.*

\*\*\*

La bambina non avrebbe saputo, nella sua innocenza, capire né spiegare il sogno.

Da sveglia avrebbe cercato di ricostruirlo col ricordo. La posizione del corpo in quel momento, nella ricerca di quel piacere sconosciuto e intenso che era stato gioia ed era già rimpianto. Anche in seguito, verso i dieci anni di età, sempre più sfumato, a volte, sarebbe affiorato il ricordo. Avrebbe voluto ravvivarlo senza sapere come. Sua madre, un pomeriggio, l'avrebbe sorpresa davanti allo specchio in un tentativo di capire il perché di quel momento ormai perduto e irraggiungibile.

Sua madre sarebbe stata molto severa.

– Sei una bambina cattiva, andrai all'inferno. Queste cose non si fanno, ti consumano il cervello e ti fanno diventare cieca. E poi, all'inferno, troverai i diavoli che ti stanno aspettando –.

Da adolescente s'era detta che forse era stato il diavolo, a cercare di attirarla con l'inganno nella stanza arabescata e poi a mandarle il ragno col suo morso mortale.

Tornarono gli incubi notturni.

\*\*\*

*I ragni le camminavano sul corpo nudo lei sapeva che un respiro appena più profondo le sarebbe stato fatale. Ma poi pensò a lui impalato sulla cima della torre e le sembrò dolce morire.*

\*\*\*

Il tempo lava le ferite e spazza via i ricordi, di sogni e realtà.

Mirta era molto bella e desiderata e qualche volta si infatuò anche lei. Ma quando sentì su di sé mani che la frugavano, le sembrarono ragni che volessero violarla. Fu difficile amare, soprattutto riconoscere l'amore, e poi sposarsi e avere figli. Quando le accadde, seppe dare un nome a quella sensazione del suo sogno. Riconoscibile, ma mai così intensa e sublime, come lo era stata quel lontano giorno della sua prima infanzia. La inseguì ancora, per anni, nel ricordo, fino alla maturità. Infine, la relegò nella mente, come una fantasia che non le apparteneva.

\*\*\*

La voce al telefono era profonda e con un leggero accento straniero. Chiese di parlare con l'Azienda Agrituristica Millefiori.

– Mi dispiace ha sbagliato numero. È molto simile al nostro, cambia soltanto l'ultima cifra. Confiniamo con l'Agriturismo Millefiori –. E gli diede il numero esatto.

L'uomo la ringraziò e poi si presentò: – Alan Green. Sono inglese – precisò.

E volle anche spiegarle di come, da ragazzino, fosse stato in Toscana e desiderasse ritornarvi. Per questo stava cercando di prenotare un soggiorno in quella zona.

– In autunno è abbastanza facile. L'affluenza massima è dalla Pasqua in su, fino a tutto agosto –.

– Lei per caso affitta a villeggianti? –.

– No, io no –.

– Mi può dire il suo nome? –.

– Mi chiamo Mirta. Lo so, è un nome strano –.

– Mi piace molto – commentò lui. Aveva la voce un po' commossa, stranamente turbata. Ed anche Mirta sentiva vibrazioni che partivano dai polpastrelli e salivano lungo le braccia. Strana sensazione.

L'uomo ritelefonò la sera. – Sono Alan – disse.

– Ha sbagliato di nuovo... –. Glielo disse in inglese, dopo un'occhiata al marito che aveva seguitato a dormire davanti al televisore, nonostante lo squillo del telefono.

– Wonderful, conosci l'inglese? –. Le spiegò che aveva proprio voluto risentirla e dirle che aveva prenotato dal dieci di settembre fino al trenta. Lei era stata così gentile che gli era sembrato giusto informarla. E chissà, forse, poteva anche capitare di incontrarsi, nel periodo in cui si sarebbe trovato così vicino alla sua casa.

Poche altre parole, poi la richiesta di ritelefonarle.

– Meglio la mattina, quando i ragazzi sono a scuola e mio marito al lavoro –.

Perché quella precisazione?

***

*Le mani del ragazzo erano dolci e delicate e sapevano come muoversi. Aveva avuto chi gli aveva svelato tutti i segreti del piacere. Ora lui viveva l'erotismo molto più che la sessualità. Con amore e poesia. Voleva che Magda fosse felice. S'inebriava del piacere di lei, contemplando lo stupore dei suoi occhi, nella scoperta della gioia di amare. Soltanto dopo, le si abbandonava. Magda voleva ricambiarlo e chiedeva di suggerirle. L'orrore che aveva conosciuto alle richieste del marito, si trasformò in incanto. Si sentiva scultore che plasma la creta, musicista sulle corde di un'arpa. Era felice. Anche adesso, mentre il veleno di ragni e scorpioni le scorreva nel sangue, lei ricordava e si ripeteva che ne era valsa la pena.*

***

Le telefonate si erano susseguite. Prima amichevoli, poi sempre più confidenziali. Erano arrivate all'intimità. Si può con le parole? Le voci danzavano insieme e si accarezzavano. Erano la musica dell'anima che si espandeva, annullava la distanza, i confini, la ragione. Non si erano mai visti, ma si amavano.

– Io ti amo da sempre – le diceva Alan

Lei sentiva di ricambiarlo oltre ogni misura.

***

Il ciclista percorse la salita senza troppa fatica. Era allenato e faceva uso della bicicletta per recarsi al College dove insegnava. Ma adesso, arrivato al cancello della casa in collina, gli tremavano le gambe. Avrebbe dovuto telefonare prima, si disse. Ma contava sulla sorpresa. Aveva anticipato di un giorno l'incontro previsto.

La voce femminile al citofono era inespressiva.

– Sono Alan – le disse

Un singulto dall'altra parte.

Mirta, riprendendosi: – Ti aspettavo per domani –.

– Ho preferito anticipare –.

Un'occhiata allo specchio dietro la mensola del telefono. L'ansia nelle mani fra i capelli, nell'illusorio tentativo di un ritocco. Poi accettò la sensazione di inevitabilità. Quando furono l'uno di fronte all'altra, sulla porta, gli sguardi si incontrarono senza alcun suono di parole. Senza il gioco delle voci, nessuna complicità o familiarità. Ma quando Alan alzò una mano al viso di lei, nella carezza, Mirta vi pose sopra la sua e si riconobbero.

*** 

Si trovavano ogni giorno, scendendo a valle da versanti diversi, mezz'ora di discesa quasi correndo. Venti giorni passano in fretta. C'era l'ansia di viverli più intensamente possibile e trattenerli a lungo, dilatando la misura del tempo.

C'era un posto, ai margini del bosco, dove i rami delle acacie si intrecciavano fra loro e formavano una specie di alcova, dal soffitto di foglie si intravedeva il cielo.

La prima volta, Alan aveva letto lo stupore negli occhi di Mirta. Come chi scopre sensazioni mai provate, o improvvisamente le riconosce per averle vissute e poi relegate nei ricordi. Lei gli aveva raccontato il sogno sconvolgente.

Come la sensazione le si era rivelata nella mente innocente di bambina. Lui aveva semplicemente annuito, come se, di quel lontano sogno, sentisse di far parte.

Mirta aveva scoperto la gioia di abbandonarsi, vuota di ogni pensiero. Ma, ancora più intenso, era stato prendersi l'abbandono di Alan. Le piaceva osservarlo, fra le palpebre socchiuse, completando la danza d'amore, nell'armonia dei movimenti sopra di lui. C'erano il ritmo e la melodia e il tempo era scandito dal battito dei cuori. S'accendevano fuochi di artificio, esplosione di pura energia. Mirta si trasfigurava, diventava bellissima.

\*\*\*

Il ragazzo era uscito per la caccia, il cane appresso, senza troppe aspettative. La caccia era cominciata da alcuni giorni ma era sempre tornato a casa senza aver sparato un colpo. I fratelli più grandi lo prendevano in giro, cacciatori da generazioni, avevano per anni esibito le povere prede, distendendole sul tavolo di cucina.

Ora difficilmente si trovava selvaggina, andando a caccia. Alcuni attribuivano la colpa ai cacciatori. Questi invece accusavano gli agricoltori che, con gli antiparassitari, avevano fatto strage di pennuti.

Il ragazzo aveva caricato il fucile a pallettoni ed era uscito senza dirlo ai familiari. C'erano molti cinghiali nella zona, la notte rivoltavano il terreno, perfino nell'orto della loro casa colonica. Suo padre e i suoi fratelli avevano progettato di appostarsi di notte per ammazzare almeno uno dei responsabili.

Il cane Razzo improvvisamente si mise a puntare verso una specie di chiosco fatto di rami e cespugli. Infatti, dentro ci fu un fruscio di foglie come di un grosso animale in movimento. Il ragazzo pensò: "Ecco il cinghiale". Emozione e panico nello stesso tempo. Si mosse senza nemmeno pensare. Alla prima fucilata, rispose un suono che sembrava quasi umano, la seconda gli partì automaticamente per una contrazione involontaria della mano.

*\*\**

Furono trovati ancora stretti nell'abbraccio, lei bocconi su di lui. Le pallottole casualmente avevano trapassato il cuore di entrambi. Al primo sparo, Alan si era sollevato sugli avambracci senza ben capire. Atterrito e disperato col sangue di lei che gli colava addosso. Al secondo sparo, il suo sangue sì era confuso con quello di Mirta. Aveva avuto appena il tempo di pensare che, dopotutto, ne era valsa la pena.

Chi li trovò restò molto colpito dal ragno che s'era fermato sulle spalle della donna, poco sotto la nuca. Sembrava ancora più nero, sulla pelle chiara. Aveva il corpo e le zampe pelose, sembrava quasi una vedova nera.

## Timidezza

La vidi, per la prima volta, dalla finestra di camera mia. Anzi la intravidi. Una figura esile. La ragazza, nel giardino della vecchia e sfortunata Nora, ex insegnante di scuola elementare di mio padre e di molti altri, innaffiava i fiori. Il giardino della maestra era stato famoso in paese, ammirato e un po' invidiato. Poi l'ictus. La povera donna aveva perso l'uso degli arti e, in gran parte, della parola. Del suo farfugliare si comprendeva ben poco. Ma Nora capiva e s'era fatta capire dalla figlia, ch'era arrivata da Napoli per accudirla. Che non s'azzardasse ad affidarla ad un Istituto per anziani non autosufficienti. Così le avevano messo in casa una "badante" rumena. Non proprio uno stinco di santa. Faceva entrare la sera, quando l'assistita dormiva, lo spasimante di turno. Si sussurrava che avesse incrementato la dose dei tranquillanti per l'inferma, così che il suo sonno fosse assicurato. E i paesani, che avevano amato quella donna schiva e generosa, a suo tempo ottima insegnante, paziente e affettuosa con gli allievi, avevano informato la figlia a Napoli e credo anche il parroco della parrocchia di San Geremia.

A farla breve, c'era stato il licenziamento della badante. La nipote diciannovenne di Nora, quindi, si era trasferita in Toscana, si era iscritta presso l'Università di Firenze e l'aveva sostituita. Abitava con la nonna, nella villetta di campagna e così, il denaro speso male per la badante poco ligia, si sarebbe reso utile per mantenerla all'università. Nelle ore di frequenza, che però non avevano un obbligo così fiscale, una donna del paese le si alternava.

Tutto questo lo seppi all'edicola-cartoleria, nonché ricevitoria del gioco del Lotto, dove la gente amava soffermarsi a raccontare di numeri ricevuti in sogno. E a pettegolare.

282

***

Che la ragazza fosse in gamba, lo si capì dal rifiorire delle rose e poi le ortensie, a maggio. E anche dalle passeggiate fino al parco, il sabato o la domenica mattina, la nonna sulla sedia a rotelle e lei a spingerla. A tratti, si chinava a parlarle all'orecchio e, a volte, la sua mano si soffermava sui capelli grigi a rassettare qualche ciocca mossa da vento.

Si dimostrò molto riservata, nessuna amicizia, nessuna confidenza. Né, tantomeno, si tratteneva a dare ascolto alle maldicenze pigolanti delle donne di paese. Sempre a passo veloce, per qualche commissione indispensabile. Poteva risultare superba o antipatica, tuttavia, stranamente, nessuno la criticava.

– Povera figlia, ha così tanto da fare... E poi gli amici li avrà a Firenze, compagni di università, ma lei, puntuale, torna a casa per badare alla nonna –.

Di quegli amici, non se n'erano mai visti entrare nella villetta delle ortensie. Per la verità, la ragazza, raramente restava fuori per più di mezza giornata. Al massimo, alcune volte, rientrava alla tre del pomeriggio. Immagino che, la maggior parte del suo tempo, lo riservasse alla nonna e che studiasse, forse, dopo cena. Ad una certa ora del tardo pomeriggio, scendeva a innaffiare le piante del giardino. Io, che rientravo, dal lavoro in Municipio, dopo le due, ero pronto dietro le tendine della finestra a... lo ammetto, a spiarla. E non era difficile, vista la metodicità delle sue azioni.

Un paio di volte la settimana, si recava al Mercato Vecchio di Firenze che si trova vicino alla stazione di Santa Maria Novella. Lo avevo scoperto, seguendola una mattina.

Ero incuriosito dal fatto che uscisse di casa col frigo portatile, oltre allo zaino sulle spalle, con le sue dispense universitarie. Erano i giorni in cui rientrava più tardi. A volte mi domandavo se riuscisse a trovare il tempo di respirare. Una vita monacale.

Era molto diversa dalle altre ragazze che conosco e mi spaventano per la loro aggressività. Non era appariscente, si truccava appena, indossava quasi sempre jeans e camicetta. Mai ostentava di seguire la moda, per esempio, l'ombelico di fuori. Io lo trovo inelegante e decisamente poco salubre in inverno. Era riservata e modesta, ma devo anche dire molto bella, visto che riusciva ad esserlo senza tanti accorgimenti. Inutile fare giri di parole, me ne ero follemente innamorato. Oltre a spiarla, mi accadeva di immaginare un nostro improbabile incontro. Niente di eclatante. Un oggetto che le cadeva a terra e io che glielo raccoglievo. O, in un altro caso, le rivolgevo la parola per chiederle un consiglio su un prodotto da acquistare.

Progettai di prendere qualche ora di permesso per anticipare l'uscita dal lavoro. Sarei salito sul treno delle dodici e mi sarei precipitato al mercato, dove l'avrei aspettata.

"Stasera ho un amico a cena, non ricordo bene la ricetta della carbonara... pancetta o prosciutto?".

Oppure: "Ma... lei abita di fronte casa mia, che coincidenza...".

In parole povere, preparavo una sorta di rappresentazione, che mai avrei interpretato. Capitemi... sono timido e introverso anch'io, come supponevo dovesse esserlo lei.

Così era già trascorso un anno e un altro stava scorrendo.

Tutto uguale, tutto ripetitivo. Salvo che, nell'estate, erano arrivati i suoi genitori, per darle il cambio e qualche momento di respiro.

Spiandola dalla finestra, l'avevo vista più colorita, abbronzata, forse per le ore dedicate ai fiori del giardino, ritornato stupendo. Forse perché, a volte, la vedevo uscire la mattina e tornare la sera con quella sua borsa grande plastificata, borsa da mare. L' immaginai in costume da bagno, bellissima. Fantasticai di trovarmi in spiaggia con lei, di mostrarmi meravigliato e di rivolgerle la parola.

"Che combinazione, anche lei al mare qui? Scusi, non vorrei sembrarle sfacciato... è che io abito proprio di fronte alla casa della signora Nora e spesso la vedo quando sta in giardino, dalla finestra di casa mia".

"Davvero? Non mi sono mai accorta di lei...".

"E lo so, sono piuttosto anonimo, passo inosservato. Diciamo che mi sono ingrigito con gli anni. Lei invece è bellissima e così giovane...".

"Nemmeno lei è vecchio, di sicuro non arriva a quarant'anni".

"Ne ho trentotto".

A conversazione avviata, sarebbe stato facile fare amicizia e magari, dopo un certo tempo, dirle come fossi rimasto incantato da quella sua semplicità d'altri tempi.

*** 

Ci fu gran movimento nella casa di fronte, un via vai continuo. Di chi le aveva voluto bene e anche, soprattutto, di curiosi. Nora, s'era spenta così, di notte. La nipote l'aveva trovata senza vita, quando era andata per alzarla e darle colazione. Immaginavo quanto fosse stato sconvolgente.

Non ebbi il coraggio di uscire e attraversare la strada per unirmi al flusso dei paesani, forse più curiosi che addolorati. Non era quella l'occasione che avevo tanto sospirata: presentarmi a stringerle la mano per farle le mie condoglianze. In Chiesa, alla funzione funebre, me ne stetti in disparte, dietro tutti. Guardai lei, da lontano, il mio amore impossibile. Pallida e composta, accanto ai genitori. Non seguii il funerale, come altri vollero fare.

La mattina dopo, al lavoro, come sempre. Della maestra Nora pensavo che avesse fatto la morte del giusto, magari fosse così per tutti, passare dal sonno fisiologico al sonno eterno. Ma ero soprattutto dispiaciuto per la nipote che di certo le era affezionata e non si sarebbe aspettata un fine così repentina.

Dalla finestra, nei giorni seguenti, nel pomeriggio, non vidi movimento in giardino, le persiane della casa, accostate, non aperte del tutto. Così per alcuni giorni. Fino a quel giovedì, quando le vidi chiuse, sprangate.

All'edicola, le solite chiacchiere dei paesani. Dissero che erano partiti tutti e la casa messa in vendita presso un'agenzia della zona. Tutte le parole, che tante volte mi ero ripetuto, mi si chiusero in gola, quasi a soffocarmi. L'amavo così tanto e nemmeno conoscevo il suo nome. Ogni giorno, per giorni, per più di un anno, io ero vissuto di lei e per lei. E adesso? Nemmeno ero riuscito a dirle addio.

\*\*\*

*Rifletto e mi chiedo: sono stato uno stupido illuso per quasi due anni? Per aver solo sperato, senza mai rivelarmi, come un ragazzino liceale? So che molti mi considerano un po' strano e, a volte, qualcuno, mi tiene a distanza. La verità è che vivo da solo da così tanti anni, ormai! E la solitudine, spesso, agli altri, fa paura, come fosse una malattia sconosciuta e contagiosa.*

*Ho saputo, per caso, il suo nome: Amelia. Mi fa pensare alla* **camelia**: *un fiore, come le rose e le ortensie...*

## Aereo per Delhi

Sul cartello stava scritto: "Le risposte si ritirano dalle dodici e trenta alle tredici e trenta". Erano le dodici. Mi avvicinai ugualmente allo sportello e affrontati l'espressione
infastidita dell'impiegata. Che ancora non ci fossero altre
persone in attesa mi fu d'aiuto.

Mentii spudoratamente. Le spiegai che mio fratello, incurante delle mie perplessità, sarebbe partito senza ritirare
la risposta dei suoi esami clinici. Aereo in partenza, fra due
ore, per New Delhi. Un lungo soggiorno e, come sua pessima abitudine, avrebbe tenuto il cellulare spento per tutta la
permanenza. Per me, suo unico legame affettivo e familiare,
il solo modo di fermarlo, nel caso peggiore o viceversa di
tranquillizzarmi, sarebbe stato quello di conoscere in tempo la diagnosi. Prima della partenza dell'aereo.

Lo sguardo della donna fu apparentemente indecifrabile.
Ma scartabellò fra le varie buste e cartelle.

«Sì – ammise – la risposta c'è. Sarà spedita al medico curante».

«Questo significa che è positiva. Mio fratello ha il cancro».
«Non posso...».

Non fu difficile mostrare ansia per quel fratello che stava
partendo ignaro del proprio destino. La convinsi. Fece una
copia del referto.

«Io non le ho dato nulla» precisò. La ringraziai. Per strada, lessi. Diagnosi infausta, come avevo temuto. Specifica-
va "metastasi". Non entrava nel merito della prognosi. Tre
mesi, due mesi? Quale possibilità di scampo con un ipoteti-
co intervento? Demandavano al medico di famiglia il diffi-

cile compito di trovare le parole giuste per pronunciare una condanna a morte o per alimentare speranze.

Il mio medico, un amico, aveva preteso quei controlli, per me superflui, proprio in previsione della prospettata lunga permanenza in India.

"Meglio una controllatina generale" aveva detto.

Palpitazione nell'avviarmi alla mia auto e un brivido gelido lungo la schiena. Mi affrettai. A casa dovevo prendere la valigia e lasciare l'auto nel garage. La valigia stava sul letto, la riaprii e posai la busta, con la copia del responso, sopra gli indumenti. Dallo studio, telefonai per un taxi. Agivo come un automa. Da una vita, sognavo quel viaggio in India. Ora non intendevo rinunciarvi, per nessuna ragione al mondo. In India, c'ero stato da bambino con i miei genitori, più che ricordi, avevo dentro sensazioni struggenti che desideravo ritrovare. E, poi, ero un cinquantenne in perfetta forma fisica, almeno mi ero sentito tale fino a poco prima. Lo so, un altro al posto mio, avrebbe rinunciato al viaggio, avrebbe sperato di poter curarsi, magari di guarire. Io avevo vissuto, in passato, il dramma dei miei genitori che, a breve distanza l'uno dall'altro, se n'erano andati, nonostante le tante promesse mediche, i tanti tentativi di cura e lo strazio della chemioterapia.

Diedi un'occhiata rapida alla vetrina dei fucili anch'essi ereditati da mio padre, sapevo che le cartucce stavano nel cassetto. Mio padre mi aveva insegnato a maneggiare un fucile quando ero ancora un bambino. Ero stato suo compagno di caccia, in varie occasioni ma, dopo la sua morte, m'ero ritrovato dalla parte degli animalisti.

La tentazione di caricare un fucile e usarlo, per un istante, fu forte. Un punteruolo nello stomaco e un altro nel cervello. Respirai profondamente. Si trattava di scegliere fra due viaggi ma no, uno non escludeva l'altro, l'importante era non sprecare il poco tempo disponibile. Tornai in camera a chiudere la valigia.

Raggiunsi l'aeroporto un'ora prima della partenza dell'aereo. Mi affrettai al chek in. Cinque persone davanti a me. Guardai l'orologio nervosamente, era passata poco più di un'ora dalla drammatica notizia. Avevo detto *mio fratello*... non ho fratelli. Ma ero sereno perché ormai avevo deciso di finire i miei giorni in India. Spendere tutti i risparmi fino all'ultimo, poi rannicchiarmi in un angolo ombroso di un giardino di Benares. Negli occhi il colore dell'albero del fuoco, l'incedere regale delle donne, l'oblio nel cantilenare di un mantra, una bella ragazza in sari alla reception dell'hotel, la sua voce melodiosa mentre saluta giungendo le mani: Namasté.

L'altoparlante scandì il mio nome più volte, già il mio bagaglio a mano era pronto a scorrere sul nastro del metaldetector. "Il Signor Daniele Donati è pregato...". Recuperai la borsa prima che passasse oltre. Ero infastidito e contrariato.

L'uomo davanti al banco dell'ufficio informazioni, mi stava aspettando: per me uno sconosciuto. Lo raggiunsi.

Mi guardò stranito. «C'è stato uno sbaglio. La responsabile ha confuso le buste. Un'omonimia. Se n'è resa conto appena s'è presentato l'altro paziente. Subito, abbiamo telefonato al suo medico curante, ci ha detto che lei non ha fratelli e... due più due... Ci ha informati che avrebbe preso l'aereo delle quattordici... Sarebbe venuto lui stesso, ma troppo distante per arrivare in tempo. Inoltre, ha soltanto il suo numero di casa e non quello del suo cellulare. E, da casa, nessuna risposta. C'è sembrato il minimo tentare di raggiungerla noi stessi, visto che l'errore è stato nostro. Per fortuna, sono arrivato prima della partenza dell'aereo».

Il tempo scorre veloce sempre, ancora di più quando c'è un aereo in partenza che ti aspetta. Mi limitai a domandare: «Mi scusi, non realizzo ancora... lei chi è?».

«Non importa chi sono. Ecco, le ho portato la sua risposta. L'altra può strapparla. Leggendo la data di nascita, avrebbe potuto capire lo sbaglio ma... nel dubbio. L'importante è che io sia arrivato prima della partenza».

Per fortuna, pensai, il desiderio dell'India era risultato più potente della tentazione estrema davanti alla vetrina dei fucili. La voce avvertì che l'aereo per Francoforte, dove avrei preso la coincidenza per Delhi, era in partenza. Appena il tempo di stringere la mano sudaticcia dell'uomo davanti a me e ringraziarlo per essersi scomodato personalmente. Lui non avrebbe mai saputo che quel senso d'inevitabilità, viaggio di sola andata, mi sarebbe rimasto dentro a lungo. Adesso, considerare la tragica realtà di un'altra persona, mi negava la serenità del ritorno e l'entusiasmo di un progetto tanto accarezzato. Sarei rimasto in India a lungo. Sarei tornato in Italia, o forse no. L'altro, il mio omonimo, non avrebbe mai sostato ammirato davanti al Taj Mahal.

Mi affrettai alla pista di partenza.


FINE

# Indice